LA DEUDA HISTÓRICA DEL ARBITRAJE MODERNO

Concordancias entre la Ley 60/2003, de Arbitraje y el derecho arbitral griego y romano

Antonio Fernández de Buján
Catedrático de Derecho Romano
de la Universidad Autónoma de Madrid
Académico de Número de la
Real Academia de Jurisprudencia y Legislación

LA DEUDA HISTÓRICA DEL ARBITRAJE MODERNO

Concordancias entre la Ley 60/2003, de Arbitraje y el derecho arbitral griego y romano

Dykinson, S.L.

Este libro ha sido sometido a evaluación por parte de nuestro Consejo Editorial
Para mayor información, véase *www.dykinson.com/quienes_somos*

Editorial DYKINSON, S.L.
Meléndez Valdés, 61 - 28015 Madrid
Teléfono (+34) 915442846 - (+34) 915442869
e-mail: info@dykinson.com
http://www.dykinson.es
http://www.dykinson.com

ISBN: 978-84-9148-212-3
Depósito Legal: M-13225-2017

Preimpresión:
Besing Servicios Gráficos, S.L.
besingsg@gmail.com

A Luis Díez-Picazo y Ponce de León, maestro y amigo,
in memoriam

Índice

CAPÍTULO III.
DE LOS ARBITRAJES DE NATURALEZA PÚBLICA

CAPÍTULO IV.
BASES ROMANÍSTICAS DEL ARBITRAJE ACTUAL: ANÁLISIS DE LAS CONCORDANCIAS ENTRE EL DERECHO JUSTINIANEO Y LA LEGISLACIÓN VIGENTE EN MATERIA DE ARBITRAJE

Capítulo I: De la mediación al arbitraje compromisario o decisorio

Sumario: 1. Observaciones preliminares. 2. Terminología en materia de arbitraje. 3. Tipos de arbitraje. 4. El arbitraje en Atenas: A) Procesos y arbitrajes en la época homérica. B) Legisladores y árbitros en la etapa solónica. C) Origen del arbitraje público obligatorio. Competencias de los árbitros públicos. D) Procedimiento arbitral. Apelación. E) El arbitraje voluntario. 5. Arbitrajes de naturaleza privada: A) Función mediadora o conciliadora del arbitraje primitivo. B) El arbitraje de una persona justa: *arbitratus o arbitrium boni viri.* C) Arbitraje no formal. Arbitraje de *ius gentium.* D) Arbitraje decisorio: del *pactum al compromissum.* Regulación legal del arbitraje compromisario.

1. OBSERVACIONES PRELIMINARES

Con carácter preliminar conviene aludir a una realidad que no por ser obvia es, no obstante, subrayada, en ocasiones, de forma oportuna, en los estudios en los que se aborda la temática arbitral en el derecho actual, y es que la técnica jurídica del arbitraje, como fórmula extrajurisdiccional de resolución de conflictos, no es una institución de creación reciente, sino que, por el contrario, conoce ya una notable difusión en el mundo antiguo, en especial en el marco territorial griego y romano, en el que se acude al arbitraje, desde los primeros tiempos de los que tenemos noticia, en el seno del comercio internacional e interno, de modo informal, en una primera etapa, para incardinarse, con posterioridad, en el ámbito de sus específicos Ordenamientos Jurídico[1].

---

[1] La presente monografía constituye el Discurso de Ingreso leído por el A. con ocasión de su recepción como Académico de Número de la Real Academia de Jurisprudencia y Legisla-

Cabría, en esencia, afirmar, al respecto, que si bien el origen del arbitraje moderno está en Grecia, es en el Derecho Romano donde la institución conoce una regulación cuyo desarrollo informa el actual perfil del arbitraje.

En la Roma primitiva, del siglo VIII a. C., en el ámbito asimismo del comercio y de los mercados internos, se utiliza el arbitraje privado como fórmula de resolución de conflictos, con anterioridad a la asunción por la comunidad política de la impartición de la justicia como competencia propia ejercitada por magistrados y jueces con potestad jurisdiccional[2].

---

ción, que tuvo lugar el 20 de enero de 2014, y la contestación del Excmo. Sr. D. Luis Díez-Picazo, q.e.p.d., a la sazón Presidente de la Real Academia.

El texto original del A., publicado el día de Lectura del Discurso, en edición no venal por la Editorial Dykinson, ha sido revisado y ampliado en algunos puntos específicos.

[2] En el primer párrafo del excelente Discurso de Ingreso del Prof. Evelio Verdera en la Real Academia de Jurisprudencia y Legislación se afirma que los más recientes estudios del arbitraje griego y del arbitraje romano han puesto al descubierto sorprendentes coincidencias con los arbitrajes que practicamos actualmente.

En el concepto del arbitraje, afirma Evelio Verdera, «se han acortado las distancias y las incompresiones entre el quehacer tradicional de los historiadores del derecho y los estudiosos del derecho positivo, de los procesalistas e internacionalistas, con resultados muy alentadores en el estudio de una institución que ha dejado de ser, felizmente, un *conclusus hortus domini*, de ninguno de ellos».

Vid. en WEIZSÄCKER, *Das römische Schiedsrichteramt unter Vergleichung mit dem «officium iudicis»* (Tübingen 1879); WLASSAK, *Der Gerichtsmagistrat im gesetzlichen Spruchverfahren*, en *ZSS* 25 (1904), 139 ss.; JOLOWICZ, *The iudex and the arbitral principle*, RIDA, 2, 1949, pp. 477-492; DÍEZ-PICAZO, L., *El arbitrio de un tercero en los negocios jurídicos*, Bosch Barcelona 1957; ZIEGLER, *Arbiter, arbitrator und amicabilis compositor,, Zeitschrift der Savigny Stiftung für Rechtsgeschichte*, 84,1967, pp. 239- 276; LEFEBRE-TEILLARD, Arbiter,, *Das private Schiedsgericht im antiken römische recht* (München 1971); TALAMANCA, *L´arbitrato romano dai «veteres» a Giustiniano*, en *Labeo* 20 (1974) 92 ss.; DE CASTRO, *El arbitraje y la nueva lex Mercatoria*, ADC, Vol. XXXII, IV, octbr.-novbr. 1979, pp. 619- 726; BEHRENDS, *Die römische Geschworenenverfassung. Ein Rekonstruktionsversuch* (Götttingen 1970) 122 ss; MARRONE, *Sobre el arbitraje privado en la experiencia jurídica romana*, en *Roma e America. Diritto* romano comune 5 (I988) 57 ss.; MERCHAN, El arbitraje. Estudio histórico-jurídico. Sevilla 1995; PANZARINI, I profili di modernità degli arbitrati greci e romani nei principi e nesse regole tecniche da essi trapassati, con sorpendenti coincidenze, negli ordierni arbitrati, en Governo dell'impresa e mercato delle regole. Scritti Guiuridici per Guido Rossi, Milano, 2002, pp. 1203-1255; OLIVENCIA, Una contradicción de los revolucionarios de 1868: la regulación del arbitraje, Anales de la Real Academia de Jurisprudencia y Legislación, nº 39, 2009, pp. 155-175; DE GIOVANNI, L´arbitrato nell´esperienza giuridica romana, Sull'arbitrato. Studi offerti a Giovanni Verde. Jovene 2010, pp. 333- 342; FERNÁNDEZ BARREIRO- GARCÍA CAMIÑAS, Los arbitrajes compromisarios en derecho romano, Revista General de Derecho Romano, Iustel, n. 17, 2011; DALLA MASSARA, Studio sui rapporti tra sententia iudicis e decisione arbitrale, Jovene 2012; MILOTIC, An outline of the arbitral procedure in roman law, Forum Historiae iuris, 2013, pp. 1-36; PARICIO, Los arbitrajes privados en la Roma clásica. Marcial Pons. 2014, pp. 101.

FERNÁNDEZ DE BUJÁN, A; Recensión a Martino, *Arbiter*, Roma, 1986, en SDHI, 1987, pp.447-451., Id. *Contribución al estudio histórico-jurídico del arbitraje en Derecho Romano, Homenaje a D. Aurelio Menéndez*, Revista Jurídica de la Universidad Autónoma de Madrid, 8, 2003, pp. 215-240 y en Anuario de Justicia Alternativa, Tribunal arbitral de Barcelona, VI, 2005, pp. 119-145; Id. De los arbitria bonae fidei pretorios a los iudicia bonae fidei civiles, Studi in onore del Prof. Burdese,

Parece pues razonable pensar que desde los primeros tiempos de la comunidad política romana, con anterioridad a la organización de la administración de la justicia y de la atribución de competencias a magistrados y jueces, la decisión de las controversias entre los particulares se encargaría a uno o varios árbitros, elegidos de común acuerdo por los interesados en solucionar sus conflictos.

El arte y la técnica del arbitraje, conocido y practicado en el ámbito del comercio internacional desde los primeros tiempos de los que tenemos noticia, habría sido, en suma, una práctica frecuente de resolución de conflictos en los mercados de la Roma primitiva, en los que los árbitros, que serían a la vez garantes y peritos, actuarían dirimiendo las controversias que se planteaban en el tráfico mercantil[3]. En este sentido, cabe señalar que el término latino arbiter, de donde procede árbitro y arbitraje, derivaría de la lengua fenicia y haría referencia a garantía, conforme a la raíz de origen fenicio rbn, a través de la cual se habría introducido, por el cauce de las relaciones comerciales, en la lengua latina[4].

Vol. II, 2003, pp. 31-58; Id. Jurisdicción y arbitraje en Derecho Romano, Iustel 2006, pp. 242; Id. El papel de la buena fe en los pactos arbitrajes y contratos. Anuario de Justicia Alternativa. Tribunal Arbitral de Barcelona, 10. 2010, pp. 275- 306; Id. Del arbitraje romano configurado a semejanza de los juicios: «compromisso quod iudicio imitatur», Revista de la Facultad de Derecho de la Uned, n. 11, 2012, pp. 269-279; Id. Los arbitrajes de Derecho Público en la experiencia jurídica romana, en Hacia un Tratado de Derecho Administrativo y Fiscal Romano II, Director Antonio Fernández de Buján, Madrid 2013, pp. 17-38; Id. Bases romanísticas del arbitraje actual. Análisis de las concordancias entre el Derecho justinianeo y la legislación vigente en materia de arbitraje, n. 473, mayo-junio de 2014, Estudios, pp.1105- 1152.

[3] Los textos fundamentales relativos al *commercium* son los siguientes:

Tituli ex corpore Ulpiani, 19, 4: «*Mancipatio ex corpore habet Inter. cives Romanos et Latinos Iunianos eosque peregrinos, quibus commercium datum est.*»; 19,5: «*Commercium est emendi vendendi invicem ius*»; 20, 13: «*Mutus surdus, furiosus, itemque prodigus, cui, lege bonis interdictum est, testamentum facere non possumt: mutus, quuoniam verba nuncupationis loqui non potest; surdus, quoniam verba familiae emptoris exaudire non potest; furiosus, quoniam mentem non habet, ut testari de sua repossit; prodigus, quoniam commercium illi interdictum est, et ob id familiam mancipare non potest*».

A la luz de los textos citados, parece que puede afirmarse respecto a la relación entre el *commercium* y la *mancipatio* que los peregrinos procedían de una comunidad que tuviese respecto a Roma el *ius commercii,* podrían realizar negocios mediante la *mancipatio.* Vid. en este sentido, KASER, M., *Vom Beriff des commercium,* Studi Arangio-Ruiz, 2, pp. 131 y ss.

A juicio de SAUTEL, G., *Essai sur la notion romaine de «commercium» á l'époque ancienne.* Varia. Etudes de Droit Romain, Paris 1952, pp. 4-5, la correlativa referencia hecha por un jurisconsulto de fines de la época clásica como Ulpiano a la *mancipatio,* al decir que es accesible a los peregrinos *quibus commercium datum est,* y a la *emptio-venditio* en relación con el *commercium,* al decir «*commercium est emendi vendendique invicem ius*», supone una evidente contradicción entre ambos textos. En opinión de este autor, lo afirmado en las *Regulae,* 19, 5 es fruto de una glosa postclásica incorporada al texto clásico. Otros autores tratan de hallar una explicación a los textos citados, refiriendo la definición ulpinianea de *commercium (ius emendi vendendique)* a la época arcaica, en la cual las palabras *emere* y *vendere* tendrían el significado más amplio de adquirir y de vender. Cfr. POWERS, O., *Studies in the commercial vocabulary of early latin,* Chicago, 1944, pp. 311 y ss.

[4] Vid. en, MARTINO, *Arbiter,* Roma 1986 y rec., FERNÁNDEZ DE BUJAN, A., Recensión a MARTINO, *Arbiter,* Roma, 1986, publicada en SDHI, 1987, pp. 447-451.

Según la tradición, la más antigua organización conocida de las relaciones de Roma con ciudades vecinas y pertenecientes a su mismo ámbito cultural y lingüístico, habría sido la federación denominada Liga Latina, que se remonta a época monárquica y que se habría renovado por Spurio Casio en la República, el año 493 a. C., mediante el llamado tratado o Foedus Cassianum, conforme al testimonio de Dionisio de Halicarnaso. Pues bien, en dicho tratado se contienen disposiciones reguladoras de los litigios surgidos entre miembros de las distintas comunidades, que se producirían especialmente en el marco de las relaciones comerciales[5], y en ésta normativa (*reciperatio*)[6], al igual que en la correspondiente a la configuración de los tribunales de recuperatores[7],encargados de conocer los conflictos de ciudadanos romanos con extranjeros, se hace referencia al nombramiento de árbitros.

El arbitraje habría pues cumplido en los primeros siglos de Roma, conforme a las referencias contenidas en textos jurídicos y literarios, un importante papel, al igual que sucedía en otras comunidades políticas, no sólo como complemento o alternativa a la jurisdicción, sino como formula de resolución de controversias, más allá de la autodefensa o autoayuda, por parte de un tercero imparcial, elegido de común acuerdo por las partes interesadas[8].

---

5 Vid. a propósito del *commercium*, MAROTTA, *Tutela dello recambio e commerci mediterranei in etá arcaica e republicana*, en Οστρακα, 5, 1996, I, pp. 55 ss.

Sobre el tráfico internacional de carácter mercantil vid. MEYER, *Bona fides y lex mercatoria in der europaischen Rechtstradiction*, Göttingen 1994. BESNIER, R.: *L'état économique de Rome au temps des rois*, R.D.H., 1934, pp. 405-463; PARADISI, B.: *Osservazioni sul rapporto storico tra diritto internazionale publico e diritto internazionale privato*, Studi Senesi, 1945, p. 242 y ss.

6 Vid. en el mismo sentido, FRANK, T., *An economic survey of ancienne Rome*, t. I: *Rome and the Italy of the Republic*, 1927. Vid. sobre *reciperatio*, WENGER, art. *Reciperatio*, en PW., p. 406 y ss.

7 Vid. a propósito de los *recuperatores:* BONGERT, *Recherches sur les récupérateurs*, Varia. Etudes de Droit Romain, I, 1952, p. 99 y ss.; HERNÁNDEZ-TEJERO, F. *Sobre el origen de los "deceemviri stilibus iudicandis"*, Rev. Fac. Der. Madrid, 8, 1964, p. 415 ss; PUGLIESE, *Sub voce "Recuperatores"*, N.N.D.I., 14, 1967, p. 1076 y ss.

8 Vid., en este sentido, en MARTINO, *Arbiter*, Roma, 1986, pp.120 y ss; Vid., con carácter general, sobre arbitraje: DECLAREUIL, *Du compromis en droit romain et en droit française*, París 1887; DE RUGGIERO, *L´arbitrato pubblico in relazione col privato presso i Romani*, en BIDR, 5, 1892, pp.49 ss; ARANGIO-RUIZ Y PUGLIESE CARRATELLI, *Tabulae Herculanenses*, V, en la *La parola del pasato*, 10, 1955, pp.449 y ss; BROGGINI, *Iudex arbiterve*, Köln-Graz, 1957, pp.44 ss; CRIFÓ, *Arbitrato a/ Diritto Romano*, en *Enciclopedia del Diritto*, 2, 1958, p.893; TALAMANCA, *Ricerche in tema di "compromissum"*, Milano, 1958, 11, nota 26; LEMOSSE, *Rèflexion sur la concepcion romaine de l`arbitrage internacionale*, en *Aktuelle Fragen aus modernem Recht und Rechtsgeschichte. Gedächtnisschrift für R. Schmidt*, 1966, pp.341 y ss; ZIEGLER, *Das private Schiedsgericht im antiken römischen Recht*, München, 1971, p.5 y ss; BUIGUES OLIVER, *La solución amistosa de los conflictos en derecho romano el arbiter ex compromisso*, Madrid, 1990, p.18; FAZZALARI, *Fondamenti dell´arbitrato*, en *Rivista dell'arbitrato*, 1, 1995, p.1; STEIN, *Roman arbitration: An English Perspective*, ILR, 29, 1-2,1995, pp.1995 y ss; MARRONE, *Sobre el arbitraje privado en la experiencia jurídica romana, en Roma y América*, Diritto Romano Comunne, 1998, pp.57-73. GONZÁLEZ SORIA, *La intervención judicial en el arbitraje. Recursos jurisdiccionales y ejecución judicial del laudo*, Madrid 1988; Grodfrey, *Arbitration in the Ius Commune and Scots Law*, en Roman Legal Tradition, vol. 2, 2004, pp. 122- 134.

La proximidad entre el juez y el árbitro, en los primeros siglos, se manifiesta, por otra parte, en la utilización conjunta de ambos términos en la fórmula de la *legis actio per iudicis arbitrive postulationem*, prevista en el texto legal de las XII Tablas del siglo V a. C.

Sabemos asimismo que el pacto de compromiso, de arbitraje, se recoge y regula –se tipifica, en definitiva– como pacto específico, al menos a partir del siglo II a.C., en el texto del Edicto de los magistrados, que reciben el nombre de pretores, y a los que se atribuye potestad jurisdiccional, por utilizar una expresión actual, en la etapa republicana.

Al pacto de compromiso, entre las partes, *compromissum*, se añade otro pacto correlativo entre los contendientes y el árbitro, o los árbitros, que se denomina *receptum*, en virtud del cual el árbitro acepta –y de ahí el termino *receptum*– es decir, se compromete a, dictar sentencia, dicere sententiam, a lo que puede ser constreñido por el pretor mediante multas[9], embargos de bienes o tomas de cosas en garantía, *pignus*[10].

A finales de la República, los árbitros constituyen una categoría de juzgadores prevista en la ley, junto a la de jueces ordinarios, iudices y jueces recuperadores, recuperatores, conforme se recoge en los textos de distintas leyes[11].

El mantenimiento del arbitraje, como técnica de revolución de conflictos a lo largo de toda la evolución del derecho romano, en las etapas posteriores a la República, en las que se conoce la fórmula del proceso ordinario, de impronta estatal, se explica por razones de rapidez, economía, sencillez en la tramitación, especialización en muchos casos del árbitro, no obligatoriedad de la condena pecuniaria etc., frente a la lentitud y formalismo del proceso oficial, que en contrapartida presenta evidentes ventajas en materia de seguridad jurídica y efectividad en el cumplimiento de la sentencia[12].

---

[9] Así en D. 4.8.32.12, se hace referencia a una multa impuesta por el pretor al árbitro que no dicta sentencia: multa adversus eum dicenda est.

[10] Observa MURGA, *El «iudicium cum addictione» del bronce de Botorrita*, Cuadernos de Historia Jerónimo Zurita, 43-44, 1982, p. 52, que el deber jurídico y no meramente moral del árbitro de dictar sentencia resulta evidente en los textos de Ulpiano, así en 13 ad ed., D.4.8.17 y 21; y Paulo 13 ad ed., D. 4.8.32. La utilización del verbo cogere en los textos es señal clara de la existencia de vías procesales ordinarias contra el árbitro remiso prometidas seguramente en una clausula especial del edicto: *Qui arbitrium pecunia compromissa receperit, eum sententiam dicer coget*, vid. Lenel, *Das Edictum perpetuum*, &48.

[11] Así en la *Lex Rubria de Gallia Cisalpina*, lin. 14: «quod privatim ambigetur, iurisdictio iudicis arbitri recuperatorum datio addictiove ...», y en distintos textos de literatura jurídica, así en Ciceron, Pro Mur. 12.27. En la época justinianea a los árbitros se les denomina, en ocasiones, jueces compromisarios, *iudices compromissarii*, así en Novelas 58.11.

[12] Vid. en este sentido en: STEIN, *Roman Arbitration: an English Perspective*, en Israel Law Review, vol. 29, 1995, pp. 369-418.

El pacto de compromiso romano, *compromissum*, o convenio arbitral en terminología actual, contiene el acuerdo, *conventio*, de las partes de:

— Presentarse ante el árbitro, *arbiter*, o árbitros, *arbitri*, elegidos para dirimir la controversia
— Atender los requerimientos de colaboración que en el curso de la instrucción del procedimiento sean realizados por el árbitro, y
— Acatar y cumplir la sentencia arbitral[13], a la que se alude en las fuentes bajo la denominación de sententia[14] –que es, desde Roma, la resolución jurisdiccional con la que los jueces, *iudices*, concluyen el proceso y, también, en ocasiones, con las denominaciones de *aestimatio, iudicium, arbitrium.*

Cabe pues distinguir en el arbitraje como relaciones jurídicas diferentes, aunque interrelacionadas entre sí, dos tipos de acuerdos o convenios:

— El acuerdo, *conventio* o *compromissum*, entre las partes, con el contenido mencionado en relación con: la elección de árbitro, la presentación y seguimiento de las decisiones adoptadas en el procedimiento, y el cumplimiento de la sentencia, y
— El acuerdo, conventio, entre las partes y el árbitro, *receptum arbitrii*, consistente, en sentido técnico, en la aceptación, *receptum*, por parte del árbitro, del encargo formulado por las partes, de proceder al arbitraje[15].

En la Roma clásica, el arbitraje compromisario, que se configura como la forma más característica del arbitraje privado, se conforma a semejanza de los

---

[13] A los detalles del acuerdo entre las partes, conventio, se refiere CASAVOLA en *La conventio nel compromissum*, Labeo, 5, 1959, pp. 238 ss.

[14] La expresión laudo arbitral referida a la decisión del árbitro, no es propia del Derecho Romano, sino de las fuentes jurídicas medievales. Lo que sí es de procedencia latina es el término laudo, que deriva de *laus-laudis*, una de cuyas acepciones es, en efecto, estimación o ponderación, de donde traería su origen la actual significación de laudo arbitral. Para el desarrollo de este aspecto se remite al último capítulo.

[15] El vocablo *receptum*, deriva de *recipere*, con el significado en el caso del arbitraje, de entre los contenidos en las fuentes, de asumir una obligación, así en la rúbrica del Título VIII, del Libro IV: *De receptis: qui arbitrium receperunt, ut sententiam dicant.* Sobre los casos de asunción de obligaciones: que los que asumieron un arbitraje dicten sentencia, y en numerosos capítulos del mencionado Título VIII, así en D. 4.8.13.2: «Se entiende que aceptó el arbitraje, según dice Pedio en el libro noveno, el que aceptó las funciones propias de un juez, y se compromete mediante sentencia a poner fin a las controversias».

Lo usual era que la concreta persona del árbitro, o árbitros compromisarios, fuese designada en el propio pacto de compromiso, así en: D. 4.8.17. 3: «Si el compromiso es que se haga por el árbitro de Ticio o por el de Seyo, escribe Pomponio, y opinamos nosotros, que vale este compromiso, pero deberá obligarse a dictar sentencia al que hubiesen convenido los litigantes»; D. 4.8.17.4-5: «Si el compromiso consiste en que si las partes discrepan en la elección de los árbitros, elegirán como tercer árbitro a Sempronio, es válido el compromiso, porque no cabe ya discrepancia en la elección»; D. 32.13.17: «Si el árbitro dispone que se le agregue otro árbitro, no estando esto previsto en el compromiso, no se considera dictada la sentencia, porque la sentencia debe ser sobre el objeto del compromiso, y aquello no entraba en el compromiso».

juicios y tiene por finalidad la solución de las controversias, así en un texto de Paulo, contenido en el primer capítulo del título 8 del libro 4, dedicado íntegramente en el Digesto al arbitraje, se afirma: «*Compromissum ad similitudinem iudiciorum redigitur et ad finiendas lites pertinet*». Es decir, el arbitraje compromisario se configura, conforme manifiesta el jurista, a semejanza de los juicios, y tiene como objetivo la resolución de los conflictos[16].

Este configuración del arbitraje basada en el pacto de compromiso, compromissum, inter partes y en el pacto de *receptum arbitrii* entre las partes y el árbitro, se mantiene desde finales de la época republicana y durante toda la etapa clásica.

Las previsiones legales o jurisprudenciales relativas al arbitraje compromisario[17] se caracterizan, en todo caso, por el respeto a la autonomía de la voluntad de las partes, la escasa intervención de la autoridad jurisdiccional en el curso del procedimiento arbitral, y el carácter eminentemente dispositivo de la normativa al respecto[18].

En la etapas postclásica y justinianea se produce cambios relevantes en la configuración y los efectos del arbitraje compromisario, al propio tiempo que un notable incremento de su utilización debido al deterioro de la Administración de Justicia, aquejada de males no muy divergentes de los actuales.

Es en época justinianea, en definitiva, como se analizará en el último capítulo, cuando se produce la mayor aproximación, y equiparación en sus efectos, entre proceso y arbitraje[19].

El pacto por el que las partes acuerdan someter unas o varias controversias a arbitraje en Derecho Romano, compromissum, se recoge en los artí-

---

[16] Vid asimismo en D. 5.1.81, Ulp. 5 opiniones: «No puede ser juez quien no ejerce jurisdicción… ni fue elegido en virtud de arbitraje compromisario…», donde se subraya la proximidad entre juez y árbitro.

[17] Observa PANZARINI, I profili di modernità…, cit., p. 1224, que del arbiter dado por el pretor habría emergido de forma natural el arbiter totalmente privado, es decir, el surgido de un acuerdo inter partes en litigio, respecto de que se habrían acentuado las notas de la discreccionalidad, la equidad y la bona fides, características de los arbitria compromisarios.

[18] Hay mayor libertad en la elección del árbitro por las partes que en la elección del juez por los litigantes, así como en el *iussum iudicandi* y la *potestas absolvendi aut condenandi* que al árbitro se le reconoce en la legislación.

[19] Así por ej., C.J. 2.55.5. pr y C.J. 2.55.4.4, en relación con la ejecución de la sentencia arbitral, se atribuye una exceptio veluti pacti a favor del demandado compromitente para paralizar la actio de la otra parte dirigida a iniciar un proceso ordinario sobre la cuestión resuelta en arbitraje, y una *actio in factum*, en caso de incumplimiento de la sentencia arbitral, a favor de quien solicita ejecución de la sentencia, en donde además de la *actio in factum* se dispone que la ejecución de la sentencia arbitral podrá solicitarse mediante el ejercicio de una *actio in factum*, una *condictio ex lege* o una *actio utilis in rem*. En el Código Justinianeo se dedica al arbitraje el Título 56, «*De receptis arbitris*», del Libro II, que comprende seis capítulos.

culos 1820 y 1821 del CC de 1889, que se mantienen vigentes hasta su derogación por la Ley de Arbitraje de 1988. Así, conforme al artículo 1820: «Las mismas personas que pueden transigir pueden comprometer en un tercero la decisión de sus contiendas»[20].

Parece pues que cabe afirmar que la analogía entre juicio y arbitraje compromisario, de tipo privado, trae su origen del Derecho Romano, y el citado texto de Paulo, «Compromissum ad similitudinem iudiciorum redigitur et ad finiendas lites pertinet», contenido en D. 4.8.1, viene a expresar el punto de partida de la actual consideración del arbitraje como «equivalente jurisdiccional», conforme a la conocida y acertada expresión, contenida en las sentencias del Tribunal Constitucional 43/1988, 62/1991 y y 174/ 1995, reproducida en el apartado primero del Preámbulo de la Ley 11/2011, de 20 de mayo, de Reforma de la Ley de Arbitraje, de 23 de diciembre de 2003[21].

En la elaboración y estudio de esta Ley de Arbitraje, vigente en España, han tenido y tienen un destacado papel dos Académicos de Número de esta Real Academia, los profesores Verdera Tuells y Olivencia Ruiz, ambos han formado parte, con otros destacados juristas, de la Sección especial constituida en el seno de la Comisión General de Codificación, encargada de redactar el Anteproyecto de Ley de arbitraje, que constituyó la base del texto de la Ley vigente de 2003. Por otra parte, el Profesor Verdera leyó un excelente Discurso de Ingreso en esta Real Academia el 6 de junio de 2005 sobre "La ley 60/ 2003, de 23 de diciembre, de arbitraje, entre la tradición y la innovación", que fue contestado con su brillantez habitual por el Prof. Aurelio Menéndez.

La institución del arbitraje no está prevista de manera expresa en la Constitución Española de 1978, si bien cabría fundamentar el arbitraje en la autonomía de la voluntad de las partes, y vincularlo con la libertad como valor superior del ordenamiento[22]. Especial mención cabe realizar, en el marco

---

[20] El artículo 1820 tiene su antecedente en un texto de Derecho Romano Romano, D. 4, 8. 27. 5: «*Compromittere possunt qui liberam habent rerum administrationem: compromittere possunt qui possunt transigere*».

[21] Vid al respecto en Verdera y Tuells, La Ley 60/ 2003, de 23 de diciembre, de arbitraje, entre la tradición y la innovación. Discurso de Ingreso en la Academia de Jurisprudencia y Legislación, el 6 de junio de 2005. Contestación del Prof. Aurelio Menéndez. Madrid 2005.

[22] Así en STC 176/ 1996, de 11 de noviembre (BOE de 17 de dcbr.). En este sentido, LORCA NAVARRETE en "*Litigio est quod notamus in arbitratum* (A propósito de la justificación constitucional del arbitraje y de la sustanciación garantista de las actuaciones arbitrales con arreglo a la vigente regulación normativa), IVDP, San Sebastian 2011, pp. 3 ss: «la justificación constitucional del arbitraje se encuentra en el principio de la autonomía de la voluntad que consagra el artículo 1.1 de la Constitución». Por su parte, OTERO LASTRES, en El derecho fundamental a la tutela arbitral efectiva, Abogados, febreo 2007, pp. 53 ss, considera que: «...aunque sea a través de la vía indirecta de rellenarla noción del "orden público" con el contenido del artículo 24.1, puede hablarse, al menos en un sentido indirecto, de un "derecho a la tutela arbitral efectiva"».

constitucional, de la previsión normativa del arbitraje en la Constitución española de 1812, en cuyo artículo 280 se establece: «No se podrá privar a ningún español del derecho de terminar sus diferencias por medio de jueces árbitros elegidos por ambas partes».

Si bien no existió en Roma la actual política legislativa favorecedora de la institución arbitral, que comienza a vislumbrarse, por otra parte, en la segunda mitad del siglo XX[23], las razones que justificaron el origen y el mantenimiento del arbitraje, arbitrium, como fórmula de resolución de conflictos a lo largo de toda la experiencia jurídica romana y del derecho histórico español, siguen vigentes y explican que el actual procedimiento arbitral sigue siendo, en esencia, muy semejante al procedimiento arbitral romano, del que trae su fundamento, origen y características específicas[24].

2. TERMINOLOGÍA EN MATERIA DE ARBITRAJE

— *Arbitrium merum*: esta expresión se suele identificar con el arbitraje compromisario[25].

— *Arbitrium boni viri*: hace referencia a la decisión de una persona recta sobre un aspecto específico de una materia contractual, familiar o sucesoria. Así por ejemplo en D. 18,1,57 se menciona el caso de compra de una casa respecto de la que comprador y vendedor ignoran que ha ardido. Si la casa hubiese ardido en su totalidad o si es mayor la parte quemada

---

23 Vid. sobre el fomento interno y comunitario del arbitraje, vid. VERDERA *Algunas consideraciones en torno al arbitraje comercial, Estudios en homenaje al Profesor Aurelio Menéndez*, Civitas 1996, Vol. I, pp. 447-486, y en Revista de la Corte Española de Arbitraje, 1994, pp. 137- 177, y en LOPÉZ MEDEL Y BASCONES, *Arbitraje, Jurisdicciones Nacionales y Cuestión prejudicial, libro Homenaje a D. Jesús López Medel*, Colegio de Registradores, 1999, pp. 1659-1776. A la necesidad de expandir el arbitraje se ha referido en fecha reciente MARTÍ MINGARRO, *La sociedad civil de Iberoamérica apuesta por el arbitraje*, Foro Jurídico Iberoamericano, nº 2, 2013, p. 9: «En tantos años de devoción, de convicción sobre la deseabilidad del arbitraje como una solución de libertad hemos visto evolucionar el arbitraje. Se han ido superando recelos institucionales, se han creado Cortes, se ha acreditado calidad, exigencia, excelencia. Ahora llega la ocasión de que, sin perder la excelencia, sin dejar de ser exigentes, el derecho de solucionar los conflictos transfronterizos por medio del arbitraje, sea un derecho de todos, y no sólo de unos pocos, un derecho realizado a la luz de nuestra propia cultura jurídica...».

24 En este sentido, entre otros muchos autores, en MURGA, *Derecho Romano Clásico*, Zaragoza 1989, pp. 21 ss.

25 Vid. en: TRIANI, *Nota sull´arbitrium boni viri*, en Per el trenta cinquesimo anno d´insegnamento di Filippo Serafini, 1892, pp. 165 ss; PACCHIONI, *Arbitrium merum e arbitrium boni viri*, Rivista de Diritto Commune, 9, 1911, 2, pp. 369 ss; GALLO, *La dottrina di Proculo e quella di Paolo in materia di arbitraggio*, Studi in onore G. Grosso II, Torino 1969; SOLINAS, *A propósito dell´arbitrium boni viri*, en Studi in onore di Gaetano Scherillo, vol II, Milán 1972, pp. 539- 571.

que la ardida, entiende el jurista Neracio que la compraventa no se ha perfeccionado, pero en el caso de que la mitad o menos hubiere ardido, entonces ha de forzarse al vendedor a cumplir la venta, mediante estimación a arbitrio de un hombre recto. En este caso el tercero que decide el precio no es un arbiter en sentido estricto, sino un denominado arbitrator, de confianza de confianza de las partes, que resuelve conforme a criterios de equidad[26].

Por otra parte, si bien la decisión del arbitrator, como ya ha sido señalado, podía recurrirse ante un magistrado, si se demuestra su mala fe, error manifiesto o grave injusticia, en los supuestos de sentencia arbitral en arbitraje compromisario, sólo cabe recurso ante el magistrado en los casos de *mala fides* del *arbiter*, a través de la fórmula de la exceptio doli.

En el sentido mencionado en un texto de Paulo, contenido en D. 4.8.32.14 in fine, se afirma que el emperador Antonio Caracala, ante la consulta de un juez en un caso de esta nturaleza, respondió por rescripto que aun cuando no puede apelarse contra la sentencia de un árbitro, cabe en determinados casos oponer a la sentencia arbitral la excepción de dolo malo, por lo que por medio de esta excepción hay una cierta especie de apelación, por la que resulta lícito revocar la sentencia de un árbitro[27].

— *Arbitrium arbitri*: se corresponde con la expresión *arbitrium merum*, por lo que hace referencia al criterio arbitral sobre la cuestión encomendada a su decisión por las partes. Así por ejemplo se hace referencia al criterio arbitral en D. 4.8.44 cuando se afirma que, en un supuesto de controversia sobre los límites de unas fincas, si no se obedeció al arbitro en aquello que hubiese arbitrado en presencia de ambas partes, se incurriría en pena[28]

— *Arbitrium iudicis*: se hace referencia con esta expresión a la discrecionalidad del iudex designado por el magistrado, para decidir un asunto, dentro del marco de su competencia.

---

[26] Vid. en: TRIANI, *Nota sull´arbitrium boni viri*, en Per el trenta cinquesimo anno d´insegnamento di Filippo Serafini, 1892, pp. 165 ss; SOLINAS, *A propósito dell´arbitrium boni viri*, en Studi in onore di Gaetano Scherillo, vol II, Milán 1972, pp. 539- 571; BETANCOURT, *Sobre una pretendida "actio" arbitraria contra el usufructuario*, AHDE, 45, 1975, pp. 353-383.

[27] D. 4.8.32 14: «*Cum quidam arbiter ex aliis causis inimicus manifeste apparuisset, testationibus etiam conventus, ne sententiam diceret, nihilo minus nullo cogente dicere perseverasset, libello cuiusdam id querentis imperator Antoninus subscripsit posse eum uti doli mali exceptione. Et idem, cum a iudice consuleretur, apud quem poena petebatur, rescripsit, etiamsi appellari non potest, doli mali exceptionem in poenae petitione obstaturam. Per hanc ergo exceptionem quaedam appellandi species est, cum liceat retractare de sententia arbitri*».

[28] D. 4.8.44, *Scaevola libro secundo digestorum:* «*Inter Castellianum et Seium controversia de finibus orta est et arbiter electus est, ut arbitratu eius res terminetur: ipse sententiam dixit praesentibus partibus et terminos posuit: quaesitum est, an si ex parte Castelliani arbitro paritum non esset, poena ex compromisso commissa est. Respondi, si arbitro paritum non esset in eo, quod utroque praesente arbitratus esset, poenam commissam*».

— *Arbiter datus*: se trata de supuestos en los que el árbitro nombrado por el juez para, en la mayoría de los casos, desarrollar una actividad ejecutiva específica, así-. *arbiter de rationis reddendis, arbiter de alimentis patroni, arbiter custodienda ea* etc[29], era titular de una *potestas iudicandi* semejante a la del juez ordinario y su decisión resultaba suceptible de ser apelada, en contraposcsición a la impugnabilidad, con carácter general, propia de la sentecia del árbitro compromisario.

— *Arbitrium o compromissum plenum*: alude al arbitraje válidamente constituido sobre una o varias causas. Así se establece en D. 4.8.21.6, que se llama compromiso pleno al que esta redactado sobre asuntos controvertidos, pues se refiere a todas las controversias pendientes; pero si se discute sobre una sola, aunque se haya hecho un compromiso pleno, subsisten, sin embargo, las acciones nacidas de las demás causas; porque es objeto de compromiso lo que se convino que lo fuera; pero es más seguro, si se quiere hacer un compromiso sobre determinado asunto, que sólo de él se haga mención en el compromiso[30].

— Del sustantivo *arbiter* derivan asimismo otros números, términos y expresiones jurídicas como: *actiones arbitrariae, arbitrium tutelae, actiones arbitrariae, interdictum per formulam arbitrariam, arbitrium de restituendo, arbitrium honorarium*, etc.

3. TIPOS DE ARBITRAJE

A grandes rasgos, y con el riesgo que supone toda esquematización de instituciones no contenida en las fuentes romanas, cabría distinguir los siguientes tipos de arbitraje:

a) Arbitraje no formal, que consistiría en un mero pacto, no protegido por el pretor ni por la ley, que no produciría consecuencias jurídicas inmediatas y que se movería en el campo, por otra parte relevante, de la *fides* y de la moral ciudadana[31].

---

[29] Vid. al respecto en PERGAMI, *Sulla impugnablità del lodo arbitrale nell´esperienza processuale romana*, en Studiin onore di G. Nicosia (Milano 2008), pp. 140 ss.

[30] D. 4.8.21.6: «*Plenum compromissum appellatur, quod "de rebus controversiisve" compositum est: nam ad omnes controversias pertinet. Sed si forte de una re sit disputatio, licet pleno compromisso actum sit, tamen ex ceteris causis actiones superesse: id enim venit in compromissum, de quo actum est ut veniret. Sed est tutius, si quis de certa re compromissum facturus sit, de ea sola exprimere in compromisso*».

[31] Sobre el disfavor del pretor respecto de los arbitrajes no formales, vid., en MARRONE, *Sobre el arbitraje privado...*,cit., pág. 58, y sobre su, no obstante, amplia difusión, vid. en ZIEGLER, *Das private Schiedsgericht...*, cit., pp.161 y ss. y en BUIGUES, *La solución amistosa...*, cit., pp.20 y ss.

b) Arbitraje de una persona recta o justa, arbitratus o arbitrium boni vir, cuyo papel esencial consistiría, como ya ha sido señalado, o bien en clarificar o precisar hechos o circunstancias confusas que afecten a determinadas personas o bien en dar su parecer sobre aspectos concretos de un negocio jurídico sobre el cual aquéllas no puedan o no quieran pactar.

Es objeto de polémica doctrinal, en la Jurisprudencia romana y en la dogmática actual, la distinción entre arbitrium merum y arbitrium boni viri. Alguno de los textos romanos que cabe considerar más atinentes con la cuestión podrían ser los que siguen[32].

En la época clásica, cuando se acuerda que el precio de una venta o de un arrendamiento se deja al arbitrio de un tercero, Labeón y Casio negaban la validez de tal contrato, mientras que Proculo lo consideraba válido condicionado a que el tercero indicado determinase el precio. Así en Instituciones de Gayo III, 140: «...si convenimos que la cosa se compra por el precio que estime Ticio, este negocio, según Labeón no tiene ninguna eficacia. Ofilio, por el contrario, consideraba que en este caso la compraventa era válida, opinión que fue seguidapor Próculo». Se planteada la misma cuestión en relación con el arrendamiento en D. 19.2.25: «Si se ha prometido una renta conforme al arbitrio de un tercero, sin determinar, no se considera un contrato de arrendamiento; pero si concreta que la renta será la que determine Ticio, vale el arrendamiento...»[33].

De las consideraciones de Próculo, recogidas en D. 17.2. Proculus, libro quinto epistularum, parece esencial, al respecto, determinar si las partes quieren someterse o no a todos los efectos al arbitrio del tercero.: 76 «...Hay dos tipos de árbitros, uno aquél cuya decisión debemos acatar, sea justa o injusta (como sucede cuando se acude a un árbitro compromisario); y otro, cuya decisión debe acomodarse al arbitrio de un hombre recto –*ut ad boni viri arbitrium redigi debeat*–, aunque se haya señalado expresamente la persona cuyo arbitrio ha de seguirse». Paulus. 77 «así sucede cuando en un arrendamiento se acuerda que la obra se realice según el arbitrio del arrendador». Proculus 78 «ahora bien, en la cuestión objeto de debate estimo que se ha de seguir el criterio de un hombre recto, básicamente en atención a que la acción atinen-

---

32 Vid., con carácter general, sobre este tema en DÍEZ-PICAZO, L, *El arbitrio de un tercero en los negocios jurídicos*, cit., pp. 619- 726. Un análisis específico de los distintos textos en los que se alude al arbitrium boni viri en derecho romano se encuentra en SCADUTO, *Gli arbitratori arbitratori nel diritto privato*, en Annali Palermo, vol. XI, 1923, pp. 24- 51.

33 Asimismo se plantea la cuestión, entre otros numerosos textos, en D. 18.1.37: *Ulpianus libro tertio disputationum*: «*Si quis fundum iure hereditario sibi delatum ita vendidisset: "erit tibi emptus tanti, quanti a testatore emptus est", mox inveniatur non emptus, sed donatus testatori, videtur quasi sine pretio facta venditio, ideoque similis erit sub condicione factae venditioni, quae nulla est, si condicio defecerit*».

te a un juicio de sociedad es una acción de buena fe». Paulus. 79 «por lo que si el arbitraje de Nerva fuese tan injusto que del mismo se derivase una iniquidad manifiesta, podrá ser impugnado mediante la acción de buena fe». 80. Proculus. «Ahora bien,...sería ajustado al arbitrio de un hombre recto que no fuésemos socios por partes iguales si uno de nosotros aportase a la sociedad más trabajo, industria, contactos o dinero»[34].

El primer tipo de arbitraje, que cabe identificar con el denominado arbitrium merum y con el arbitraje compromisario, al que se refiere Próculo, es aquél cuya resolución tiene carácter obligatorio para las partes, con independencia de que resulte justo o injusto, lo que significa que las partes renuncian a priori a discustir la decisión arbitral y no que el árbitro pueda actuar sin atenerse a principio o regla de ninguna clase.

En el segundo tipo de arbitraje, referido en el caso que nos ocupa al contrato de sociedad y en general a contratos de buena fe, es aquél cuya decisión, básicamente sobre elementos no esenciales del negocio, se atribuye a un hombre recto, *boni viri arbitrium*[35], en cuyo caso, las partes aceptan la decisión arbitral en la medida en que se considere que es propia de un hombre recto o justo, pero no quedan obligados a acatarla si no cabe considerarla de esta naturaleza, especialmente la persona como bonus vir hubiese actuado de mala fe, con error manifiesto o grave injusticia, en cuyo caso cabría el recurso ante un magistrado provisto de potestad jurisdiccional[36].

---

[34] D. 17.2.76. *Proculus libro quinto epistularum*: «*Societatem mecum coisti ea condicione, ut Nerva amicus communis partes societatis constitueret: Nerva constituit, ut tu ex triente socius esses, ego ex besse: quaeris, utrum ratum id iure societatis sit an nihilo minus ex aequis partibus socii simus. Existimo autem melius te quaesiturum fuisse, utrum ex his partibus socii essemus quas is constituisset, an ex his quas virum bonum constituere oportuisset. Arbitrorum enim genera sunt duo, unum eiusmodi, ut sive aequum sit sive iniquum, parere debeamus (quod observatur, cum ex compromisso ad arbitrum itum est), alterum eiusmodi, ut ad boni viri arbitrium redigi debeat, etsi nominatim persona sit comprehensa, cuius arbitratu fiat*». 77. *Paulus libro quarto quaestionum*: «(veluti cum lege locationis comprehensum est, ut opus arbitrio locatoris fiat)» 78. *Proculus libro quinto epistularum*: «*In proposita autem quaestione arbitrium viri boni existimo sequendum esse, eo magis quod iudicium pro socio bonae fidei est*». 79. *Paulus libro quarto quaestionum*: «*Unde si Nervae arbitrium ita pravum est, ut manifesta iniquitas eius appareat, corrigi potest per iudicium bonae fidei*». 80. *Proculus libro quinto epistularum*: «*Quid enim si Nerva constituisset, ut alter ex millesima parte, alter ex duo millesimis partibus socius esset? Illud potest conveniens esse viri boni arbitrio, ut non utique ex aequis partibus socii simus, veluti si alter plus operae industriae gratiae pecuniae in societatem collaturus erat*».

[35] En relación con el arbitrium boni viri y la determinación con arreglo a la equidad de la restitución correspondiente a los socios en el caso de liquidación de la societas, así como las disposiciones en análogo sentido contenidas en el Código procesal civil italiano y en el Código Civil, vid. en PANZARINI, I PROFILI DI MODERNITÁ..., pp. 1251 ss.

[36] A propósito de la distinción entre *arbitrium merum* y *arbitrium boni viri*, vid. en GALLO, *La dottrina di Proculo e quella di Paolo in materia di arbitraggio*, Studi in onore G. Grosso II, Torino 1969; y BURDESE, *Diritto Privato Romano*, 3º ed. Torino 1987, p. 564.

Justiniano[37] confirma la posición de opinión de Ofilio y Próculo en relación con las ventas y arrendamientos cuyo precio se acuerda que sea determinado por un tercero, pero introduce la novedad de que, en estos casos, el arbitraje tendrá siempre carácter obligatorio, y por tanto la consideración de *arbitrium merum*, lo que implicará la imposibilidad de revisar o impugnar la decisión del tercero, salvo en los casos de *laesio enormis*. La norma justinianea, limitada al campo de las mencionadas relaciones contractuales, no supuso, sin embargo, la supresión de la distinción entre arbitrium merum y arbitrium boni viri, que se mantiene en otros muchos fragmentos de la Compilación, de la que se transmite al derecho común y a las modernas legislaciones.

Como afirma Díez-Picazo, la solución prevista en la Compilación Justinianea, C.J. ha marcado la línea de la evolución jurídica en este punto, hasta el extremo de ser ésta la regulación que hoy se da a la cuestión en muchas legislaciones positivas y la que ha servido de pauta a la doctrina jurídica[38].

Una previsión semejante a la contenida en el artículo 1447, en relación con el arbitrio de un tercero en negocios jurídicos, se recoge en el artículo 1690 del CC atinente a la determinación por un tercero de la participación en pérdidas y ganancias en el contrato de sociedad, que tiene claros precedentes en los textos romanos, siendo en el caso presente la posibilidad de revisar una posible decisión injusta lo que preocupa sobre todo al legislador. Al examen de esta cuestión se aborda en el último capítulo, en el apartado atinente a la acción de anulación del laudo arbitral[39].

---

37 C. J. 4.38.15. *Imperator Justinianus: «Super rebus venumdandis, si quis ita rem comparavit, ut res vendita esset, quanti titius aestimaverit, magna dubitatio exorta est multis antiquae prudentiae cultoribus. 1. Quam decidentes censemus, cum huiusmodi conventio super venditione procedat "quanti ille aestimaverit", sub hac condicione stare venditionem, ut, si quidem ipse qui nominatus est pretium definierit, omnimodo secundum eius aestimationem et pretia persolvi et venditionem ad effectum pervenire, sive in scriptis sive sine scriptis contractus celebretur, scilicet si huiusmodi pactum, cum in scriptis fuerit redactum, secundum nostrae legis definitionem per omnia completum et absolutum sit. 2. Sin autem ille vel noluerit vel non potuerit pretium definire, tunc pro nihilo esse venditionem quasi nullo pretio statuto: nulla coniectura, immo magis divinatione in posterum servanda, utrum in personam certam an in viri boni arbitrium respicientes contrahentes ad haec pacta venerunt, quia hoc penitus impossibile esse credentes per huiusmodi sanctionem expellimus. 3. Quod et in huiusmodi locatione locum habere censemus».* * Iust. a. Iuliano a. 530.

38 DÍEZ-PICAZO, L, *El arbitrio de un tercero en los negocios jurídicos*, cit., pp. 11 ss. Señala este A. que el Derecho Medieval recoge la tradición romanista. La Ley de Partidas admite, sin duda alguna sobre ello, que el señalamiento del precio pueda remitirse a un tercero, en cuyo caso la validez de la venta depende del efectivo señalamiento, de tal manera que, si el tercer designado lo efectúa, la venta es válida, no siéndolo en caso contrario. La posibilidad de que el precio en el contrato de compraventa sea determinado por arbitriode tercero adquiere a lo largo de toda esta evolución fijeza y sustantividad propia, llegando así al Código civil francés, a través de sus más conocidos precedentes doctrinales, Domat y Pothier, al Proyecto de Código civil español de 1851, al Código italiano de 1865 y, por último, se convierte en el artículo 1447 de nuestro Código civil.

39 Vid. asimismo en DÍEZ-PICAZO, L, *El arbitrio de un tercero...*, cit., pp. 13 ss., así como el análisis de otros textos del Código Civil en los que se prevé el arbitrio de un tercero. Artículo 1690

c) arbitraje del *ius gentium*: era el correspondiente a la resolución de conflictos surgidos en la interpretación o aplicación de los pactos contraídos entre extranjeros y ciudadanos extranjeros entre si, no previstos por el ius civile, pero si reconocidos por el ius pretorium, a través de la vía de los mecanismos procesales de la denegatio y la exceptio actionis[40].

d) arbitraje legal: así denominado por estar previsto en la legislación de las XII Tablas o en leyes posteriores[41].

e) Arbitraje compromisario, también denominado *merum arbitrium*. Tenía en Derecho Romano un marcado carácter contractual. Consistía en el pacto o compromiso, y de ahí el nombre, de someter la resolución de un conflicto inter partes a la decisión de un árbitro, el cual se compromete a dar su opinión sobre el asunto. A dicho pacto se añadían estipulaciones recíprocas, generalmente con cláusula penal, en virtud de las cuales los intervinientes podían exigirse el contenido de la estipulación o el cumplimiento de la cláusula penal, para el caso de no colaboración con el árbitro en el desarrollo de su actuación o de no acatamiento de la sentencia o laudo arbitral[42].

Es la regulación de este tipo de arbitraje compromisario, contenido básicamente en D. 4.8. "Sobre los casos de responsabilidad asumida. Que los que asumieron un arbitraje dicten sentencia", el que en mayor medida ha influido en el arbitraje de Derecho español moderno, conforme a su ordenación legal en los artículos 1820 y 1821 CC[43], que utilizan el término romano compromiso

---

CC: «Si los socios se han convenido en confiar a un tercero la designación de la parte de cada uno en las ganancias y pérdidas, solamente podrá ser impugnada la designación hecha por él cuando evidentemente haya faltado a la equidad. En ningún caso podrá reclamar el socio que haya principiado a ejecutar la decisión del tercero, o que no la haya impugnado en el término de tres meses, contados desde que le fue conocida».

[40] D. 2.14.7.4; P.S. 2.14.1; C.J. 4.65.27.

[41] Conforme al comentario realizado por Gayo, I, 4.17.a., al texto de las XII Tablas, II, I: "*… Item de hereditate dividenda inter coheredes eadem lex per iudicius postulationem agit iussit. Idem fecit lex Licinniae, si de aliqua se communi dividenda ageretur. Itaque, nominata causa ex qua agebatur, statim arbiter petebatur*".

XII T., 1, 6.7: *in comitio aut in forum,* en opinión de DE MARTINO, la dicotomía *comitio-foro,* haría referencia a los distintos ámbitos de actuación de los jueces y de los *arbitri,* pues mientras que los *iudices* actuarían en el *comicio,* los árbitros lo haría en el foro.

Gai, I, 4.17a. y D.4.7.12 (Marc.14.inst). Cic, *pro Roscio* 4, 11 «*… aliud est iudicium aliud est arbitrium. Iudicium est pecuniae certae, arbitrium incertae…*».

[42] Sobre distintas cuestiones planteadas en relaciòn con los arbitrajes compromisarios vid. en PARICIO, *Los arbitrajes privados en la Roma clásica,* cit., pp. 17-101.

[43] En relación con los artículos 1820 y 1821 CC, afirma VÁZQUEZ GUDÍN, en *Quintus Mucius Scaevola,* Código Civil, Tomo XXVII, artículos 1790 a 1856, Reus, 1953, pp. 425 ss: «Poco más de medio centener de palabras, en dos artículos, dedica el Codigo a la materia de los compromisos, y, sin duda, es de los contratos de mayor complejidad y suma aplicación (excesiva aplicación y frecuentemente escasas previsiones en la ley). Podemos definir el compromiso diciendo que es

para referirse al arbitraje, en la Ley de Arbitraje de 1953, derogada por la ley de Arbitraje de 1988, en vigor hasta la actual Ley de arbitraje de 2003, reformada por Ley de 2011.

f) Arbitrajes de Derecho Público: Internacional, Federal y Administrativo, que surgen, en la praxis romana, con posterioridad al arbitraje de derecho privado. Roma toma como referencia las experiencias desarrolladas en este ámbito en el mundo helenístico y en el asiático, y sobre esta base, y la del arbitraje privado de tipo compromisario, conforma su específica regulación.

4. EL ARBITRAJE EN ATENAS

A) Procesos y arbitrajes en la época homérica

Sabemos que ya en la época de Homero había procesos regulares, dado que en la Ilíada, cuando Héctor da muerte a Patroclo, le arrebata la armadura con la que éste ha pretendido suplantar a Aquiles, por lo que el héroe aqueo se ve precisado a solicitar del Dios Hefesto la fabricación de otra que la sustituya y el divino herrero, representa en el escudo los hechos más relevantes de la vida griega, en paz y en guerra, y entre ellos, en lugar preeminente, la escena de una causa, en la que los ancianos juzgan, en el ágora, un delito de homicidio[44].

Se refiere asimismo Homero, en el texto citado, a los procesos regulares, en los fragmentos en los que alude al naufragio de Ulises, entre Escila y Caribdis, y lo vincula «al momento del día en que el juez se levanta del ágora, después de haber fallado muchas causas de esforzados litigantes», lo que denota la existencia ya de jueces profesionales que actúan de forman regular en días y horas preestablecidos, alrededor del 850 a. d C.

En este sentido, Gonnet ha señalado que, con anterioridad a Solón, la justicia ya se entendía por los griegos como una manifestación de soberanía, lo que suponía que ni el recurso a la misma, ni el efecto obligatorio del fallo dependía de la voluntad de las partes[45].

---

un contrato solemne por el que los interesados (compromitentes) someten a terceras personas (compromisarios) la resolución de una contienda privada existente o posible entre ellos». La calificación de solemne derivaba de la exigencia de esritura pública para su perfección y ejecución, conforme al artículo 792 de la LEC.

El tenor literal del artículo 1820: «Las mismas personas que pueden transigir pueden comprometer en un tercero la decisión de sus contiendas», tiene asimismo su antecedente en un texto de Derecho Romano Romano, D. 4, 8. 27. 5: «*Compromittere possunt qui liberam habent rerum administrationem: compromittere possunt qui possunt transigere*».

[44] Ilíada, VII, 66.

[45] GERNEt, *Droit et Societé dans la Grèce ancienne*, París 1955, p. 66; Con carácter general en, ROEBUCK, *Ancient Greek Arbitration*, Oxford 2001.

Junto a la jurisdicción, existe ya en la época homérica el arbitraje[46], conforme aparece atestiguado en diversos textos contenidos en la Ilíada y la Odisea, como fórmula extrajurisdiccional de resolución de numerosos conflictos civiles[47].

Se trata de episodios en los que los árbitros, personajes de la realeza o del ejército, en una época primitiva, eran requeridos por las partes contendientes. Así, en el episodio de la Ilíada en el que Menelao idea primero someter su contienda con Antíloco, al arbitraje de los príncipes y jefes del Ejército[48], y cuando Idomeneo propone a Ajax el arbitraje del rey Agamenón, hijo de Atreo: «Apostemos un trípode o una caldera, y nombremos árbitro a Agamenon Atrida, para que detrmine cuales son las yeguas que vienen delante…»[49]. En la Odisea se afirma que era la reina de los feacios, Areta, quien dirimía los conflictos entre los litigantes[50].

Paulatinamente se habría producido una evolución en la condición de los arbitros que habrían dejado de ser personas de especial autoridad y relieve social, para pasar a ser personas anónimas con capacidad suficiente, elegidas por las partes para decidir y resolver de forma imparcial una discordancia o controversia[51].

B) Legisladores y árbitros

Al arcontado de Solón, que tiene lugar en el siglo VI a. C., se refiere Aristóteles, atribuyéndole la condición de árbitro: «La tierra estaba repartida entre pocos, y como los muchos eran siervos de los pocos, se levantó el pueblo contra los eupátridas. Y como fuera discordia violenta y durase mucho tiempo, escogieron, de común acuerdo, como árbitro y arconte a Solón, y le encomendaron que redactase una nueva Constitución»[52].

---

46 Con carácter general vid., RAEDER, *L´arbitrage international chez les Hellenes*, Publications de l´Institut Nobel Norvengien, New York 1912.

47 Como señala PALAO HERRERO, *El sistema jurídico ático clásico*, prólogo Fernández de Buján, Dykinson 2007, pp. 41 ss., en la época prehomérica había procesos regulares, decisiones asamblearias para juzgar los delitos cometidos por los enemigos de la comunidad, y arbitraje voluntario para numerosas cuestiones civiles, y en la etapa presolónica, en materia de relaciones privadas, el mayor número de casos se resuelve por los árbitros privados, salvo los atribuidos al arconte epónimo, en el ámbito semipúblico del derecho de familia y sucesiones.

48 *Ilíada*, XXIII, 573 ss.

49 *Ilíada*, XXIII, 485.

50 *Odisea*, VII, 79.

51 Así en HESÍODO, *Los Trabajos y los Días*, pp. 37-39.

52 ARISTÓTELES, *Constitución de Atenas*, V, 1 y 2.

En ocasiones son los propios legisladores los que asumen la función de árbitros en una contienda civil o una discordia entre facciones políticas rivales[53]. Así Aristóteles afirma que Solón actuó como árbitro entre las facciones de los eupátridas y el pueblo de Atenas[54].

En referencia asimismo a Solón, narra Plutarco, como representó a Atenas en el contencioso con Megara por la propiedad de la isla de Salamina, sustanciado mediante el arbitraje de Esparta[55].

Ya en la época solónica[56], sabemos también por Plutarco, que casi veinte años después de Clístenes, el arconte Arístides, fallaba los pleitos como árbitro, lo que suponía que su sentencia no quedaba sujeta a apelación alguna ante los Tribunales regulares del Estado[57].

C) Origen del arbitraje público obligatorio. Competencias de los árbitros públicos

En el siglo V a.C. Atenas[58] vivió su estapa de esplendor como capital del Hélade en la filosofía, la política, el derecho, el comercio y la cultura. Su ámbito de influencia se extendía por Sicilia, el sur de Italia y Asia Menor[59].

---

[53] Así en GAGARIN, *Early Greek Law*, Los Ángeles, 1986, pp. 58 a 60.

[54] ARISTÓTELES, *Constitución de Atenas*, XII, 5 y 25.

[55] PLUTARCO, *Solón* X.

[56] Como subraya PANZARINI, *I profili di modernità degli arbitrati greci e romani nei principi e nesse regole tecniche da essi trapassati, con sorpendenti coincidenze, negli ordierni arbitrati*, cit., pp.1210 ss., las leyes de Solón conferían eficacia plena a las sentencias arbitrales como si hubiesen sido pronunciadas por quienes administraban justicia en los juicios ordinarios, si bien las mencionadas sentencias requerían para que su eficacia ejecutiva la aprobación (homologación) del arconte. Por otra parte, los arbitrajes no podían afectar a cuestiones de orden público, que no eran arbitrables.

De conformidad con la previsión solónica, conforme señala PANZARINI, el art. 5.2.b de la Convención de Nueva York de 1958, establece el rechazo del juez ad quem del reconocimiento de un laudo que sea contrario al orden público (public policy) del país requerido por tal procedimiento por parte de la magistratura y el art.16 b) ii, y la ley modelo sobre el arbitraje comercial internacional de 1985, ley modelo UNCITRAL, dispone que nunca se rechazará "the recognition or enforcement of the award wold be contrary to the public policy of this Sate".

[57] PLUTARCO, *Arístides*, X.

[58] Sobre las raices griegas de las ideas de la justicia y la ley, vid. FUENTESECA, *El gran dilema histórico del pensamiento jurídico europeo. ¿Ley política o ley natural?* Madrid 1977; ID. *La formación grecoromana del actual concepto europeo de Estado. Discurso de Ingreso en la Real Academia de Jurisprudencia y Legislación en 2004.*

[59] Al respecto observa PALAO HERRERO, en *Sistema Jurídico…*, cit., p. 21 ss., y 133 ss en relación con la época de esplendor, que entender la justicia como manifestación de la razón, pertenece a la communis opinio que los griegos trajeron la lógica al mundo, y rendir culto a la ley y a la democracia, constituían las bases del derecho ático clásico. Para la reconstrucción de lo que fue el derecho ateniense, los investigadores han acudido a diversas fuentes. Así, el Manual de Harme-

Entre los Tribunales cabe destacar el Consejo del Aerópago, cuyos miembros son los Arcontes y que fue el único Tribunal ateniense que mantuvieron los conquistadores romanos, el Consejo de los Cuatrocientos y, con posterioridad, el Consejo de los Quinientos.

Los orígenes del arbitraje público obligatorio[60], que se configura como un arbitraje legal previsto para determinados supuestos, frente al arbitraje voluntario, caracteriza particularmente el sistema jurisdiccional ático a partir de siglo VI a. C[61].

Constituye una cuestión polémica la determinación de fecha de implantación del arbitraje público obligatorio. En opinión de Palao Herrero, dada la vinculación del Tribunal de los cuarenta con el arbitraje público, cabe pensar que el mencionado arbitraje, al que ya se refiere Aristóteles, se remontaría a la creación de dicho Tribunal en la época de los psistrátidas[62], si bien no hay constancia de ningúna sentencia arbitral durante el siglo V a.C., y si en los años 403- 400 a C.[63], en los que durante el arcontado de Euclides, en el 403, consta, en un discurso forense de Lisias, Contra Diogitón, la apelación de un laudo dictado por un árbitro público[64].

En otro informe forense, se hace mención de los reiterados intentos, incluido un arbitraje voluntario, de Arquebiades de saldar de forma amistosa una reclamación de cantidad, hasta que se promulgó la ley sobre arbitrajes públicos en el año 403 a. C.[65]

Los árbitros públicos, a igual que los magistrados y los testigos, realizaban un juramento promisorio de desempeño de su cargo con justicia y conforme a las leyes, ante la piedra sacra o sacrificial, así denominada por ser la piedra donde la ciudad realiza habitualmente los sacrificios[66].

---

nópulos, tratados filosóficos, como las obras de Platón y Aristóteles, en especial la Constitución de Atenas de Aristóteles, textos literarios, entre ellos las representaciones de usos y costumbres transmitidos por los autores de comedias, singularmente Aristófanes, escritos de los historiadores, filólogos y biógrafos, y notas de algunas inscripciones conservadas. Vid., con carácter general, la relación de fuentes citadas por BISCARDI, en *Diritto greco antico, Diritto greco antico*, Edizioni Dell'Orso, Alessandria, 2013.

60 Vid. al respecto en BONNER- SMITH, *The Administration of Justice from Homer to Aristotle*, Vol. II, Chicago 1938, pp. 97 ss.

61 Vid. al respecto en GERNET, *L'Institution des arbitres publics à Athenes*, en Droit et societé dans la Gréce ancienne, París 1964, pp. 103-119; HARREL, *Public Arbitration Law*, University of Missouri Studies, 1936, pp. 1-42.

62 En relación con Psistrato y los tiranos griegos, vid. SÁNCHEZ DE LA TORRE, *La tiranía en l antigua Grecia. Discurso de Ingreso en la Ral Academia de Jurisprudencia y Legislación.* Madrid 1994.

63 En este sentido en PISCHINGER, *De arbitris atheniensium publicis*, Munich 1983, pp. 49 ss.

64 PALAO, *El Sistema Jurídico Ático Clásico*, cit., pp. 333 ss.

65 PALAO, *El sistema...*, cit. p. 333.

66 ARISTÓTELES, *Constitución de Atenas*, LV, 5.

En al ámbito de las causas privadas se reconoce amplia competencia a los árbitros públicos[67], así en materia de:

— Filiación
— Patria potestad
— Tutela
— Declaraciones de herederos
— Servidumbres
— Reclamaciones por deuda líquida
— Reclamaciones por vejaciones
— Acciones por daños contractuales, extracontractuales y procesales
— Acciones contra los fiadores de exigencia de la garantía prevista
— Ejecución de sentencia en una causa pública
— Rendición de cuentas de los tutores
— Acción por injurias o calumnias
— Acción a la víctima por robo[68]

Del resto de las acciones civiles ordinarias conocían los Tribunales sumarios de causas mensuales, así denominados por ser un mes el periodo de tiempo en que debía ser instruida la causa, cuya rápida resolución resultaba esencial para la actividad económica de Atenas[69].

La implantación de los juicios mensuales supuso la atribución de competencia, a los Tribunales designados, en determinados supuestos[70] que con anterioridad se tramitaban ante los árbitros públicos, si bien éstos mantuvieron la competencia en numerosos procedimientos en especial en el ámbito de la ciudadanía, de los derechos personales, familiares y parentales[71].

---

67 En relación con la delimitación de las causas sometidas a arbitraje, así como a la conexión entre arcontado y arbitraje, vid. en DURAN, *Un «echinos» procedente de una «diaita»*, Dike, n. 5, 2002, pp. 61 ss.

68 En relación con el robo, y a propósito de las diferentes vías procesales y extraprocesales para el logro del resarcimiento, tenemos noticia de un expresivo fragmento de Demóstenes, Sobre los veinte años, en el que se afirma: «¿Eres un hombre fuerte, confiado en ti mismo. Arresta al ladrón: sólo arriesgas mil dracmas? ¿Eres más bien débil? Pide a los arcontes que lo arresten. ¿Incluso esto te da miedo? Denuncia por escrito. ¿No tienes confianza en ti mismo y eres pobre, incapaz de reunir mil dracmas? Demándale por robo ante un árbitro público y a nada te arriesgarás».

69 Vid. al respecto en ARISTÓTELES, *La Constitución de Atenas*, LII, 2.

70 Se atribuyó competencia a los Tribunales sumarios mensuales en: Las acciones en causas comerciales, mineras y tributarias y de tráfico marítimo. La acción de reclamación de dote, si quien debe dotar a la esposa no entrega la dote al marido, o si éste, no la devuelve al divorciarse. La acción de reclamación del capital y los intereses de un préstamo, si el interés es inferior al 12%. La acción de reclamación de préstamos sin interés. La acción de reclamación del capital e intereses de un préstamo formalizado por prestamistas profesionales en el Ágora y reclamación de préstamos entre comuneros. La acción por daños con violencia.

La acción por saneamiento y vicios ocultos. Acciones por reclamaciones en materia bancaria.

71 Vid. con carácter general sobre los juicios mensuales en PALAO HERRERO, *Sistema jurídico…*, cit., pp. 332 ss.

Especial relación con los árbitros públicos, tuvo el denominado Tribunal de los Cuarenta jueces, cuyos componentes designados por sorteo, a razón de cuatro ciudadanos por cada tribu, resolvían, ejerciendo jurisdicción, sin apelación, todas las causas civiles de cuantía superior a diez dracmas. Las demás las remitían a los árbitros públicos.

El Tribunal de los 40, cada año, consultaba la lista de los ciudadanos que por haber cumplido 60 años quedaban fuera de servicio en el ejército, y asumían, con carácter obligatorio, la nueva condición de árbitros públicos, entre los cuales, con las únicas excepciones de quienes desempeñaban una magistratura o se encontraban fuera del país con causa justificada, procedían al reparto, por sorteo, de las causas civiles cuya competencia se les atribuía a los árbitros públicos[72].

En suma, los procedimientos civiles se resolvían o bien por árbitros públicos encargados de dictar una sentencia, entre quienes se sorteaban los casos cuya instrucción se iniciaba ante el Tribunal de los 40 Magistrados, o bien mediante pleitos sumarios que se tramitaban en el plazo máximo de un mes desde su inicio.

D) Procedimiento arbitral. Apelación

Designado el árbitro, que quedaba compelido por la ley a realizar el arbitraje[73]. Los arbitrajes públicos se celebran, de forma habitual, en lugares como el Pórtico de las Pinturas[74], la Heliaia[75], o el Hefesteo[76], XXXIII, 18, en los que los árbitros de las tribus correspondientes ejercían su función.

Con carácter preliminar al inicio del procedimiento[77], el árbitro o árbitros intentaban convencer a los contendientes de la posibilidad de una transacción que hiciese innecesario el arbitraje. Cabe asimismo una confesión con efectos transaccionales, tanto en el procedimiento arbitral, como en la ape-

[72] Observa ARISTÓTELES, *Constitución de Atenas*, LIII, 4 y 5, que esta forma de selección implicaba el nombramiento de más de cien árbitros cada año.

[73] ARISTÓTELES, *Constitución de Atenas*, LIII, 5.

[74] DEMÓSTENES, LIV.17.

[75] DEMÓSTENES, XLVII.12.

[76] DEMÓSTENES, XXXIII.18.

[77] El desarrollo de la exposición sobre el procedimiento arbitral constituye, en buena medida, una síntesis de la expuesto al respecto en las pp. 340-399 de la obra de PALAO HERRERO, *El Sistema Jurídico Ático Clásico*, 2006, cit., Prólogo A. Fernández de Buján, pp.11-19, basada en la Tesis Doctoral que, bajo mi dirección, leyó en Autor en junio de 2005.

lación ante en los discasterios[78]. Si no lograbaa persuadirles se procedía a la tramitación del procedimiento.

La demanda debía ser concisa. Los contendientes procuraban convencer mediante sus discursos, cuya duración se dejaba a la discreccionalidad del tribunal, a los árbitros juzgadores.

Ante los árbitros públicos, a igual que ante los magistrados jurisdiccionales, cabe plantear distintas excepciones, así la de pago, prescripción, cosa juzgada, inexistencia de acción etc., y reiterarlas en alzada ante los Dicasterios en apelación[79], y el árbitro puede interrogar a los contendientes, de oficio o instancia de parte, sobre los puntos que juzgue convenientes[80].

Cabe asimismo un interrogatorio bajo juramento indecisorio, y la confesión con juramento decisorio. La prueba testifical es la de mayor relevancia. El Estado concede con la mayor liberalidad la acción de falso testimonio, que se configura como el más antiguo de los procesos conocidos en el Ordenamiento jurídico helénico. Los testigos están obligados a declarar[81]. Si se niegan a comparecer, sin causa justificada, son sancionados con una cuantiosa multa, de mil dracmas, se les inscribe en el Registro de Deudores Públicos y responde por los daños y perjuicios causados por su incomparecencia.

En el caso de prestación de testimonio por parte de extranjeros o de personas en situación de esclavitud, cabía la utilización de la tortura como medio de esclarecimiento de los hechos, lo que no estaba permitido tratándose de ciudadanos de Atenas[82].

Una vez practicada la prueba, los árbitros se dirigían a la piedra sacrificial para proceder al juramento de que el laudo que iban a dictar lo emitirían de forma imparcial y en conciencia[83]. Ni las sentencias de los Tribunales, ni los laudos arbitrales eran motivados.

Tras los informes de las partes, y la práctica de la prueba, se procedía a la votación, que se realizaba mediante la utilización de piezas de bronce, agujereadas o macizas, según cual fuera el sentido del voto. Una vez emitido el laudo las actuaciones realizadas en el curso del procedimiento arbitral se introducían en una caja[84]

---

[78] Demóstenes XXXIII, 13.

[79] Vid. al respecto en BONNER Y SMITH, *The Administration of Justice from Homer to Aristotle*, Chicago 1930-1938, Vol. II, pp. 95 ss.

[80] DEMÓSTENES, XXVII, 50.

[81] Sobre el juramento testifical en los arbitrajes públicos vid. en DEMÓSTENES, LIV, 26.

[82] ANTIFONTE, V.50.

[83] Vid al respecto en GERNET, *Droit et Societé dans la Grèce Ancienne*, cit., pp. 65 ss.

[84] ARISTÓTELES, *Constitución de Atenas*, LIII, 2 y 5

La nulidad de las actuaciones de los arbitrajes se puede plantear mediante excepción dentro de los 10 días siguientes a dictarse el laudo[85]. De estimarse la excepción se volvía a tramitar el arbitraje[86].

La resistencia del árbitro al desempeño del cargo o a emitir el laudo arbitral, así como la responsabilidad arbitral derivada de la comisión de actos ilícitos cometidos en el desarrollo de sus funciones se castigaba con la atimia, es decir, con la pérdida de los derechos civiles[87]. La responsabilidad del árbitro se sustanciaba ante el Colegio Arbitral[88].

Procedimiento de apelación

En el mismo día en que el árbitro notifica el laudo a las partes éstas deben decidir si se conforman con él o recurren al Tribunal de los Dicasterios[89], cuya resolución era definitiva[90]. Si aceptan la decisión arbitral, el árbitro entrega el laudo al Tribunal de los Cuarenta, para proceder a su archivo, lo que le otorga carácter ejecutivo, si bien por los testimonios de las fuentes sabemos que era frecuente el recurso del laudo ante los Dicasterios[91].

Recurrido el laudo, se introducen en dos cajas, una del recurrente y otra del recurrido, las tablillas de los testimonios, requerimientos y certificaciones de leyes[92], a las cuales, una vez selladas, se une la tablilla con el fallo arbitral y se entregan a los cuatro jueces de los Cuarenta encargados de los arbitrajes de la tribu del recurrido.

Si el laudo arbitral era apelado, el árbitro público que lo había dictado entregaba las actuaciones a los cuatro magistrados del Tribunal de los Cuarenta que pertenecían a la misma tribu del demandado, a fin de que las elevara a los Dicasterios.

85 DEMÓSTENES, XXXIX, 38.

86 DEMÓSTENEs, XLVIII, 25.

87 ARISTÓTELES, *Constitución de Atenas*, LIII, 4- 5.

88 ARISTÓTELES, *Constitución de Atenas*, LIII, 6.

89 Se denominaban Dicasterios a cada una de las 10 secciones del Tribunal de Justicia de los Heliastas de Atenas. Estaban compuestos por ex-magistrados y tenían atribuida competencia en determinadas causas públicas, en causas civiles de entidad y en las apelaciones de las resoluciones dictadas por los árbitros públicos. Estaba considerado el Tribunal de los Heliástas el inmediatamente inferior en rango al Consejo del Areópago, que era el Tribunal ateniense de mayor rango.

90 ARISTÓTELES, *Constitución de Atenas*, LIII, 6 y Demóstenes, XXI, 86.

91 Así en PALAO HERRERO, *Sistema Jurídico…*, p. 396 ss.

92 ARISTÓTELES, *Constitución de Atenas*, LIII, 2 y 3.

Los Tribunales de apelación, conforme señala Aristóteles, no pueden utilizar leyes, ni proposiciones de las partes, ni pruebas diferentes a las recibidas del árbitro, dentro de las cajas de actuaciones[93].

E) El arbitraje voluntario

Junto a los arbitrajes públicos, de carácter obligatorio, en los que la causa se tramita mediante un procedimiento regular y la resolución es apelable ante uno de los Dicasterios, conformado como Tribunal superior, se conoce asimismo el arbitraje voluntario, en el que el árbitro es elegido por las partes y el laudo dictado no es susceptible de apelación.

En este sentido, como afirma Karabelais, el derecho ático configuró un sistema completo de resolución de conflictos por vía extrajudicial muy frecuente y eficaz. El arbitraje privado de derecho ateniense de la época clasica se distingue de forma neta del árbitraje público entronca con la institución análoga del actual derecho francés y muestra como las soluciones adoptadas por sistemas jurídicos diferentes obedecen en ocasiones a principios similares[94].

A finales del siglo V, los atenienses habrían aprobado una ley, cuyo texto, conservado por Demóstenes, 21.94, y traducido al francés por Humbert es del sigiente tenor: «*Lorsque des particuliers sont en discussion pour les conventions privées et veulent prendre un arbitre, quel qu´il soit, ils ont le droit de prendre qui ils veulent; mais après s´être accordés pour le choix, ils doivent s'en tenir a la décision de cet arbitre. Ils ne pourrront plus soumettre ensuite à un autre tribunal le même litige, mais la décision del' arbitre sera sans appel*»[95].

No se exigía el juramento en el arbitraje voluntario, y la obediencia al laudo se garantizaba mediante la constitución de prendas o fiadores[96].

El arbitraje voluntario, señala Palao Herrero, se solía acordar en un contrato que se depositaba en poder del árbitro o de un tercero. El número usual de árbitros oscilaba entre uno o tres. En el caso de ser tres los árbitros, cada uno de los contendientes nombraba un árbitro y el tercero era elegido por los árbitros designados por las partes[97].

---

93 *Constitución de Atenas*, LIII, 3.

94 Vid. en KARABÉLAIS, *L´arbitrage privé dans Athénes classique*, en L´ Assistance dans la résolution. Recueils de la societé Jean Bodin, Bruselas 1996, pp. 9-35.

95 La traducción francesa es de HUMBERT, *Démosthène, plaidoyers politiques.* Paris, 1959,II, p. 50.

96 DEMÓSTENES, XXXIII, 14, 8.

97 PALAO HERRERO, *Sistema…*, cit., p. 399.

Los árbitros privados eran escogidos de común acuerdo por los litigantes, como así se recoge en diversos textos de Las Leyes de Platón, entre las personas próximas a los mismos, así parientes, amigos o vecinos, lo que les hacía frecuentemente estar al corriente de las circunstancias personales y, en ocasiones, de la cuestión de fondo objeto de la controversia[98].

Al igual que sucedía con los arbitrajes públicos, los arbitrajes privados se desarrollan en un templo o en un lugar de especial relieve en Atenas, como el Pórtico de las Pinturas. No se exigía el juramento en el arbitraje voluntario, y la obediencia al laudo se garantizaba mediante la constitución de prendas o fiadores[99].

Platón en su libro sobre Las Leyes, Oi Nomoi, configura un sistema jurisdiccional ideal para Atenas, conforme al cual existiría una primera instancia arbitral, dos instancias en las que fallan tribunales populares y un Tribunal, formado por ex-magistrados, encargado de conocer y dictar sentencia en los casos de actuaciones castigadas con la pena capital.

Platón considera propicia la intervención de árbitros voluntarios en la primera instancia. En las siguientes instancias, la causa se sustanciaría ante Tribunales regulares o permanentes: «Sea el Tribunal más autorizado aquél que, en cada caso, hayan nombrado los litigantes por sí mismos, eligiendo los personas encargadas de resolver el conflicto de común acuerdo. Es por ello que quienes tienen motivo de queja recíprocadeben acudir en primer lugar a los vecinos, familiares y a quienes conozcan mejor el asunto controvertido y, sólo si no obtuviesen una solución satisfactoria de éstos, habrán de acudir a otro Tribunal»[100].

Aristóteles se refiere al arbitraje privado en la Retórica, en la que pone de relieve las ventajas del arbitraje de equidad frente a la aplicación de la ley por el juez, y en la Política, en la que se refiere al árbitro como una persona digna de confianza para ambos litigantes[101].

5) ARBITRAJES DE DERECHO PRIVADO

A) Función mediadora o conciliadora del arbitraje primitivo

En una primera etapa, conforme a la opinión de los estudiosos de esta cuestión, con los términos arbitratus o arbitrium, parece razonable pensar

---

98 Vid. al respecto en KARABELAIS, *L´Arbitrage…*, cit., pp. 18-19.

99 DEMÓSTENES, XXXIII, 14, 8.

100 PLATÓN, *Las Leyes*, 766 a y e.

101 Vid. al respecto en KARABELAIS, *L´Arbitrage…*, cit., p. 35.

que se haría referencia a la mediación de un tercero en un conflicto entre personas enfrentadas. Se trataría, en suma, de impedir el uso de la fuerza entre personas con intereses contrapuestos o divergentes, mediante la intermediación de una tercera persona, que se contemplaría como la esencia de la función arbitral.

El árbitro sería pues, en la etapa primitiva, un mediador, un testigo y un conciliador en las controversias, un mitigador del uso de la violencia inter partes, tanto en el ámbito privado como en el público. La acción mediadora habría pues constituido el germen de la acción arbitral.

En su forma originaria, el arbitraje no se habría pues configurado, en puridad, como una figura jurídica. El árbitro no habría tenido el mandato explícito de resolver una controversia de derecho mediante el pronunciamiento de una sentencia, sino que su función consistiría en conciliar a los litigantes[102].

La vertiente conciliadora o mediadora del arbitraje se habría mantenido, por otra parte, en el marco del arbitraje internacional, así como en paises de tradición cultural diferente a la europea[103], cuando ya se conocía y practicaba el arbitraje privado de naturaleza juzgadora o compromisoria, es decir, en el arbitraje dirigido a resolver controversias mediante sentencia, a semejanza de la actuación de los jueces en el procedimiento ordinario.

Paulatinamente, la palabra arbiter cambiaría su significado primitivo de testigo, observador, conciliador y amigable componedor, por el más general del que actúa libremente y decide, mediante sentencia, según su propio convencimiento y autoridad, conforme a la previsión legal y al progresivo respaldo de la autoridad pública. Es decir, del árbitro mediador, conciliador o componedor, se habría pasado al árbitro juzgador o compromisario. Una etapa intermedia sería la representada por el arbitraje del bonus vir en el que el árbitro no dictaría sentencia, al igual que sucedía en el primitivo modelo de arbitraje, y se limitaría a aplicar criterios de equidad en la clarificación, precisión o determinación de cuestiones o relaciones existentes inter partes.

Al propio tiempo que la naturaleza del arbitraje habría ido evolucionando[104], la propia comunidad política habría reforzado su poder mediante la

[102] Para Rudorff el árbitro primitivo es el la persona que va al lugar, *ad- ire*, a resolver disputas, en especial, problemas de límites, entre colindantes, p. 62.

[103] Al mantenimiento de la vertiente conciliadora o mediadora del arbitraje a lo largo de los siglos en la cultura china se refiere Mac Cormack en Assistance in conflict resolution: *Imperial China, en L´Assitence dans la Résolution des conflicts. Recueils de la Societé Jean Bodin*, vol 63, pp. 109-153.

[104] En relación con la controvertida naturaleza del arbitraje, vid. MARANI, *Aspetti Negoziali e aspetti Processuali dell´arbitrato*, Turín 1956.

asunción de la competencia en materia de administración de la justicia y de defensa pública de los derechos, que atribuye a los magistrados –cónsules y pretores, de forma singular– y a los jueces.

B) El arbitraje de una persona justa: *arbitratus o arbitrium boni viri*

Del originario modelo de arbitraje mediador o conciliador, se habría pasado al tipo de árbitro, denominado arbitratus o arbitrium boni vir, al que ya se ha hecho referencia en páginas anteriores, cuyo papel esencial consistiría o bien en clarificar o precisar hechos o circunstancias confusas que afecten a determinadas personas o bien en dar su parecer sobre aspectos concretos de un negocio jurídico[105] sobre el cual aquéllas no puedan o no quieran pactar[106], así la determinación del precio en la compraventa[107], de la renta del arrendamiento, la cuota de participación en las ganancias y pérdidas en la sociedad o bien la determinación de aspectos atinentes a disposiciones de tipo hereditario, como legados y fideicomisos[108].

Se trataría de los supuestos de arbitraje al que se recurre cuando se trata de determinar alguno de los elementos de una relación jurídica que las partes

---

[105] En relación con el derecho actual, con los efectos jurídicos de la intervención de un tercero en un negocio y la distinción entre el arbitrio del tercero, el árbitro, el dictamen pericial y el arbitrio de una de las partes vid., con carácter general, en Díez-Picazo, L., *El arbitrio de un tercero en los negocios jurídicos*, Bosch 1957.

[106] Así en D. 4.8.13.2: cuando estamos o no ante un arbitraje, según Pedio. D. 17.2.75.79: existen dos tipos de arbitraje: a) el de las árbitros cuya decisión debe acatarse, y b) el de los arbitrajes de personas justas, que no son arbitrajes en sentido técnico-jurídico, cuyas decisiones, en el caso de constituir una iniquidad manifiesta, pueden impugnarse mediante una acción de buena fe; D. 18.1.7 pr.: arbitrio de un hombre justo; D. 19.2.25: fijación de renta en arredramiento conforme al arbitrio de un tercero determinado; D. 50.17.22.1: remisión de la condición, en juicio de buena fe, al arbitrio del dueño o del procurador, entendido como arbitrio de una persona justa, *bonus vir*; C.J. 5.11.3: «*el acuerdo de fijación de dote por persona concreta se entiende como arbitrium boni viri*».

[107] Así en C.J. 4.38.15: la fijación del precio de una cosa conforme al arbitrio de una persona cierta es válida, no lo es la cláusula conforme a la cual la fijación del precio se realizará conforme al arbitrium boni viri, sin determinar, que sanciona la opinión del jurista clásico Próculo asimismo favorable a la determinación del precio por un tercero, recogida en las Instituciones de GayoIII,140, y prevista en el artículo 1447 C.C.: «Para que el precio se tenga por cierto bastará que lo sea con referencia a otra cosa cierta, o que se deje su señalamiento al arbitrio de persona determinada. Si ésta no pudiere o no quisiere señalarlo, quedará ineficaz el contrato»

[108] A la especial cualificación del árbitro en determinados supuestos y la garantía que ello supone, junto a la independencia de las partes, se hace especial referencia en varios textos, así en d. 32.11.7 y 8, acerca de la validez de un fideicomiso, D. 18.1.7, acerca de una rendición de cuentas, y en D. 17.2.6, acerca de las participaciones en una sociedad.

han dejado relativamente indeterminados[109] a la hora de realizar el negocio jurídico de que se trate[110].

Un texto fundamental, sobre el que conviene volver, en relación con los tipos de arbitraje es el correspondiente a Próculo, D. 17.2.76, en el que se distingue entre *arbtrium boni viri* y arbitraje compromisario: «...Hay dos tipos de árbitros, uno aquél que debemos acatar sea – su decisión, parece entenderse- justo o injusto (cómo ocurre cuando se acude a un árbitro elegido por compromiso entre las partes) y otro, que debe atenerse a la actuación propia de un hombre recto, *arbitrio boni viri...*»[111].

Se haría referencia en el texto de Próculo no a que el árbitro compromisario pudiera actuar de manera injusta, sino a que la sentencia arbitral era inapelable. Así, se afirma en D. 4.8.27.2: «La resolución que el árbitro dictó sobre la cuestión debe cumplirse siempre, tanto si es justa como si es injusta... y soportarse, con buen ánimo, aún la menos aceptable», y en C. J. 2. 56 «De la aceptación de los árbitros»: «Con frecuencia se respondió por rescripto que no se puede apelar la sentencia del árbitro, al que se acudió en virtud de compromiso legalmente formalizado...».

Si el arbitrium era boni viri cabía la posibilidad de impugnar en juicio la decisión arbitral[112], así a propósito de un árbitro, Nerva, al que se le encarga la determinación de las partes de una sociedad, se afirma en D. 17.2.79: «Si la determinación de partes que hizo Nerva es tan perversa que resulta de ella una manifiesta iniquidad, puede ser rectificada mediante la acción de buena fe». Se plantea en el texto la cuestión de si el árbitro actuó o no con equidad en la partición[113].

---

[109] En este sentido, en la estela de lo previsto en los textos romanos, se afirma en el artículo segundo de la LA de 1953: «No se considerará arbitraje la intervención de un tercero que no se haga para resolver un conflicto pendiente, sino para completar o integrar una relación jurídica aún no definida totalmente». Señala DÍEZ-PICAZO que la distinción entre árbitros y arbitradores, casi desconocida en nuestra doctrina jurídica, procede del Derecho Romano y fue objeto de atención preferente en el derecho medieval.

[110] BUIGUES, *La solución amistosa de los conflictos en Derecho Romano: el arbiter ex compromisso*, cit., p. 32 ss.

[111] Vid. en GALLO, *La dottrina di Proculo e quella di Paulo in matria di arbitaggio*, en Studi Grosso, 3, Torino 1970, pp. 479 ss.; BROGGINI, *«Iudex arbiterve»Prologomena zum «officium» des römischen Privatrichters*, Köln- Graz 1957, pp. 114 ss., y en HERNANDO LERA, *El contrato de sociedad. La casuística jurisprudencial clásica.* Madrid 1992, pp. 282 ss.

[112] En relación con la impugnación de la sentencia arbitral, vid. en PERGAMI, *Sulla impugnablità del lodo arbitrale nell´esperienza processuale romana*, cit., pp. 136- 153.

[113] Las Partidas, 3.4.23, distinguen entre el arbitrador, que procede conforme a su leal saber y entender y el juez-árbitro, que debe resolver la controversia de conformidad con las normas atinentes del Ordenamiento Jurídico, al igual que los jueces ordinarios: «los árbitros... son de dos maneras: la una, cuando los omes ponen sus pleytos o sus contiendas en manos de

Como señala Díez-Picazo la distinción entre árbitros y arbitradores, casi desconocida en nuestra doctrina jurídica, procede del Derecho Romano y fue objeto de atención preferente en el derecho medieval[114].

En la práctica jurídica medieval, de clara influencia romanística[115], especialmente a partir del siglo XIII, es frecuente la fórmula «arbitros, arbitratores *seu amicabiles compositores*»[116]. Así, en la Venecia del siglo XIII se estableció que las controversias en derecho marítimo se decidirían mediante sentencia dictada por tres árbitros y, con carácter general, se difundió y fomentó el arbitraje en el marco de las transacciones comerciales en la Italia del medievo[117].

Polemiza la doctrina acerca de si en la etapa en la que la formula mencionada, arbitros, arbitratores seu amicabiles compositores, se incorpora como expresión jurídica frecuente en los formularios medievales, cabe considerar como figuras diferentes los arbitratores de los amicabiles compositores o, por

---

ellos, que los oyan e los libren segund derecho...la otra manera de juezes de avenencia es a que llaman en latín arbitratores... que son escogidos por avenencia de ambas partes para avenir e librar las contiendas que ovieren entre si en cualquier manera que ellos tovieren por bien». Sobre el arbitrador o amicalis compositor en las Partidas, vid. en MERCHAN, *El arbitraje...*, cit. pp. 70 ss.

En la Novissima Recopilación, Libro XI, Título XVII, Ley 4ª se dispone: «Porque las partes... acuerdan deponer y comprometer los tales pleytos y contiendas en manos de Jueces árbitros iuris, para que determinen conforme a derecho, o de jueces amigos, árbitros arbitradores, y prometen estar por la sentencia que dieren, y de no reclamar de ella so cierta pena; y los jueces árbitros y los jueces arbitradores, usando la facultad que les fué dada, dentro del término que les fué dado, y sobre aquellas cosas sobre que fué comprometido, dan sentencia...».

114 DÍEZ-PICAZO, L., *El arbitrio...*, cit., pp. 6. Vid. asimismo al respecto, con carácter general, en DE CASTRO, *El arbitraje y la nueva lex Mercatoria*, ADC, Vol. XXXII, IV, octbr.-novbr. 1979, pp. 619- 726. Sobre la distinción entre árbitro y arbitrador vid. en RIVALTA, *I giudici d´arbitro. Saggio di legislazione e Giurisprudencia antica e moderna*, Bologna 1885; COSTA, *El juicio pericial (de peritos, prácticos, liquidadores, partidores, terceros etc.) y su procedimiento. Una institución consuetudinaria.* Madrid 1904; SCADUTO, *Gli arbitratori nel diritto privato*, en Annali Palermo, vol. XI, 1923, pp. 1-160; CARNELUTTI, *Árbitros y arbitradores*, en Rivista de Diritto processuale civile, 1924, pp. 121ss.; ASCARELLI, *Arbitri ed arbitratori*, Riv. Dir. Proc. civile, 1929, 1, pp. 314 ss.

115 Vid. al respecto en CARLIN, *La pénétration du droit romain dans les actes de la pratique provençale*, XI-XIII siécle, París 1967; POUDRET, *Deux aspects de l´ arbitrage dans les pays romands au moyen-âge: l´arbitrabilité et le juge-arbitre*, París, Revue de l´arbitrage, 1999, pp. 6 ss.

116 BADER, *Arbiter, arbitrator seu amicabilis compositor, Zeitschrift der Savigny Stiftung für Rechtsgeschichte*, 46, 1960, pp. 258 ss; RODOLICO, *Di alcuni trattati di Arbitraggio nelle Quiestioni commerciali tra Venezia e Padova nel secolo XIII*, en Raccolti di Scritti Storici in onore del Prof. Giacinto Romano nel XXV anno d´insegnamento, Padova 1907, pp. 119 ss; FAIREN, *El arbitraje delconsulado de la lonja de Valencia*, en Scritti Giuridici in memoria di Piero Calamandrei, Vol. II, 1958, pp. 197 ss.

117 Así en ROMANO, *La composizione dei conflitti fra privati nell´area italiana, tra medioevo ed età moderna*, en L´assitance dans la résolution des conlicts: Assistance in conflict resolution, 172, Bruxelles 1998 y en FERRI, *L´arbitrato tra prasi e sistemazione teorica nell`età moderna. Storia del Diritto e delle Istituzioni*, Roma 2012.

el contrario, se trata de una misma institución a la que las prácticos habrían denominado con vocablos diferentes[118].

Lo que parece claro es que los términos *arbitrator* y *amicabilis* compositor no pertenecen al latín anterior al siglo VI de C., si bien si se encuentra una expresión próxima a la de amicabilis compositor en la Novela Justinianea, 86, cap. 2, en la que se utiliza la fórmula de *amicabilem conventum* a propósito del acuerdo que debe producirse entre el *archiepiscopus* y el *iudex clarissimus* en caso de suspensión de juicio[119]. Por su parte, en una ley del siglo VIII de C., la *lex romana curiensis*, se utilizan como sinónimos los términos *arbiter* y *arbitrator*[120].

C) Arbitraje no formal. Arbitraje de *ius gentium*

Como señala Marrone, llama la atención que el pretor no otorgara ninguna tutela específica a la mera convención por medio de la cual dos partes acordaban, extrajudicialmente, confiar a una persona determinada y de confianza común, la decisión de su controversia. No obstante, se trataba de un tipo de convención lícita, que merecía ser tenida en consideración y que, al menos con anterioridad a la creación del proceso formulario, ciertamente se habría difundido entre la gente de negocios y en cuya ejecución cada parte se remitía, como no podía ser de otra manera a la *fides* de la otra[121].

Este tipo de arbitraje no formal, habría terminado diluyéndose en el que se conoce de forma convencional como arbitraje de ius gentium que acaba siendo reconocido, sancionado y protegido en el marco de la jurisdicción pretoria, en un primer momento, para acabar siendo considerado, en determinados supuestos, como una institución del derecho civil.

En el marco del debate doctrinal surgido en torno a cuál sea el origen y la naturaleza jurídica de los arbitrajes de buena fe, surgidos en una primera época en el marco del comercio con extranjeros y del convenio internacional, así como de los juicios de buena fe que se conformaron en un momento pos-

---

118 LEFEBRE-TEILLARD, *Arbiter, arbitrator seu amicabilis compositor*, Revue de l´arbitrage, n. 3, 2008, pp. 551 ss.

119 En este sentido en LEFEBRE-TEILLARD, *Arbiter*…, cit., p. 552.

120 Vid. al respecto en ZIEGLER, *Arbiter, arbitrator und amicabilis compositor*, cit., Zeitschrift der Savigny Stiftung für Rechtsgeschichte, 84,1967, p. 379.

121 MARRONE, *Sobre el arbitraje privado en la experiencia jurídica romana. Roma y América. Diritto Romano Comune*, cit., p. 58. El disfavor pretorio, legal y jurisprudencial de los primeros siglos del Derecho romano, respecto del arbitraje, contrastaría, en opinión de Marrone, con la probable difusión de su utilización.

terior, las divergencias de opinión oscilan entre las de aquellos autores que ponen el acento en la *fides* primitiva o los *mores maiorum*, a las de aquellos otros que lo hacen descansar en la jurisdicción de los pretores, la labor de la jurisprudencia, las leges o el ius. Se trata, en todo caso, de un problema complejo, como todos los de génesis agravado, en el supuesto que nos ocupa, por la inexistencia de fuentes concluyentes.

Los contrapuestos puntos de vista, no han logrado, no obstante, a mi juicio, arrumbar los postulados básicos de la teoría tradicional y mayoritaria en la doctrina, conforme a la cual de los arbitria nacidos en el ámbito de la protección otorgada por los pretores, a las prácticas e instituciones propias del tráfico comercial y del ius gentium, con fundamento no en el ius ni en las leges, sino en la *fides*, matizada en la nueva expresión de *bona fides* se habría pasado a su incorporación al *ius civile* como *bonae fidei*.

Sería conveniente, sin embargo, deslindar entre aquellos juicios de buena fe correspondientes a figuras jurídicas propias de la comunidad política romana, como la fiducia o la tutela, en las que el ius, los mores maiorum o la labor creadora de la jurisprudencia, habrían cumplido un significado papel, y aquellas otras instituciones propias del tráfico comercial interno o internacional, terrestre o marítimo, como la compraventa, emptio-venditio, consensual que es el negotium ex fide bona contractu, por excelencia, o con carácter general las denominadas *obligationes consensu contractae* en época clásica, que se habrían configurado en sus orígenes como negocios *iuris gentium*, sancionados en el seno del tribunal del *pretor peregrino*.

En definitiva, los arbitrajes primitivos que habrían surgido en el marco del mercado interno de Roma, libres de formalidades, se habrían acogido, con posterioridad, al ámbito de la protección otorgada por los pretores a las prácticas e instituciones propias del tráfico comercial y del *ius gentium*, que tendrían su fundamento no en el *ius* ni en las *leges*, sino en una *fides* ya evolucionada.

D) Arbitraje decisorio: del *pactum al compromissum*. Regulación legal del arbitraje compromisario

En el denominado arbitraje compromisario,el carácter contractual del arbitraje se manifiesta, de forma especial, al consistir en un acuerdo, entre dos o más personas entre las que existe una controversia, conforme al cual los intervinientes deciden presentarse ante uno o varios árbitros, elegidos por las partes o designados por el pretor, así como colaborar en la instrucción del arbitraje y cumplir lo decidido por el árbitro.

Técnicamente, el convenio mediante el cual dos o más personas acuerdan someter un conflicto[122] a arbitraje se llama *compromissum*[123]. Formalizado el compromiso, las partes acordarán la elección de uno o varios árbitros a quienes se encarga el conocimiento y la decisión de la controversia, que deben aceptar el encargo, *aceptum*.

Si bien lo normal sería el acuerdo de las partes relativo a la elección de árbitro, cabría, al igual que sucede en el derecho actual, una formalización judicial del arbitraje bien a petición de las partes o bien ante la imposibilidad de acuerdo de las mismas sobre la designación de árbitros.

La aceptación del árbitro se sanciona por el pretor desde finales del siglo II a. C. mediante un *edictum de receptis*. Es probable que hayan sido los comerciantes y emprendedores de la época, como usuarios habituales de un procedimiento como el arbitraje, más sencillo y agil que el proceso oficial, para resolver sus diferencias, quienes hayan influido en el reconocimiento oficial de la fórmula arbitral en el edicto[124].

Como señala Labeon, D. 8,3,pr. 1, el pretor no puede obligar a nadie a asumir la función de árbitro, porque ello es libre e independiente, sin embargo, si alguien acepta desempeñar el arbitraje, el asunto queda sometido a su cuidado y solicitud, y debe dictar sentencia, y si bien el pretor no puede obligar al árbitro a dictar sentencia, si puede forzarle indirectamente a ello a través de la imposición de una multa o de un decreto de un embargo.

Los términos del acuerdo compromisario tenían la naturaleza de pacto, *nudum pactum*, que habría tenido en principio la protección propia de cualquier pacto no contrario a la ley, por lo que su exigibilidad derivaría del *edic-*

---

122 Conforme a lo afirmado en D. 4.8.3.1, el arbitraje se conformaba no para deferir los pleitos sino para concluirlos: *Celsus libro secundo digestorum: «Quamvis arbiter alterum ab altero petere vetuit, si tamen heres petit, poenam committet: non enim differendarum litium causa, sed tollendarum ad arbitros itur»*.

123 Vid. en TALAMANCA, *Ricerche in tema di Compromissum*, Milano 1958; LINARES, *Compromissum y receptum arbitrii. Derecho de obligaciones*. Homenaje al Prof. Murga, Madrid, 1994; Id. *La poena compromissi en nuestro Derecho Histórico*, SCDR, 6, 1994, pp. 83 ss.; BUIGUES, *La solución amistosa de los conflictos en Derecho Romano: el arbiter ex compromisso*, cit.; LA PIRA, *Compromissum e litis contestatio formulae*. Studi in onore di S. Riccobono, II, Palermo, 1936; D'ORS, *La experiencia histórica del arbitraje jurídico*. Cuadernos informativos de Derecho Histórico, 15-16, Barcelona, 1993, pp. 3639-3656; HUMBERT, *Deux notes en marge de l´arbitrage romain*, en Iuris Vicula. Studi in onore di Mario Talamanca, vol. IV, 2011, pp. 391- 411; VALIÑO, A., *Del arbitraje en Els "Furs de Valencia" y sus similitudes con la regulación romana*. Valencia, 2002; FERNÁNDEZ DE BUJÁN, A., *Jurisdicción y arbitraje en Derecho Romano*, Madrid 2006.

124 La referencia en D. 4.8.42 a dos personas que remiten todas sus conflictos pendientes a un arbitraje podría reflejar la idea mencionada en el texto: «Lucio Ticio y Mevio Sempronio hicieron un compromiso para que decidiera un árbitro sobre todos sus asuntos y controversias…».

tum pactis que prevé el cumplimiento de los mismos a través de las vías de la *exceptio* y la *denegatio actionis*[125].

El convenio de compromiso solía reforzarse mediante una estipulación común o una estipulación penal. A través de la vía de la stipulatio común o de la *stipulatio* poenae se produce un reforzamiento en el cumplimiento de los términos del pacto compromisario o de arbitraje[126].

El incumplimiento de la stipulatio daría lugar a la exigibilidad del contenido de ésta - básicamente el compromiso de aceptar la decisión arbitral y de colaborar con las indicaciones del árbitro referentes al desarrollo del procedimiento - por medio del ejercicio de la *actio ex stipulatu,* lo que acarrearía para el litigante incumplidor, el pago de la pena pecuniaria establecida, o el resarcimiento del perjuicio causado.

El reconocimiento jurídico del pacto compromisario de arbitraje no se produce, sin embargo, de forma específica, quizás en evitación de la competencia que suponía para el procedimiento ordinario oficial, el hecho de que las controversias pudiesen resolverse a través de la intermediación de un tercero que actuaría como árbitro al margen del poder establecido, si bien el carácter arbitral, en buena medida, del proceso formulario, en el que las partes eligen o intervienen de manera decisiva, en la designación del juez, habría producido como consecuencia una menor necesidad de la institución arbitral, en relación con la sentida en la época del proceso de las legis actiones y la cognitio extraordinaria.

De manera indirecta el reconocimiento del pacto compromisario se habría, por tanto, producido a través básicamente de la vía de la stipulatio poenae, que se considera de creación jurisprudencial, y del *edictum de receptis,* de creación pretoria, mediante el cual el pretor ejercita un poder coercitivo frente al árbitro que se niega a dictar sentencia, por medio, como ha sido señalado, de la imposición de una multa o de la toma en prenda de un objeto de su pertenencia[127].

Las estipulaciones que se añaden al pacto de compromiso tienen un carácter accesorio respecto de éste, de modo que si el pacto resulta ineficaz bien sea por falta de capacidad de las partes o del árbitro, la estipulación deviene ineficaz.

---

[125] Acerca de las ventajas del arbitraje compromisario, vid. en GONZÁLEZ DE CANCINO. *Arbitraje romano,* en El Contrato de arbitraje, Universidad del Rosario, Colombia, 2005, pp. 33 ss.

[126] Vid. en KNÜTEL, Stipulatio poenae, Köln- Wien 1976.

[127] Vid al respecto en LINARES, *Notas sobre la poena compromissi en nuestro derecho histórico,* cit., pp. 89-92, quien ha destacado la prevalente naturaleza contractual del convenio de compromiso romano.

Además de las stipulationes, se puede dotar de eficacia práctica el *compromissum*, depositando el objeto de la controversia en manos del propio árbitro, conforme han subrayado diversos autores[128].

El supuesto está previsto en D. 4.8.11.2.: «Lo que se afirma en el edicto del pretor "mediando una cantidad comprometida como pena", debe interpretarse, no en el sentido de que una y otra parte se hubiesen prometido recíprocamente una pena pecuniaria, sino también si se hubiesen prometido otra cosa a modo de pena, para el caso de que alguno de los litigantes no hubiese acatado la sentencia del árbitro; y así lo escribe Pomponio... Por lo tanto, si uno de los litigantes hubiese prometido una cosa y el otro dinero, el compromiso es válido y se obligará al árbitro a dictar sentencia».

De manera indirecta el reconocimiento del pacto compromisario se habría producido a través de la vía de la stipulatio poenae, que se considera de creación jurisprudencial, y del *edictum de receptis*, de creación pretoria, mediante el cual el pretor ejercita un poder coercitivo frente al árbitro que se niega a dictar sentencia, por medio de la imposición de una multa o de la toma en prenda de un objeto de su pertenencia[129].

En ocasiones, el compromiso al compromiso no se le agregaba estipulación alguna, así en D. 4.8.11.3: «A veces, como escribe Pomponio, se formalizará validamente elcompromiso por medio de un simple pacto; así, si ambos fueren deudores, y pactaron que el que no cumpla la sentencia del árbitro no pueda pedir lo que se le debe»[130].

El pacto de compromiso puede tener por objeto cualquier cuestión litigiosa de las consideradas de libre disposición de las parte, al igual que se establece en la vigente Ley de Arbitraje de 1988, que supuso una superación del objeto previsto en la Ley de Arbitraje Privado de 1953, que limitaba su ámbito de aplicación a los asuntos de Derecho Privado.

Excepcionalmente, no pueden ser objeto de arbitraje, conforme se establece en D. 4.8.6 y 7: los delitos cuya condena supone infamia, lo asuntos sobre los que exista una acción pública, por ejemplo un asesinato, las cuestiones

---

[128] El supuesto está previsto en D. 4.8.11.2. La posibilidad de un *compromissum sine poena* es considerada admisible por BUIGUES, *La solución amistosa de los confictos en Derecho Romano*, cit., pp.211 ss. Con carácter específico sobre el argumento, vid. ROUSSIER, *Du compromis sine poena en droit romain classique*, RHD, 1939, pp. 12 ss.

[129] La *poena compromissi* en nuestro derecho histórico ha sido estudiada por Linares, quien ha destacado asimismo la prevalente naturaleza contractual del convenio de compromiso romano, así en: *Notas sobre la poena compromissi en nuestro derecho histórico*, cit., pp. 89-92.

[130] D. 4.8. 11.3: «*Interdum, ut Pomponius scribit, recte nudo pacto fiet compromissum, ut puta si ambo debitores fuerunt et pacti sunt, ne petat quod sibi debetur qui sententiae arbitri non paruit*».

relativas a la libertad de una persona y los supuestos perseguibles mediante acciones populares.

A partir de la época clásica se produce una progresiva reglamentación del arbitraje, que lo aproxima en materia de garantías al proceso ordinario, y entre las que cabe destacar las siguientes:

— La ley prohíbe que quien es juez asuma el arbitraje de una negocio, respecto del que esta conociendo como juez: D. 4.8.9.2
— Excepcionalmente, cabe que el pretor prorrogue al árbitro el plazo para dictar sentencia (D.4...8.12).
— En los casos previstos, el árbitro puede prorrogar el plazo para dictar sentencia de palabra, por mensajero o por carta: D.4.8.27.
— El árbitro elegido por compromiso con facultad para prorrogar el plazo, puede ciertamente hacerlo, pero no puede anticiparlo contra la voluntad de los litigantes (D. 4.8.33).
— Se establece que si el árbitro jura que aún no está bastante clara la causa para él, se le de tiempo para sentenciar: D. 4.8.13.4.
— Se prevén disposiciones concernientes a la capacidad de los árbitros: D. 4.8.7; D. 4. 8.9.1.
— Si el compromiso se hizo sin señalar plazo para dictar sentencia, es absolutamente necesario que el árbitro fije un plazo con el consentimiento de las partes: D. 4.8.14.
— Se establece una serie de causas conforme a las cuales el árbitro puede excusarse de cumplir su función: si hubiese sido difamado por los litigantes, si hubiese enemistad grave entre él y los litigantes, por razón de edad, enfermedad sobrevenida, desempeño de cargo público etc.: D. 4.8.15.
— Se recomienda que el número de árbitros sea impar, dado que «aunque disientan los árbitros, será más fácil obtener una mayoría. Si son dos los árbitros elegidos, y no se ponen de acuerdo, el pretor los obligará a elegir un tercero determinado, cuya autoridad se acate»: D.4.8.17,6-7.
— El árbitro puede corregir los errores en que incurra antes de dictar sentencia, pero no después de haberla dictado: D. 4.8.20.
— La sentencia dictada sin estar presentes los litigantes no será válida, a no ser que en el compromiso se haya establecido expresamente que la sentencia sería válida aunque uno o dos de los compromisarios estuvieran ausentes: D. 4.8.27.5.
— Si alguno de los compromisarios presentes impide que el árbitro dicte sentencia, incurre en la pena prevista: D. 4.8.27.7.
— Si alguno de los que hubiere sometido un asunto a compromiso, lo plantease ante el juez, podrá hacerlo, pero incurrirá en la pena prevista en la estipulación: D.4.8.30.
— Cuando un árbitro resulta ser enemigo de uno de los litigantes y es interpelado con prueba para que no dicte sentencia, si no obstante hubiese persistido en dictar sentencia, el emperador Antonio Caracala estableció

pro rescripto que si bien no resulta lícito apelar la decisión de un árbitro, sí cabe por parte de la persona lesionada por la actuación arbitral, oponer la excepción de dolo malo frente a la reclamación de la pena: D. 4.8.32.15.

— En un texto de Paulo, contenido en D. 4.8.32.14 *in fine*, se afirma, por otra parte, que el emperador Antonio Caracala, ante la consulta de un juez en un caso de arbitraje compromisario, respondió por rescripto que aún cuando no puede apelarse contra la sentencia de un árbitro, cabe en determinados casos oponer a la sentencia arbitral la excepción de dolo malo, por lo que por medio de esta excepción hay una cierta especie de apelación, por la que resulta lícito revocar la sentencia de un árbitro.
— La resolución del árbitro debe limitarse al objeto de la controversia prevista en el compromiso. A ningún árbitro le es lícito, se establece en D. 4.8.32.16, ir más allá de lo previsto en el convenio de compromiso. Así pues «no podrá el árbitro resolver lo que quiera, ni sobre cualquier asunto, sino respecto del que es objeto del compromiso y hasta donde éste alcance»[131].
— El árbitro, apremiado por el pretor, puede dictar sentencia en día inhábil, en cuyo caso no cabe excepción frente a la decisión arbitral: D. 4.8.36.
— El arbitraje conferido en los compromisos es personalísimo: D. 4.8.45.
— Cabe un compromiso de arbitraje sobre todos los asuntos pendientes entre varias personas, pero no sobre asuntos futuros: D. 4.8.46.
— No cabe el arbitraje sobre un asunto propio: D. 4.9.51.
— La sentencia arbitral no produce en la época clasica efecto de cosa juzgada[132], ni tiene por sí carácter ejecutivo[133]. En la la época justinianea, por el contrario, conforme se analiza en el último capítulo del presente estudio, la concesión de una acción *in factum* para pedir la ejecución de la sentencia arbitral[134] supuso el reconocimiento del efecto de cosa juz-

---

[131] Sobre los distintos textos del Digesto relativos a la trasgresión del árbitro de la medida y los límites del arbitraje y los remedios de la actio ex stipulatu, actio doli o la pérdida de la pecunia compromissa, así como la reaparición de tales principios en los artículos 807 y 829 del Código de Procedimiento Civil italiano y en la Ley Modelo Uncitral, vid. en PANZARINI, I Profili de Modernitá…, cit., pp. 1233- 1234.

[132] Pauli Sententiae 5.5a. 1: «*Ex compromisso autem iudex sumptus rem iudicatum non facit*», y BONIFACIO, en la voz Arbitro e arbitratore, NNDI, 1/2. tORINO 1958,pp. 925 ss.

[133] Vid. al respecto en GALANTE, *Natura e efficacia delle Sentenze degli Arbitri*, en Studi Giuridici in onore di Carlo Fadda nel XXV anno del suo insegnamento, vol. VI, Nápoles 1906, pp. 115-156.

[134] En CJ. 2.55. 5 pr., se concede una acción *in factum* para la ejecución de la sentencia arbitral aceptada expresamente por las partes mediante subscriptio o tácitamente por la no impugnación de la misma durante los diez días siguientes a su emisión y se hace mención al régimen anterior: «*Cum antea sancitum fuerat in arbitris eligendis, quos neque poena compromissi vallabat neque iudex dederat, sed nulla praecedente sententia communis electio, ut in illorum sententia stetur, procreabat, si quidem pro parte pulsata forma arbitralis procederet, exceptionem ei veluti pacti generari, sin autem pro actore calculus poneretur, nihil ex eo procedere ei praesidii: sancimus in eos arbitros, quos praediximus et quos talis consensus*

gada derivado de dicha sentencia, al igual que sucede con la sentencia judicial[135].

— A partir del siglo IV se generalizan los arbitrajes confesionales en los que intervienen obispos o patriarcas[136]. La institución correspondiente recibe el nombre de *Episcopalis Audientia*[137]. En el medievo, en el Decreto de Graciano se reproducen distintos textos romanos en los que se reconoce la jurisdicción arbitral de la iglesia en determinadas materias profanas[138].

---

elegerit sub eo pacto in scriptis vel non in scriptis habito, ut eorum definitioni stetur, si quidem subscripserint, postquam definitio procedit, quod non displicet ambabus partibus eorum sententia, non solum reo exceptionem veluti pacti generari, sed etiam actori ex nostro numine in factum actionem, quatenus possit sententia eius exsecutioni mandari…». Es decir, se concedía una actio in factum si la sentencia arbitral era favorable al estipulante, si la sentencia era favorable a la otra parte esta era tutelada mediante una *excpetio veluti pacti.*

135 VALIÑO, *Del arbitraje en Els "Furs de Valencia" y sus similitudes con la regulación romana,* cit. pp. señala, por el contrario, que el carácter ejecutivo de la sentencia arbitral se mantuvo sólo un periodo de tiempo de nueve años, comprendido entre el 529, Constitución de Justiniano C.J. 2.55.3 y la fecha de promulgación de la Novela 82.11, y para aquellos supuestos en los que las partes hubieran elegido el árbitro bajo juramento y éste se hubiese comprometido también bajo juramento a dictar una sentencia justa.

El propio Justiniano en la Novela 82,11 habría derogado el carácter ejecutivo de la sentencia arbitral al eliminar implícitamente las acciones que servían para dotar de eficacia al juramento, como consecuencia del peligro generalizado de perjurio ante el relajamiento de la moralidad en su tiempo, lo que habría supuesto la vuelta al régimen clásico, conforme al cual los comprometientes deben atender la sentencia arbitral o quedar, por el contrario, expuestos al pago de la pena derivada de la estipulación.

136 Ya en la primera epístola a los Corintios, 6, 1-7, San Pablo reprocha a los primeros cristianos de Corinto que no acudan al arbitraje para dirimir los conflictos que surjen entre ellos: «…y pensar que cuando teneis conflictos os someteis a la autoridad de los jueces, como si no hubiera en la comunidad cristiana personas sensatas que pudieran actuar como árbitros entre sus hermanos».

137 Vid. en CUENA, *Episcopalis Audientia,* Valladolid 1985; GAUDEMET, Eglise et Cité, París 1994; VISMARA, *Episcopalis Audientia,* Milano 1937, Id *La giuridizione civile de vescovi,* secoli I-IX, Milano 1995; ÁLVAREZ DE CIENFUEGOS, *Episcopalis Audientia. Lecciones de Derecho Romano,* Coordin. por A. FERNÁNDEZ DE BUJÁN, Iustel 2002; LEFEBRE-TEILLARD, *L´Arbitrage en Droit Canonique,* Revue de l´arbitrage 2006, n. 1, pp. 5ss.

138 Así en DAUVILLIER, *La juridiction arbitrale de l'Eglise dans le Decret de Gratien,* en Studi Gratiana, vol. 4, 1956-57, pp. 121 ss.

Capítulo II.
De la *fides* en los pactos a la *bona fides* y la *aequitas* en los arbitrajes y negocios *iuris gentium*

Sumario: 1. Consideraciones introductorias: El *pactum* en las XII Tablas. Los pactos en el *ius gentium.* 2. La sanción de los pacta conventa en el edicto pretorio. 3. De la fides primitiva como fundamento de los pactos a la *bona fides* como regla de conducta y medida de responsabilidad en los negocios iuris gentium. 4. *Bona fides* y *aequitas* como elementos de interpretación y aplicación de los pacta conventa reconocidos y protegidos por el ius praetorium. 5. El papel de la bona fides y de la aequitas en el arbitraje de ius gentium, arbitraje compromisario, en los pacti conventi y en los *iudicia bonae fidei.*

1. CONSIDERACIONES INTRODUCTORIAS: EL PACTUM EN LAS XII TABLAS. LOS PACTOS EN EL IUS GENTIUM

A grandes rasgos, las etapas correspondientes a la evolución habida desde los pactos realizados en el marco del tráfico comercial a los contratos consensuales de compraventa serían las siguientes:

— Pactos, convenciones, acuerdos, etc., realizados en el marco del mercado interno, libres de formalidades, y protegidos por la *fides* primitiva[139].

[139] En relación con el papel de la buena fe en las transacciones propias de los mercados áticos vid. en CANTARELLA, *Regola di corretezza in materia contrattuale nel mondo greco*, en Il ruolo de la buona fede oggettiva nell´esperienza giuridica storica e contemporánea, Atti del Convegno internazionale di studi in onore de Alberto Burdese, a cura di L. Garofalo, Cedam 2003, pp. 275-281; Sobre las relaciones entre fede e amicizia in Grecia e a Roma, vid en MARTINI, *Fides e Pistis in materia contrattuale, Atti del Convegno internazionale...*, cit.,II, pp. 439-448.

— Pactos, convenciones, acuerdos, etc., realizados en el marco del tráfico internacional[140] y del *ius gentium*, libres de formalidades, y protegidos por una *fides*, ya evolucionada[141].
— *Pacta conventa* protegidos por el edicto pretorio, en la medida en que no sean contrarios al Ordenamiento Jurídico, a través de los mecanismos procesales de la *exceptio* y la de*negatio actionis*, y que darían lugar en caso de discrepancias entre los intervinientes, al nombramiento de árbitros por los pretores, *arbitria bonae fidei*, que darían su parecer, *aestimatio* o *arbitrium*, con arreglo a criterios de *aequitas* y *bona fides*[142].
— Trasvase de los *pacta-conventa* reconocidos y protegidos por los pretores peregrinos en su edicto, al edicto de los pretores urbanos y de éste al ámbito del *ius civile* como negocios *iuris gentium* de buena fe, respecto de los cuales se disminuirían las discrepancias que surgieran mediante *iudicia bonae fidei*.
— Transformación de los negocios consensuales de buena fe y del *ius gentium* en la categoría de contratos consensuales (*obligationes consensu contractae*).

No es pacífica la cuestión atinente al significado del término *pactum* en las XII Tablas. En las formas de *pacere* o *pacisci*[143], se identifica, conforme a una

[140] Vid. al respecto en SINI, «*Fetiales, quod fidei publicae inter populos praeerant»: riflexioni su fides e "Diritto internazionale" romano. (Apropósito di bellum, hostis, pax)*, Atti del Convegno internazionale..., cit., III, pp. 481-539.

[141] Vid. con carácter general sobre la *fides* en DI PIETRO, *La fides publica*, en Atti del Convegno internazionale..., cit., I, pp. 507-549; KOFANOV, *Il carattere religioso-giuridico della fides romana nei secoli V-VII a.C.: sull´interpretazione di Polibio 6,56,6-15*, Atti del Convegno internazionale..., cit.,II, pp. 333-345; NÖRR, *Fides púnica-fides romana*, Atti del Convegno internazionale..., pp.497-541.

[142] Vid., en relación con los apartados 3 a 5, una visión de conjunto en TALAMANCA, *La bona fides nei giuristi romani*, cit., IV, pp. 1-312.

[143] XII Tablas, I.6: «*Rem ubi pacunt, orato*». I. 7: «*Ni pacunt, in comitio aut in foro ante meridiem caussam coiciunto. Cum perovanto ambo praesentes*». XII T., VIII, 2,: «*Si membrum rupsit, ni cum eo pacit, talio esto*»; Vid. sobre textos, ALBURQUERQUE, *Historia del «Pactum» antes del «Edictum»: «Pactum»como acto de paz en las XII Tablas*, Estudios-Homenaje al Prof. Álvarez Suarez, Madrid 1988, pp. 1107 ss; Id. *La protección jurídica de la palabra dada*, Córdoba 1995.

Se consideran asimismo referencias al *pactum* en las XII Tablas contenidas en las menciones D. 2.14.7.14: «*...De furtu pacisci lex permitit*», y AULO GELIO *Noctes Atticae*: 20.1.46-47:«*...Erat autem ius interea paciscendi ac nisi pacti forent...*».

Sobre la relevancia de los pactos anexos a las *mancipationes*, a través de la vía del carácter vinculante de las *nuncupationes*, conforme al texto de las XII Tablas: «*cum nexum faciet mancipiumque uti lingua nuncupassit ita ius esto*», vid. en BURDESE, *Patto, convenzione e contratto in diritto romano*, en Seminarios Complutenses de Derecho Romano, V, 1993, esp. pp. 50 ss.

A mi juicio, la afirmación contenida en el texto de las XII Tablas reseñado, parece mostrar en definitiva, que lo importante no es lo que se pesa, sino lo que se dice, lo que supone la relegación del peso del metal y la constatación de que o bien se usaba con anterioridad, o bien las XII Tablas consagraron la introducción del dinero amonedado, lo que se manifiesta por ejemplo en la utilización de la expresión *nuncupata pecunia* en el sentido de dinero amonedado. La manifestación verbal se coloca en primer plano y cobra relevancia respecto al hecho real al que responde

posición restrictiva, con la idea de renuncia transaccional, mediante la que se pone fin a un conflicto intersubjetivo[144], postura a la que se opone la opinión de aquellos autores que atribuyen al vocablo *pactum* una significación más amplia que la de transacción, renuncia o exención de responsabilidad, para identificarla con la noción positiva de convenio[145].

Avanzada la República, la intensificación del tráfico comercial[146], marítimo y terrestre, interno e intercomunitario, plantea la necesidad de protección por parte de los pretores, como magistrados jurisdiccionales, de los acuerdos, pactos o convenciones propias del *ius gentium*, en atención a una serie de factores entre los que cabría mencionar:

a) el formalismo característico de los primitivos negocios típicos y orales, que suponía un lastre para las necesidades del tráfico comercial, que requiere por su propia naturaleza estar informado por los principios de agilidad, celeridad, libertad de formalidades, lealtad y buena fe en el trato, lo cual ocasionaba una contraposición entre libertad de negociación propia del ius gentium, equiparable en buena medida a la actual libertad de contratación[147], y la tipicidad contractual romana[148].

---

el fondo del negocio, vid. en este sentido, FERNÁNDEZ DE BUJÁN, A., *El precio como elemento en la emptio-venditio romana*, Madrid, 1993, 3ªed., pp. 19 ss.

La relevancia concedida al *dictum*, con la consiguiente obligación de respetar y cumplir lo acordado en el ámbito del formalismo caracterizador de los primitivos negocios típicos y orales, como la *mancipatio* y el *nexum*, tendría su equivalencia en el papel reconocido a una noción al propio tiempo metajurídica, ética y social como es la *fides* en el marco de las relaciones de tráfico internacional, básicamente comercial en el que intervendrían los extranjeros.

En el sentido expresado, afirma CASTRESANA, *Fides, bona fides: un concepto para la creación del derecho*, Madrid, 1991, p. 63, que el «*uti lingua nuncupassit, ita ius esto civi*» se transforma ahora, en las convenciones del tráfico internacional, para los contratos libres de formas en el « *uti convenerit fide praestata, ita ius esto*».

[144] MANENTI, *Contributo critico alla teoria generale dei pacta*, «St. Senesi»VI/1 (1890), p. 75 ss., VIII (1891), p. 3 ss.; G. DIOSDI, *Pacta nuda seruabo?*, BIDR [1971], p. 89 ss.); MANENTI, *Pacta conventa*, «St. Senesi» (1915), pp. 203-225.

[145] FERRINI, *Sulla teoria generale dei 'pacta'* (1892), in Opere, III, Milano 1929, p. 248 ss. Sobre la función histórica del *pactum*, vid. FUENTESECA, *Visión procesal de la historia del contrato en Derecho Romano Clásico*, en Estudios Homenaje a A. D'Ors, Pamplona 1987, pp. 487-500.

[146] Vid. a propósito del término *commercium*, CASTÁN VÁZQUEZ, *La recepción de voces de Derecho Mercantil en el Diccionario de Autoridades*, Estudios-Homenaje a Aurelio Menéndez, Madrid 1996, Tomo I, pp. Vid. asimismo en, MAROTTA, *Tutela dello recambio e commerci mediterranei in etá arcaica e republicana*, en Οστρακα, 5, 1996, I, pp. 55 ss.

[147] Sobre el tráfico internacional de carácter mercantil vid. HORVAT, *Osservazioni sulla bona fides nel diritto romano, Studi Arangio-Ruiz*, I, Milano, 1952, pp.442 y ss; MEYER, *Bona fides y lex mercatoria in der europaischen Rechtstradiction*, Göttingen 1994. PENNITZ, Rc. De Meyer… ZSS, 1997, pp. 590 ss., Pringsheim, *Osservazioni sulla bone fides nel diritto romano obligatorio*, Studi Arangio-Ruiz, I, Milano 1952, pp. 442 ss.

[148] Vid., TALAMANCA, *La tipicita dei contratti romani tra "conventio" e "stipulatio" fino Labeone*, en *Contractus e pactum*, Napoli-Roma, 1990, pp.56 ss.

b) La inexistencia de fórmulas procesales que amparasen la observancia y cumplimiento de las prácticas negociales o convenciones realizadas en el marco del *ius gentium.*
c) Las convenciones del ius gentium no estan sancionadas por el *ius civile*, y, en consecuencia, no resultan protegidos por las *legis actiones.*
d) Los no ciudadanos romanos no pueden acceder a los negocios propios del ius civile, como la mancipatio o la stipulatio y demás negocios formales, que constituyen el núcleo de la actividad negocial de contratación en los primeros siglos.

Sobre el significado y origen del *commercium* no hay suficiente acuerdo entre los romanistas. La tesis tradicional mantenida, entre otros autores, por Huvelin[149], de que el *commercium* provocó la aparición del *ius gentium*, siendo la primera manifestación de éste, en el sentido de derecho del mercado establecido en tratados internacionales (entre ciudades), ha sido discutida, entre otros, por Sautel[150], para el cual los tratados comerciales, salvo el caso de los celebrados con Cartago, no llevaban cláusulas comerciales[151].

Sin embargo, a nuestro juicio, la tesis de Huvelin no resulta tan fácilmente rechazable como Sautel pretende, dado que la configuración de tribunales de *recuperatores*[152], y la antigua idea romana de la *reciperatio*[153], son argumentos de mucho peso a favor de la probable existencia de una regulación de las reclamaciones surgidas en las relaciones con los peregrinos, y en especial las comerciales.

Asimismo, la aparición de la moneda acuñada[154] supone un evidente influjo en el mercado, al facilitar el desarrollo creciente del intercambio económico entre los pueblos; sin embargo, si bien en diversas fuentes literarias

149 HUVELIN, *Etudes d'histoire du droit commercial romaine*, Paris, 1929, p. 12 y ss.; Vid., asimismo en el mismo sentido BESNIER, R.: *L'état économique de Rome au temps des rois*, R.D.H., 1934, pp. 405-463; PARADISI, B.: *Osservazioni sul rapporto storico tra diritto internazionale publico e diritto internazionale privato*, Studi Senesi, 1945, p. 242 y ss.

150 SAUTEL, G.; *Essai sur la notion romaine de «Commercium» à l'époque ancienne.* Varia. Etudes de Droit Romain, Paris, 1952, p. 31.

151 Vid. en el mismo sentido, FRANK, T., *An economic survey of ancienne Rome*, t. I: *Rome and the Italy of the Republic*, 1927.

152 Vid. sobre *reciperatio*, WENGER, art. *Reciperatio*, en PW., p. 406 y ss.

153 Vid. a propósito de los *recuperatores:* BONGERT, *Recherches sur les récupérateurs*, Varia. Etudes de Droit Romain, I, 1952, p. 99 y ss.; HERNÁNDEZ-TEJERO, F. *Sobre el origen de los "deceemviri stilibus iudicandis"*, Rev. Fac. Der. Madrid, 8, 1964, p. 415 ss; PUGLIESE, *Sub voce "Recuperatores"*, N.N.D.I., 14, 1967, p. 1076 y ss.

154 Con la aparición de la moneda acuñada comienza en Roma la historia de la moneda propiamente dicha, de la *pecunia numerata (quae numeratur)*, con respecto a la cual, los romanos, tenacísimos conservadores de sus usos, por lo menos en sus primeros tiempos, conservaron la palabra *pecunia* para designarla, por haber sido precisamente el ganado *(pecus)* el primer denominador común de los cambios. Que el origen de *pecunia* viene de *pecus* está fuera de toda duda, pero sobre

y epigráficas se hace referencia a la celebración de mercados regulares, cuyo origen parece muy antiguo, es corriente la afirmación de que es sólo a partir de la segunda guerra púnica cuando el pueblo romano entró en relaciones comerciales con las comunidades políticas del vecino Mediterráneo.

Según la tradición, la más antigua organización conocida de las relaciones de Roma con otras ciudades está constituida por la ley latina, que se remonta a la época monárquica y que fue renovada por Spurio Casio en el 493, mediante el llamado *foedus Cassianum*, el cual, según el testimonio de Dion. Hal., VI, 95, ya prevé las normas sobre el proceso (*reciperatio*) para los litigios surgidos entre miembros de las distintas comunidades, cláusula que implica de por sí el reconocimiento del *commercium*[155] –entendiendo por *commercium* o *ius comercii* el derecho a poder adquirir y transmitir bienes, y así como a realizar negocios jurídicos de carácter contractual, constituyéndose en acreedor o deudor[156]– y de la recíproca tutela judicial entre las ciudades de la liga[157].

Puede decirse, en definitiva, que la progresiva importancia de las relaciones comerciales entre Roma y los demás pueblos itálicos[158], así como con otras comunidades políticas, probablemente fue un factor decisivo en el origen y

---

la posibilidad de que la derivación sea indirecta. Vid. THORMANN, *Der doppelte Ursprung de Mancipatio*, Mónaco, 1943, p. 103 ss.

155 Textos fundamentales relativos al *commercium* son los siguientes:

Tituli ex corpore Ulpiani, 19, 4: «*Mancipatio ex corpore habet Inter. cives Romanos et Latinos Iunianos eosque peregrinos, quibus commercium datum est.*»; 19,5: «*Commercium est emendi vendendi invicem ius*»; 20, 13: «*Mutus surdus, furiosus, itemque prodigus, cui, lege bonis interdictum est, testamentum facere non possumt: muutus, quuuoniam verba nuncupationis loqui non potest; surdus, quoniam verba familiae emptoris exaudire non potest; furiosus, quoniam mentem non habet, ut testari de sua repossit; prodigus, quoniam commercium illi interictum est, et ob id familiam mancipare non potest*».

156 A la luz de los textos citados en la nota anterior, parece que puede afirmarse respecto a la relación entre el *commercium* y la *mancipatio* que los peregrinos procedían de una comunidad que tuviese respecto a Roma el *ius commercii*, podrían realizar negocios mediante la *mancipatio*. Vid. en este sentido, KASER, M., *Vom Beriff des commercium*, Studi Arangio-Ruiz, 2, pp. 131 y ss.

A juicio de SAUTEL, G., *Essai sur la notion romaine de «commmercium» á l'époque ancienne*. Varia. Etudes de Droit Romain, cit., pp. 4-3, la correlativa referencia hecha por un jurisconsulto de fines de la época clásica como Ulpiano a la *mancipatio*, al decir que es accesible a los peregrinos *quibus commercium datum est*, y a la *emptio-venditio* en relación con el *commercium*, al decir «*commercium est emendi vendendique invicem ius*», supone una evidente contradicción entre ambos textos. En opinión de este autor, lo afirmado en las *Regulae*, 19, 5 es fruto de una glosa postclásica incorporada al texto clásico.

157 Otros autores tratan de hallar una explicación a los textos citados, refiriendo la definición ulpinianea de *commercium (ius emendi vendendique)* a la época arcaica, en la cual las palabras *emere* y *vendere* trendrían el significado más amplio de adquirir y de vender. Cfr. POWERS, O., *Studies in the commercial vocabulary of early latin*, Chicago, 1944, pp. 311 y ss.

Vid. sobre este punto DE MARTINO, F., *Storia della costituzione romana*, Vol. II, Napoli, 1964, pp. 64 y 65.

158 Tito Livio: *Ab urbe condita*, VIII, 14.10: «*Ceteris Latinis populis conubia comerciaque et concilia Inter. se ademerunt*».

desarrollo de la *iurisdictio* del pretor peregrino[159] (dado que el edicto pretorio vino a establecer el código de un nuevo ordenamiento jurídico basado en la economía monetaria y en el *creditum*, convertido en idea central del *commercium*), y en la configuración del *ius gentium*[160].

Los pactos o convenciones propios del *ius gentium*, producirían entre los intervinientes una vinculación en cuanto al cumplimiento de lo acordado, basada en la *fides*, la ética comercial y las costumbres y usos propios del tráfico[161] y por tanto no jurídica. Su reconocimiento, probablemente primero en los edictos de los pretores peregrinos y con posterioridad en los edictos de los pretores urbanos, habría supuesto la sanción de su juridicidad y la correspondiente protección procesal a través de las vías de la *exceptio* y *la denegatio actionis*, siempre que no se opusiese a disposiciones legales, causaren daño a particulares o supusiesen una actuación dolosa o fraudulenta[162].

2. LA SANCIÓN DE LOS PACTA CONVENTA EN EL EDICTO PRETORIO

El reconocimiento y protección de los pactos (*nuda pactio*) se establece en la clausula genérica «*de pactis*» contenida en el Edicto pretorio[163], conforme a la cual no se considera a los pactos como fuentes de producción de obligaciones, exigibles mediante acciones, sino como modos de extinción de obligaciones a través de la *exceptio pacti* y de la *denegatio actionis*[164].

Tales pactos privados de forma, en los que se encajan prácticas comerciales no sancionadas por el *ius civile*, son protegidos en el edicto pretorio a través de los mecanismos procesales de la exceptio y la *denegatio actiones* y mediante

159 Vid. sobre este tema, SERRAO, F., *La iurisdictio del pretore peregrino*, Milano, 1954.

160 Esta idea ha sido reiteradamente puesta de relieve por LOMBARDI en sus estudios sobre el tema: *Ricerche in tema de ius gentium*, Roma, 1947; *Diritto umano e ius gentium*, SDHI, 16, 1950, pp. 252 ss; *sub voce «Ius gentium»*, NNDI, IX pp. 381-382.

161 Acerca de la asunción de las costumbres (*consuetudo, mos*) por los edictos de los pretores, vid. G. LOMBARDI, *Sul titolo 'quuae sit longa consuetudo' (852[53]) nel Codice giustinianeo*, in SDHI. 17 (1952) 31. GALLO, *Interpretazione e formazione consuetudinaria del diritto. Lezioni di diritto romano*, Torino, 1993.

162 Cic., *De off.* III, 29, 92: «*Pacta et promissa semperne servanda sint. Quae nec vi nec dolo malo et praetores solent facta sint*». D.2.14.7.7 (Ulp., libro cuarto ad edictum): *"Ait praetor: pacta conventa, quae neque dolo malo, neque adversus leges plebis scita senatus consulta decreta edicta principium, neque quo fraus cui eorum fiat, facta erunt, servabo".*

163 Vid., con carácter general, acerca del papel de la buena fe en el proceso, en *Bona fides e strutture processuali*, en Atti del convegno internazionale..., cit. I, pp. 258- 273.

164 Vid., al respecto en BONIFACIO, *Noterello in tema fi Editto*, en *Sinteleia Arangio Ruiz*, Nápoles, 1964, pp.128-133.

la concesión de arbitria honoraria para aquellos supuestos de discrepancia en la interpretación o aplicación entre los intervinientes en el pacto[165].

La libertad en la formalización de los pactos nos sitúa en la problemática del consensualismo en la época republicana, aspecto del cual, como ha señalado Burdese, existe un amplio debate, dado que la tesis en su momento avanzada de Magdelain, en el sentido de una total apertura desde las XII Tablas al edicto pretorio, a la libertad o autonomía contractual, incluso más allá de una eficacia meramente obligatoria, ha sido recientemente reconsiderada por Schiavone, Santoro, Melillo y Filippo Gallo[166].

La significación específica del *pactum* como conversión o acuerdo, afirma Burdese, se ve clara en el binomio analítico *pactum conventum* (o *pacta conventa*) en el que los dos participios sustantivos aparecen en las fuentes unidos por las conjunciones et o que y que aparece también en la frase del edicto pretorio *pacta conventa... servabo* (Ulp. 2.14.7.7), bajo la rúbrica de *pactis* (*conventis* o *conventibus*)[167].

Hasta que se produce el reconocimiento y protección en el edicto pretorio de los pactos convenidos, estos se enmarcaban sólo en el ámbito de la *fides*, conforme a la cual se exigía el cumplimiento de los acuerdos y la lealtad a la palabra dada. La sanción pretoria de los pactos supuso la aplicación a los mismos de los criterios de la *bona fides* y la *aequitas* propias del *ius praetorium*[168].

La historia del *pactum* es por tanto anterior a la del contrato. Su génesis y desarrollo se habría producido en el marco del comercio, de la libertad de formas y de la consensualidad. La protección por el pretor de los pactos supondría, por tanto, un reforzamiento de la autonomía privada y de la libertad negocial[169], en la medida en que los pactos que constituían su principal expre-

---

165 Vid., en Archi, *Ait praetor: "pacta conventa servabo", Studio sulla generi e funzione della clausula nell´"edictum perpetuum"*, en *Scritti di Diritto Romano*, I, Milano, 1981, pp.497 ss.

166 BURDESE, *Sulle nozione...* cit., pp. 44. Observa, asimismo, este autor que los términos *pacere* y *pactio* son propios de las XII Tablas y de la época republicana, lo que no sucede con el término *conventio* poco utilizado en la República. Un síntesis de las opiniones doctrinales sobre el binomio *pactum-conventum* puede consultarse en ALBURQUERQUE, *La protección jurídica de la palabra dada en Derecho Romano*, Córdoba, 1995, pp. 37 ss.

167 Vid. en BURDESE, *Sulla nozione...*, cit., pp. 43 ss., y la bibliografía allí citada. En contra, CANCELLI, *«Iudicia legitima», «arbitria honorariae» «advocatio» di «pro Quinto Roscio corroedo» 5.15 nel sistema lessicale-giuridico di Cicerone*, en Atti del convengo "La giustizia tra i popoli nell'opera nel pensiero di Cicerone", Roma 1993, pp. 143 ss. Vid., asimismo, GUTIÉRREZ GARCÍA, *La palabra pacto en las fuentes literarias*, en Estudios Homenaje a B.Reimundo, II, Burgos, 2000, I, pp.433-440.

168 A la ponderación de la *aequitas* en los pactos se hace referencia en C.J. 2.3.12 (del 230 d.C.).

169 Respecto a la amplitud de contenido de los pactos: STURM, *Il pactum e le sue molteplici aplicación, in Contractus e pactum. Tipicità e libertà negóciale nell'esperienza tardo-repubblicana.* Atti del

sión no fuesen contrarios al Ordenamiento Jurídico. La Protección pretoria originaria de los pretores se habría desarrollado, en consecuencia, al margen del *ius civile*[170]. La protección de la consensualidad de los pactos, habría constituido el camino para la posterior asunción de esta idea en el *ius civile*, si bien de los pacta conventa recogidos en el edicto[171], sólo cuatro pasaron a la categoría de contratos con su nombre específico, bajo la fórmula de *obligationes consensu contractae*, como negocios *iuris gentium*[172].

Especial mención requieren la tesis de Magdelain acerca de los pactos y el consensualismo, debido a su originalidad y a la profusa crítica doctrinal provocada por su formulación[173]. Considera Magdelain que en el marco de una amplísima libertad o autonomía contractual en la Republica, el *edictum de pactis* pretorio otorgaría no sólo excepciones, sino también acciones para exigir el cumplimiento de determinados pactos.

Para Magdelain, sólo a partir del momento en el que los juicios de buena fe derivados de los pactos correspondientes fueron asumidos por el ius civile, en los últimos siglos de la República, los pactos no integrados –salvo los adiecta, exigibles por medio de la acción correspondiente al contrato al que se agregan- producirían tan sólo el efecto de la excepción de cosa juzgada. Para este autor, en definitiva, la cláusula edictal referida en D. 2.14.7.7 constituye el anuncio y el antecedente de los futuros contratos de buena fe y juicios de buena fe contractuales[174].

La teoría de Magdelain resulta aceptable, a mi juicio, especialmente en la medida que pone el acento en la importancia de la consensualidad en el mar-

---

convengo di diritto romano e della presentazione della nuova riproduzione della litera Florentina, Napoli-Roma 1990, 158 ss.

170 ALBANESE, *'Pactum' e 'iuudicatum' in testi retorici*, en *Brevi studi di diritto romano*, Palermo 1992, 9 s.; ARICO ANSELMO, *Partes iuris*, Palermo 1987, 6 ss.; STURM, *Wie sind Auctor ad Herennium 2. 13. 20 und Cicero, De inventione 2.22.68 zu aeuten*, en *Vorträge 28. deutch. Rechtshistorikertag*, Nijmegen 1992, 47 ss; KASER, *Das Urteil als Rechtsquelle in römischen Recht*, ahora en *Römische Rechtsquellen und angewandte Juristenmethode*, Wien-Köln-Graz 1986, pp. 43 s.; VÉGH, *Ex pacto ius*, en ZSS. 110 (1993) 266 ss.

171 Acerca de la probable exigibilidad desde Quinto Mucio de las obligaciones derivadas de los pactos, vid. CASTRESANA, *Fides, bona fides: un concepto para la creación del derecho*, cit. En opinión de BURDESE, *Ius, consuetudine, pactum ius e res*, SDHI, 1995 pp. 707 ss., no resulta aceptable, en época ulpianianea, la correlación entre la *actio praescriptis vervis* y la claúsula pretoria *de pactis*.

172 Para GALLO, *Synallagma e conventio nel contratto, Corso di Diritto Romano*, I, Torino, 1992, esp.pp. 60 ss, de Cic., *pro Caec.* 18, 51 cabría deducir la existencia de *formulae (iudicii formula)* para los *pacta conventa*.

173 MAGDELAIN, *Le consensualisme dan L'Edit du preteur*, Paris 1958; Id. *Les actions civiles*, Paris 1954; Id. *Gaius IV 10 et 33*: *Naissance de la procédure formulaire*, Tij: 59, 1991, pp. 239 ss.; Una apretada síntesis de la revisión crítica realizada por la doctrina de la teoría d Magdelain, puede verse en ALBURQUERQUE, *La protección jurídica de la palabra dada en Derecho Romano*, cit., pp. 43 ss.

174 Vid. sobre este último aspecto la crítica de TALAMANCA en *La storia dell'edictum de pactis*, Labeo, 6, 1960, pp. 278 ss; Id. *Conventio e stipulatio nel sistema dei contratti romani; Stud. Droit Romain et sa recepción en Europe*, pp. 195-266, Varsovia 1978.

co de los pactos y negocios del ius gentium, así como en el papel jugado por el ius praetorium en su reconocimiento y posterior asunción por el *ius civile.*

3. DE LA FIDES PRIMITIVA COMO FUNDAMENTO DE LOS PACTOS A LA BONA FIDES COMO REGLA DE CONDUCTA Y MEDIDA DE RESPONSABILIDAD EN LOS NEGOCIOS IURIS GENTIUM

Como indica A. D'Ors, la *fides,* entendida como lealtad a la palabra dada, constituye una idea central del pensamiento político y jurídico de Roma –*fides deorum, fides Romana, fides patroni, fides tutoris, fides iudicis,* etc.– y el fundamento de todas las obligaciones no formales[175]. Sería el respeto a la *fides*[176] lo que haría social y éticamente exigibles el cumplimiento de los acuerdos o pactos libres de forma y de reconocimiento legal, con anterioridad a su sanción en el edicto pretorio. La lealtad a la palabra dada[177] no sería exigible jurídicamente como un deber jurídico basado en la ley, ni en el edicto, sino en la *fides*[178].

---

[175] La etimología del vocablo *fides* se contiene básicamente en los textos siguientes, Cic., *De re publica* 4,7,21: «*fides enim nomen ipsum nihi videtur habere, cum fit quod dicitur*»; Cic., *De off.*, 1,7,23: «*audeamus imitari Stoicos, qui studiose exquirunt, unde verba sint ducta, credamusque, quia fiat quod dictum est, appellatum fidem*»; Isidoro de Sevilla, *Orig.*, 8,2,4: «*nomen fidei iude est dictum, si omnino fiat quod dictum est aut promissum, et iude fides vocata ab eo quod inter deum et hominem: hinc et foedus*»; Vid. a propósito de estos tres textos en CASTRESANA, *Fides, bona fides: un concepto para la creación del derecho,* cit., pp. 13-14.

[176] D'Ors, A., *Derecho Privado Romano,* cit., pp. 61 ss.; Para LOMBARDI, *Dalla fides alla bona fides,* cit., p. 4., la unidad del nombre *fides* contrasta con la diversidad de significados del mismo. Por el contrario, para *Castresana, Fides, bona fides...,* cit., pp. 11 ss., la *fides* es una y la misma en sus variados usos.

[177] A propósito de la evolución de la *fides* desde su primitiva concepción como elemento mágico a su consideración como valor moral, regla laica de comportamiento, vid. SCHIAVONE, *Giurista e nobili nella Roma Republicana,* Roma-Bari 1992, p. 70.

[178] Sobre el papel de la *fides* en los diversos ámbitos vid.:

Con carácter general: DE FRANCISCI, *Storia del Diritto Romano,* Milano 1943, pp. 289 ss.; J. IGLESIAS, *Las fuentes del derecho romano,* Madrid 1989; FUENTESECA, *Visión procesal de la Historia del contrato,* Estudios Homenaje a A. d'Ors, Pamplona 1987, pp. 469-516; BONFANTE, *La morale politica dei Romani,* Riv. Int. Fil. Del Dir., 1926 p. 108, «...el pueblo romano fue el pueblo del derecho y de la fides...»; BONFANTE, *Essenza de la bona fides e su rapporto con la teoria del onore,* BIDR, 6, 1892 pp. 94-95; LOMBARDI, *Dalla fides e la bona fides,* Milano 1961; CASTRESANA, *Fides, bona fides: un concepto para la creación del derecho,* Madrid 1991.

En el marco de las relaciones internacionales: D. NÖRR, *Die Fides im römischen Volkerrecht,* Heidelberg 1991, trad., R. Domingo, Madrid, 1996; FREZZA, *A propósiti di «fides» e «bona fides» come valore normativo in Roma nei rapporti dell'ordinamento interno e interregionale,* 1991, Scritti, 3, 2000, 661 ss.

Como fundamento de las instituciones del *ius gentium*: LAURIA, *Ius gentium,* Fertschrift, P. Koschaker, I, Weimar 1939.

En el *fideicommissum*: ABELLAN, *Los fideicomisos a través de la literatura específica de los juristas romanos,* Madrid 1982, pp. 42 ss.; CASTRESANA, *Notas sobre la sanción jurídica de fideicomiso en el periodo republicano,* Homenaje a J.B. Vallet de Goytisolo V, cit.

Considerando el *ius civile* como el derecho propio de la civitas romana, las relaciones con otras comunidades, en origen latinas y con posterioridad itálicas y mediterráneas, hace necesario o bien el reconocimiento de los negocios realizados entre romanos y miembros de estas comunidades, a través de la vía de la concesión del *ius commercii* o bien la formalización de tratados internacionales, en los que se reconocía, expresamente, validez a las relaciones comerciales de los ciudadanos de los pueblos firmantes[179].

A los miembros de las comunidades vinculadas o sometidas o que tengan simplemente relaciones comerciales con Roma, se les permite el acceso a negocios del *ius civile* no formalistas, se crean tipos especiales nuevos, y se aceptan determinadas instituciones y prácticas comerciales de estos pueblos, que no chocan frontalmente con el viejo *ius civile*.

Nace así propiamente un derecho del tráfico jurídico comercial, libre de formas, flexible, basado en la fides y la bona fides, en la lealtad y corrección en el trato, que al final de la República ya se denomina *ius gentium*, utilizándose la vieja palabra gens, que designaba a los grupos suprafamiliares con un antepasado común, que tan importante papel jugaron en la *civitas primitiva*[180].

El *ius gentium* no es un derecho de los extranjeros, sino un derecho accesible a los extranjeros[181], formado por instituciones romanas y no romanas, pero aceptadas estas últimas por los pueblos del mundo mediterráneo; de ahí que se hable en ocasiones de un pretendido derecho universal que no es tal en realidad, sino que es al universo romano al que se alude con la expresión. A las ideas anteriormente expresadas, se refiere el conocido texto de Gayo I, 1.1, recogido, asimismo, en D. 1.1.9.

El nuevo proceso por el que se sustancian los litigios de derecho de gentes es el formulario, que sustituye a las acciones de la ley. De derecho de gentes, en cuanto basados en la *bona fides* se consideran los contratos consensuales, compraventa, arrendamiento, mandato y sociedad, la flexibilización de la

---

Como rendición en la *deditio*: BESELLER, «*Bindung und Lösung*», ZSS, 49, 1929, pp. 615 ss.; PIGANIOL, «*Venire in fidem*» RIDA, 1°, 1950, pp. 342 ss.; PAOLI, «*Quelques observations sur la fides, l'imperium et leurs rapports*», Festgabe für A. Simonius, Basel 1955, pp. 273 ss.

Sobre *fides noxal* y crediticia: GARCÍA GONZÁLEZ, *Creditum, fides*. Alicante 1984; IMBERT, «*Fides et nexum*». Studi Arangio-Ruiz, V, Napoli, pp. 339 ss.

Sobre el vínculo de naturaleza ético-religioso entre cliente y patrono fundado en la *fides*: FREZZA, *Fides bona. Studi sulla buona fede*, Milano 1975, pp. 6 ss.

179 Vid. últimamente: DI PORTO, *Il diritto commerciale romano*, Ric. Gallo, 3, 1997, 413 ss.

180 Vid. con carácter general en LAURIA, *Ius gentium*. RIDA, 2, 1949, pp. 271 ss.; KASER, *Ius gentium*, Köln, Wien, Gray, *1993*; GALLO, *Bona fides e il ius gentium*, Atti del Convegno internazionale..., cit., II, pp.115-153.

181 Vid. al respecto, MASCHI, *Istituti accessibili agli stranieri e ius gentium*, IUS, 13, 1962, pp. 368 ss.

sponsio, la sustitución de la *mancipatio* por la *traditio,* la inviolabilidad de los embajadores, etc. La fides con matiz subjetivo, que se objetiva por el magistrado en caso de conflicto y de ahí quizás la expresión *bona fides,* la razón natural (naturalis ratio) y la equidad, se convierten en los ejes del nuevo derecho y en su fundamento filosófico.

Cicerón, en *De officiis* 3.17.69, nos dice que el *ius gentium* es *ius civile.* Y ciertamente lo es en cuanto se aplica en territorio romano, por magistrados romanos y está integrado en buena medida por instituciones y normas romanas[182].

Sentada la idea de que el *ius gentium* se integra en el conjunto del ius civile, del que recibe normas e instituciones, hay que añadir a continuación que también instituciones, normas y prácticas nacidas en el seno del *ius civile.* Sintomático y significativo resulta el hecho de que el proceso formulario, que nace para conocer conflictos del *ius gentium*: primero convive con el procedimiento propio de los *cives romani,* y después acaba por desplazarlo, convirtiéndose en el único utilizable para sustanciar los litigios del *ius gentium* y del *civile.*

Todo el *ius gentium,* como señala Behrends, termina situándose bajo el dominio objetivo de la *bona fides*[183]. En este marco, los pacta o convenios causales, obligatorios y consensuales, basados en la fides primitiva y en la bona fides pretoria, accesibles[184] a *cives* y *peregrini,* y sancionados en el edicto del pretor[185], habrían constituido uno de los elementos nucleares del *ius gentium,*

---

[182] Cic., *de off.* 3,17, 69: «*Itaque maires alinal iuris gentium, alind iuris civile esse voluerunt, quod civile non idem continuo gentium, quod autem gentium, idem civile esse debet». Gai. Instts. 3, 93: «...ceterae vero (verborum obligationes) iuris gentium sunt, itaque inter omnes homines sive romanos sive peregrinos valent...».*

[183] BEHRENDS, *Le due giurisprudenze romane e le forme delle loro argumentazione,* Index, 1983, pp.199 y ss; A propósito de la *bona fides,* vid.: MEYLAN, *Le role de la bona fides,* Festgabe Simonius, Basel, 1935, pp.252 y ss; WIEACKER, *Zum Ursprung der bonae fidei iudicia,* ZS, 80, 1963, pp. 9 y ss; CARCATERRA, *intorno ai bonae fidei iudicia,* Nápoles, 1964; DAJEZAC, W., *La funcione della expressione "ex bona fide" nella Lex Rubria de Gallia Cisalpina,* RIDA, 43, 1996, pp.133 y ss; Id., *L´uso della alocuzione "bona fides" nei giuristi classici per la valutacione del valore vincolante degli accordi contrattuali,* RIDA, 44, 1997, pp.71 y ss; LITEVSKI, W., *Das Bestehen der "formula in ius concepta" mit der "Bona Fides".* Klausel beim Pfand, Labeo, 1999, 2, pp.182 y ss; FREZZA, *"Fide bona",* Scritti, 3, 2000, pp.197 y ss.

[184] A propósito de la utilización y significación de los términos *pactum* y *conventum* en las fuentes literarias, vid. BURDESE, *Sulle nozioni di patto, convenzione e contratto in Diritto Romano,* cit, pp.48 y ss, y GUTIÉRREZ GARCÍA, "La palabra *pacto* en las fuentes literarias", *Estudios-Homenaje Benito Reimundo,* T.I., pp.433 y ss. A la utilización del término en el sentido de *transactio* en época clásica, se refiere BURDESE, en NNDI, *sub voce pacta,* Diritto Romano, pp.709 y ss. Vid., asimismo, al respecto, Freixas, Una contribución al estudio Ulpiano 50 *ad edictum,* D.2.1.15 (*"De transactionibus"),* Estudios homenaje a J.Iglesias, Madrid, 1988, pp.223 ss. Considera este autor que si bien la transacción está equiparada al *pactum,* el acuerdo transaccional tiene una significación más restringida que la derivada del *pactum.*

[185] CICERÓN, en *de inv. 2, 22, 67,* distingue entre pactos relevantes y pactos privados de relevancia. Vid.,al respecto en Albanese, *"Pactum" e "iudicatum" in due testi retorici,* en *Brevi studi di Diritto Romano,* Palermo, 1992, pp.16 ss.

entendido éste en la acepción de parte del Ordenamiento Jurídico, y de ahí el vocablo *ius*, accesible a personas no pertenecientes a la órbita ciudadana (a lo que respondería el término *gentium*)[186].

Fides y *bona fides* no son conceptos equivalentes. Señala A. D´Ors que distinta de la *fides* es la *bona fides* del poseedor, la de la lealtad recíproca de las partes en determinados contratos o la diligencia general y media propia del buen administrador[187]. Como afirma, asimismo, Lombardi, si la equivalencia entre fides y bona fides fuera absoluta, la literatura jurídica no habría acuñado la nueva expresión para remitir a ella, o bien ciertos supuestos procesales de oportere, o bien determinados tipos de contratos. Para este sería la *fides* exigible al *bonus vir* cuando en determinadas relaciones jurídicas ha surgido un conflicto *inter partes*[188].

Podría, pues, afirmarse que la bona fides es un principio surgido en el marco de una ética comercial, libre de formas, basada en la reciprocidad, la confianza y la lealtad en el trato[189], lo que contrastaría con el sistema jurídico del *ius civile*, básicamente garantista y formalista, caracterizado por la tipicidad de base legal.

Como afirma Wieacker, la buena fe romana –propia del *ius gentium*– supondría no sólo una conducta leal de respeto a la palabra dada, un comportamiento acorde con la ética jurídica, sino también un acatamiento y un respeto de los usos del tráfico comercial o mercantil, conforme al standard de la época[190].

Frente a la, en cierto sentido, caracterización subjetiva de la fides, y su moverse en la esfera de la libertad, la fidelidad y el cumplimiento de la palabra dada, la *bona fides* tendría un matiz más objetivo y objetivable que la *fides*[191], en

[186] LOMBARDI, *Diritto Romano e ius gentium*, SDHI, 1950, pp.254 y ss., hace referencia a tres acepciones distintas de *ius gentium:* 1. Concepto técnico: conjunto de normas e institutos conformados por obra del pretor peregrino, referidos a relaciones entre romanos y peregrinos y aplicables después por el pretor urbano tanto a *cives* como a *peregrini*; 2. Concepto abstracto: normas e institutos comunes a todos los pueblos civilizados, en tanto que fundados en la *naturalis ratio*; 3. Concepto publicístico: algunas normas e institutos hoy considerados de derecho internacional público.

[187] D´ORS, A., Derecho Privado Romano, cit., pág.61.

[188] LOMBARDI, De*lla fides...*, cit., pág.181. En parecido sentido, afirma CASTRESANA "la *fides bona* es la misma *fides* a la que se había sometido el leal cumplimiento de la palabra dada en la *conventio*, si bien matizada ahora, una vez surgido el conflicto *inter partes* y en el ámbito del proceso, por la necesaria medida de responsabilidad en la que eventualmente incurre la parte que ha incumplido el vínculo de fidelidad", *Fides...*, cit., pp.64-65.

[189] D.19.2.21.1. JAVOLENO, "*bona fides exigit, ut quod convenit fiat"; Vid. en STOLFI, Bona fidei interpretatio. Richerche sull´interpretazione di buona fede fra experienza romana e tradizione romanística, Pavia 2004.*

[190] WIEACKER, El principio general de la buena fe, pp.67 y ss, y 81 y ss.

[191] Vid. al respecto en Gallo, Buona fede oggetiva e trasformazioni del contratto, Atti del Convegno internazionale..., cit., II, pp. 155-189.

cuánto se enmarcaría en el cumplimiento de los usos del tráfico, el respeto de la ética comercial, la bilateralidad y reciprocidad en la conducta respecto a la persona con la que se establece la relación jurídica, su campo de actuación sería más patrimonial que internacional y si bien será por sí sola fuente de vínculo obligatorio, sí sería un punto de referencia y un elemento relevante en determinadas situaciones del campo contractual, posesorio y procesal[192].

Contrarios a la *bona fides* se consideran en un primer estadio aquellas actuaciones afectadas por *fraus* o *dolus malus* y con posterioridad también las actuaciones culposas. La *bona fides* exige, asimismo, interpretar los negocios ateniéndose tanto a la letra como al espíritu de los mismos y acaba configurándose como una regla de conducta debida en las relaciones con la persona con la que entabla la relación jurídica[193].

Para Schiavone la *bona fides* se identifica por primera vez con una medida de comportamiento de las partes, como elemento interno de la estructura de determinadas relaciones, configurándose, en definitiva, como un criterio abstracto[194]. Finalmente, la bona fides acaba funcionando, asimismo, como criterio de responsabilidad de los intervinientes en los negocios, lo que permite, concretar la medida de su responsabilidad[195].

El carácter expansivo de la *bona fides* ha sido, por otra parte, constante, a lo largo de todo el desarrollo del Derecho Romano, desde su originaria concepción metajurídica hasta su consideración como elemento informador e integrador de toda la materia contractual[196]. La expansión de la buena fe no

---

192 Vid. al respecto en Garbarino, Brevi osservazioni in tema di azioni di azioni di buona fede in Diritto Giustinianeo, Atti del Convegno Internazionale…, cit., II, pp. 191-202.

193 Vid. al respecto en SANSÓN RODRÍGUEZ, La buena fe en el ejercicio de los derechos y en el cumplimiento de las obligaciones desde las obligaciones desde la perspectiva del derecho privado romano, Atti del Convegno internazionale…, cit., III, pp. 293- 358.

194 SCHIAVONE, *Giurista e nobili nella Roma Republicana,* trad.J.L.Carro, Prólogo de L.DÍEZ-PICAZO, Madrid, 1982, pp.71 y ss.

195 CASTRESANA, *Fides, bona fides, etc,* cit, pág.68.; Vid. asimismo en NEME VILLARREAL, *La buena fe en el Derecho Romano,* Externado de Colombia 2010.

196 Así, vid. en ANKUM, en relación con el papel de la buena fe en el beneficium cedendarum actionum,, Il beneficium cedendarum del mandato di crédito: un beneficio basato sulla buona fede nel Diritto Romano classico, en Atti del convegno internazionale… cit., I, pp. 173- 188; DÍAZ-BAUTISTA, *La buona fede nel Senatoconsulto Giuvenziano,* en Atti del convegno internazionale…, cit., I, pp. 489-503; DOZHDEV, Fidem emptoris sequi, Atti del Convegno Internazionale…, cit. I, pp.551-578; En relación con el papel de la buena fe en la indemnización en la emptio-venditio, ALEMAN, *La incidenciade la bona fides en el quantum indemnizatorio: a propósito de la responsabilidad del vendedor por los vicios o defectos ocultos,* Atti del Convegno internazionale…, cit., I, pp. 141-153; FAVALE, *Nullitá del contratto per difetto di forma e buona fede,* Atti del Convegno internazionale…, cit., II, pp.1-30.; PETRUCCI, *Neque enim decipi debent contrahentes. Appunti sulla tutela dei contraenti con un´impresa nel diritto romano tardorepubblicano e del principato,* Atti del Convegno internazionale…, cit., III, pp. 89-103; SANTUCCI, *Fides bona e societas: una riflessione,* Atti del Convegno internaziona-

se ha interrumpido hasta la actualidad, y hoy la buena fe aparece como uno de los principios generales que sirven de fundamento al Ordenamiento, informan la labor interpretativa y contribuyen como decisivo instrumento de integración[197].

La buena fe, como observa Díez-Picazo, implica el comportamiento leal en la formación y en el desarrollo de las relaciones jurídicas, en el ejercicio de los derechos y en el cumplimiento de las obligaciones[198], y podemos hablar de buena fe, señala José María Miquel, como parte de los supuestos de hecho de las normas y de buena fe como criterio valorativo que contribuirá a construir normas nuevas e incluso alterar de algún modo las existentes[199].

Ya a la amplísima extensión de la cláusula ex fide bona se refiere Quinto Mucio a fines de la República, cuando afirma en Cic., *de officiis* 3, 17 que tienen gran fuerza los juicios arbitrales (*iis arbitris*) a los que se añade la cláusula *ex fide bona*[200]. En opinión de Schiavone, la cita de Mucio no es reconducible a los *libri iuris civilis* o al *liber singularis oron.* Sabemos que antes de su gran obra jurídica, Quinto Mucio había trabajado sobre la noción de buena fe, en el edicto del procónsul de Asia, (94 a.C.), en una época en la que Quinto era ya un prestigioso jurista, y en la que Cicerón considera su actuación como gobernante como un modelo organizativo provincial. Para Schiavone la bona fides en Quinto se configura como un paradigma ideal, y si para los veteres, en particular, para Quinto Mucio, la bona fides era un principio material que regía en el campo de las relaciones contractuales, respecto de los que se hablaba de una *interpretatio bonae fidei*, para la nueva jurisprudencia la *bona fides* es un ele-

le..., cit., III, pp. 359- 389; TRISCIUOGLIO, *Bona fides e locazioni pubbliche nelle opiniones di Ulpiano,* Atti del Convegno internazionale..., cit., IV, pp. 313-330; VACCA, *Buona fede e sinalagma contrattuale,* cit,..., IV, pp. 331-351.

[197] GONZÁLEZ PÉREZ, *El principio general de la buena fe,* 3ªed., Madrid, 2000, pág.22. A propósito del carácter integrador de la bona fides, vid. en ALPA, *La buona fede integrativa: note sull´andamento parabolico delle clausole generali,* Atti del convegno internazionale..., cit., pp. 155-172; NEME VILLARREAL, *La buena fe en el Derecho Romano,* Externado de Colombia 2010, pp. 235-354.; ZOZ, *Il ruolo della buona fede nel contratto di trasporto marittimo,* Atti del Convegno internazionale..., cit.,IV, pp. 541-562.

[198] DÍEZ-PICAZO, *Prólogo* de la obra "El princioio general de buena fe" de Wieacker, cit., pp.9 a 23.

[199] MIQUEL, J.M., "La buena fe y su concrección en el ámbito del Derecho Civil", *Anales de la Academia Matritense del Notariado,* XXIX, pág.11 y MIQUEL Y DE ANGEL, en "Comentarios al artículo 7 del Código Civil", en "Comentarios al CC" dirigidos por R.BERCOVITZ, DÍEZ-PICAZO, PAZ-ARES Y SALVADOR, I, 1991; MIQUÉL, J., *Autonomía del Diritto e principio generale della buona fede,* Atti del Convegno internazionale......, cit., II, pp. 467-474; RESCIGNO, *Rimeditazione sulla buona fide: omaggio a Alberto Burdese,* Atti del Convegno internazionale......, cit., IV, pp. 565-581.

[200] Sobre el carácter integrador de la *fides bona* en la obra de QUINTO MUCIO, vid. en *La «buona fede» como principio di Diritto del contratti. Diritto Romano e America Latina,* en Atti del Convegno Internazionale..., cit, I, pp. 283-369.

mento de determinadas fórmulas procesales, es decir, de los *bonae fidei iudicia*, que en atención a la cláusula *ex fide bona*, dan al juez poderes que les faltan en otros juicios[201].

La consideración de la *bona fides* como un principio general de todo el Ordenamiento Jurídico no llega a producirse en derecho Romano, pero sí tiene lugar, como ya hemos señalado, una evaluación expansiva en esta dirección[202], que se extiende más allá de los contratos consensuales, para incidir como elemento informador, inherente e integrador de toda la materia contractual[203].

Así, Javoleno habla de la buena fe en lo convenido[204] Trifonino de la buena fe en los contratos[205], Paulo nos dice que en todo contrato debe darse la buena fe[206], y en una Constitución de los Emperadores Diocleciano y Maximiniano del 290, se indica que debe ponderarse la buena fe en los contratos[207].

En la época postclásica, la influencia de la filosofía cristiana en la legislación, contribuye a la conformación de la buena fe como una clausula de carácter material que informa toda la materia contractual[208].

Podríamos decir, en conclusión, que ya en el Derecho Romano, la progresiva incorporación al Ordenamiento de conceptos como *bona fides, boni mores, aequitas, fraus, dolus malus*, etc., supuso una ampliación de la discrecionalidad judicial y jurisprudencial, por la vía de interpretación, con toda la carga de creación que tiene en sí misma toda interpretatio, frente al legalismo formalista y su vertiente empobrecedora y asfixiante[209].

---

201 SCHIAVONE, *Giurista e nobili nella Roma Republicana,* cit.

202 Vid. en SALOMÓN, *El concepto de buena fe en las Instituciones de Gayo.* En concreto Gai 2,51. Atti del Convegno internazionale..., cit., III, pp. 279- 292

203 Vid. en TAFARO, Buona fede ed equilibrio degli interessi nei contratti, Atti del Convegno internazionale..., cit., III, pp.567-608.

204 D.19.2.21 (IAVOLENUS, Libro XI, Epistolarum): "...*bona fides exigit, ut, quod convenit...*".

205 D.16.3.31.pr. (TRYPHONINUS, Libro IX, Disputationum): "...*bona fides, quae in contractibus exigitur, aequitatem summam desiderat...*".

206 D.17.1.59.1 (PAULUS, Libro Responsorum): "...*quum in omni contractu bonam fidem praestare debeat*".

207 C.J., 4.10.4 (Impp.Diocletianus et Maximianus AA. Liciniae, 290): "*bonam fidem in contractibus considerari aequum est*".

208 Vid. al respecto en RODRIGUEZ LÓPEZ, *La bona fides en los textos cristianos,* Atti del Convegno internazionale..., cit., III, pp. 255-277.

209 La *bona fides,* explica, al decir de BONFANTE, *Scritti giuridici,* I, Milano, 1956, pp.57 y ss, que Roma haya sido tan fecunda en la creación jurídica. Así, por ejemplo, la formulación de las diversas teorías de los actos de emulación en el medievo, el uso normal de los derechos de Ihering, la necesidad social de Bonfante, o el abuso del derecho (formalmente introducido en España por sentencia del Tribunal Supremo, de 14 de febrero de 1944, de la que fue ponente Castán Tobeñas, y de ahí ha pasado al art.7.1º del Código Civil, conforme a la reforma del Título Preliminar de 1944) han sido realizadas tomando como base (incluso terminológica: insumisión (*insumisio*); actos de emulación (*aemulatio*); mal uso o abuso de un derecho (*mala nostro iure uti non debemus*);

La *bona fides* romana propia del *ius gentium*, que nace como modelo de conducta, arquetipo de conducta social, categoría de la moral social y exigencia personal de ética jurídica, acaba constituyéndose en el derecho actual como un concepto jurídico indeterminado y principio general informador de todo el Ordenamiento Jurídico, y la actividad del pretor romano por diversos caminos, se convierte en el modelo de la jurisprudencia europea sobre la buena fe[210].

La *fides* y la *bona fides*, entendidas como respeto a la palabra dada, reconocimiento de los acuerdos o pactos libre de forma –realizados entre ciudadanos romanos o entre romanos y extranjeros–, lealtad recíproca entre los contratantes o diligencia general o media propia del buen administrador, informan de manera progresiva todo el Ordenamiento Jurídico de la comunidad política romana.

Por otra parte, la conformación de la buena *fides*, que habría surgido en el marco de una ética comercial libre de formas, basada en la reciprocidad, la confianza, la lealtad en el trato y el respeto a los usos del tráfico comercial de la época, contrastaría con el sistema del *ius civile*, básicamente garantista y formalista, caracterizado por la tipicidad de base legal.

Frente a la, en cierto sentido, caracterización subjetiva de la *fides*, y su campo de actuación en la esfera de la libertad, la fidelidad y el cumplimiento de la palabra dada, la bona fides tendría un matiz más objetivo y objetivable que la *fides*, en cuanto se enmarcaría en el cumplimiento de los usos del tráfico, el respeto de la ética comercial, la bilateralidad y la reciprocidad en la

buena fe, utilidad pública y equidad como criterios conectores de los derechos (*bona fides, utilitas publica y aequitas*); intención de perjudicar (*animus nocendi);* excepciones o remedios frente a la actividad contraria a la buena fe o doloso (*exceptio doli*), textos de la compilación justinianea, vid. en este sentido, JIMÉNEZ SALCEDO, en Prólogo de FERNÁNDEZ DE BUJÁN, *El régimen jurídico de las relaciones de vecindad en Derecho Romano*, Córdoba, 1999, pp.9-12; Sobre conductas abusivas en el ejercicio lesivo del propio derecho y el principio general de buena fe en el Código Civil español, vid. SANSÓN RODRIGUEZ, *La buena fe en el ejercicio de los derechos y en el cumplimiento de las obligaciones desde la perspectiva del Derecho privado romano*, Atti del Convegno internazionale…, cit., III, pp. 335-358 y GALLO, *ius boni et aequi e ius naturale*, SDHI, 75, 2009, pp. 15-42.

210 WIEACKER, *El principio general de la buena fe*, trad.J.L.Carro, Prólogo de L.Díez-Picazo, cit., pp.40 y ss; 49 y ss; 81 y ss.; Vid. asimismo en: OSABA, *Fides y bona fides en la Lex Visigothorum*, Atti del Convegno internazionale…, cit.,II, pp. 543-578; BENACCHIO, *La buena fede nel Diritto Comunitario*, Atti del Convegno internazionale…, cit., I, pp. 189-200; BIANCA, *Buona fede e Diritto privato europeo*, Atii del Convegno internazionale…, cit., I, pp. 2011-205; FÖLDI, *Rinascita del principio della buona fede oggettiva in Ungheria*, Atti del Convegno internazionale…, II, cit., pp.59-98; GARCÍA SÁNCHEZ, *La buona fede negli articoli 375 e 379 del Codice Civile Spagnolo, in materia di accessione dei mobili*, Atti del Convegno internazionale…, cit., II, pp.201-239; GUZMAN, *La buena fe en el Código Civil de Chile*, Atti del Convegno internazionale…, cit., II, pp. 293-321; SCHIPANI, *Principi e regole per il debito internazionale del paesi in via di sviluppo. La prospecttiva romanistico-civilistica*, Atti del Convegno internazionale…; cit. III, pp. 417-458.

conducta respecto a la persona con la que se establece la relación jurídica, y si bien no habría llegado a ser por si sóla fuente del vínculo obligatorio, sí sería un punto de referencia, y un elemento relevante en determinadas actuaciones de naturaleza contractual, posesoria y procesal.

4. BONA FIDES Y AEQUITAS COMO ELEMENTOS DE INTERPRETACIÓN Y APLICACIÓN EN LOS PACTA CONVENTA RECONOCIDOS Y PROTEGIDOS POR EL IUS PRETORIUM

La fides bona habría constituido el elemento esencial de los *pacta conventa* realizados en el marco de la contratación con extranjeros, y el más frecuente de estos pacta tendría la forma de *pactum vendendi emendi*, un pacto en el que uno vendía y otro compraba. Este pacto tendría como punto de cohesión la conventio o convenire de pretio, es decir, el acuerdo sobre el precio, el dar a cambio de un precio, *venum dare*, de donde se derivaría la palabra vendere, entrega de cosas a cambio de un precio.

El *venum dare* se completaría con el emere, en la forma de emptus, que significaría aprehender mediante compensación. Estos pactos se realizarían originariamente entre extranjeros o entre romanos y extranjeros y serían, con posterioridad, protegidos en el marco del edicto de los pretores peregrinos[211].

Cuando el pretor, escribe Cannata, acoge en el edicto estos negocios del tráfico internacional –surgidos de la *conventio* y basados en el *fidempraestari* recíproco– reconduce el reconocimiento jurídico de los mismos al ámbito de su tutela jurisdiccional y, con ello, a la esfera del proceso y del *oportere* procesal… estamos, por tanto, ante un *oportere* no *ex lege* (*iure civile*), sino *ex fide*[212].

En el Edicto del Pretor peregrino se sancionarían los pacta conventa, realizados con base en la bona fides y singularmente, el *pactum vendendi emendi*, entre un comprador y un vendedor. Tales pactos darían lugar a una *exceptio* o, en su caso, *denegatio actionis*, así como a la posibilidad, en caso de discrepancia, de que el pretor sancionare un *arbitrium*, que consistiría en una exigencia de cumplimiento de todo lo que pudiera derivarse de la buena fe en el nacimien-

---

211 Vid., LOMBARDI, *Diritto Romano e ius gentium*, cit., pp.254 y ss., sobre pactos de compraventa propios del *ius gentium*, protegidos en el marco de la jurisdicción del pretor peregrino; GALLO, *Sobre el papel innovador de los pretores y la consideración del ius pretorium u honorarium*, para Quinto Mucio, vid., en GIUFFRÉ, *La traccia di Quinto Mucio. Saggio su "ius civile"/"ius honorarium"*, Napoli, 1993; PAPA, G., *L´officium del pretae nella produzione e applicazione del diritto*, 1997, SDHI, 1998, pp.634 y ss.

212 CANNATA, *Sulla divinio obligationem nell diritto romano repubblicano e classico*, IURA, 21, 1970, pp.63 y ss.

to, desarrollo, interpretación y ejecución del pacto, y que sería conocido por uno o varios árbitros nombrados por el pretor, probablemente a propuesta de los intervinientes en el pacto, que podrían exigirse recíprocamente todas las consecuencias de dicha *bona fides*[213].

Cuando, en un momento posterior, se funden los edictos del pretor urbano y del pretor peregrino[214] y se reciben en el *ius civile* instituciones del *ius gentium*, a través de la vía del edicto de los pretores peregrinos, los *arbitria* propios de los *pacta emendi vendendi*, se transformarían en *iudicia bonae fidei*, en acciones de buena fe, mediante las cuales las partes podrían exigirse recíprocamente todo aquello que habían convenido y todo lo que, sin haberlo expresamente acordado, pudiese derivarse de la *bona fides* exigible a los negocios.

La labor pretoria llegó a ser de tal importancia que pudo afirmarse en un texto del Digesto, D.1.1.7.1: "*Ius praetorium est, quod praetores introduxerunt adivandi vel supplendi vel consigendi iuris civilis gratia...*[215]". Conforme al *ius strictum* o *ius legitimum* no cabría una interpretación que fuera más allá de lo específicamente establecido en la ley o expresamente acordado por las partes.

La introducción de la *aequitas* y la *bona fides*[216] por la jurisdicción pretoria supuso la introducción de criterios de ponderación, integración, supletorios, creadores, de atenuación del excesivo rigor[217] o analogía en la interpretación y aplicación de la ley y los negocios, en atención a circunstancias tanto objetivas, como subjetivas[218].

Como afirma Gallo, el período de aplicación del derecho formulario coincide con la preeminencia en la realización del *bonum et aequum* en los ca-

---

[213] Sobre la jurisdicción del pretor peregrino como modelo para la noción de un tribunal supranacional, vid. SCHIPANI, *La prospettiva dello ius commune e del praetor peregrinus, en Roma e America,* Diritto Romano Comune, 9, 2000, pp.353-359.

[214] Acerca de este punto, vid., en FUENTESECA, *La necesidad de retornar al estudio del Edicto pretorio,* AHDE, 39, 1969, pp.451-479. En relación con los pactos pretorios y su valor sistemático como categoría, vid., BURILLO, *Los pactos en Derecho Romano,* Anales Universidad de Murcia, vol. XXII, 3-4, 1963-1964.

[215] D.1.1.7.1 (PAPINIANUS, libro segundo definitionum).

[216] PRINGSHEIM, *Aequitas und bona fides,* Gesammelte Abhandlungen, I, Heidelberg, 1961, pág.165. Con carácter general la *aequitas* parece afectar circunstancias básicamente objetivas, y la *bona fides* a la conducta o comportamiento de los intervinientes.

[217] D.50.17.192 (MARCELLUS, libro vicencino nono digestorum): "*sed in re dubia benigniorem interpretationem sequi non minus iustius es quam tutius*"; D.50.17.56. (GAIUS, *libro tertio de legatis ad edictumurbicum*): "*Semper in dubiis benigniora praeferenda sunt*".

[218] D.2.14.1.pr. (ULPIANUS, libro IV ad Edictum): "*...Huius Edicti aequitas naturalis est...*"; D.13.4.4.1: (ULPIANUS, libro XXVII ad Edictum) "*...In summa aequitatem quoque ante ocular habere debet iudex, qui huic actioni addictus est...*"; C.J.2.13.12 (del 230): "*Pacta novissima servari oportere, tam iuris quam ipsius rei aequitas postulat...*".

sos concretos, respecto a las enunciaciones de las normas generales y abstractas, respecto de las cuales el pretor no consentía, con la *denegatio actionis* o la *exceptio,* la aplicación del derecho en vigor, o bien indicaba, en su lugar, para la aplicación, un *ius* diverso del establecido, cuando el primero no respondía en el caso concreto, al criterio del *bonum,* comprensivo también del *aequum*[219].

El período del procedimiento formulario habría sido, en definitiva, el de la preeminencia del *bonum et aequum* en los casos concretos, respecto a la enunciación de las normas generales y abstractas[220].

A la constante tensión que ha existido en todas las etapas históricas, en relación con la interpretación y aplicación de la ley[221], se refiere Wieacker cuando afirma en su conocido estudio sobre la buena fe que si se suprimiese la tensión entre el *ius strictum* y el judicial *ius aequum* existente en todas las grandes culturas jurídicas (*ius civile* y derecho pretorio, *Common Law* y *Equity*), se llegaría a una terrible simplificación de la equidad tan débil como totalitaria, que caracterizó al Derecho bizantino y también a un pasado no muy lejano[222].

5. EL PAPEL DE LA BONA FIDES Y DE LA AEQUITAS EN EL ARBITRAJE DE IUS GENTIUM, EN EL ARBITRAJE COMPROMISARIO, Y EN LOS IUDICIA BONAE FIDEI

El arbitraje compromisario suponía, como ya ha sido subrayado, el acuerdo de las partes de someter el conflicto al conocimiento de un árbitro, *compromissum,* cuya decisión se comprometen a acatar y la aceptación por el árbitro de su función, *receptum arbitri*[223].

La decisión del árbitro compromisario se denominaba *arbitrium* o *aestimatio,* y podía y debía tener en cuenta todo lo que se derivase de la *bona fides* y de la *aequitas,* no siendo equivalentes las ideas de hacer uso de la equidad en la

---

219 Sobre buena fe y equidad, vid. BUSNELLI, *Note in tema di buona fede ed equitá,* Atti del Convegno internazionale…, cit., I, pp. 225-255.

220 Vid. en GALLO, *Un nuevo approccio per lo studio del ius honorarium,* SDHI, 1996, pp.39-40; Id., *"L´officium del pretore nella produzione e applicazione del diritto", Corso di Diritto Romano,* Torino, 1997, pp.67 y ss.

221 Vid. al respecto en DE VITA, *Buona fede e Common Law. Attrazione non fatale nella storia del contratto,* en Atti del convegno Internazionale…, cit., I, pp. 459-487; SURGIK, *Da necessidade da boa-Fé objetiva na ética profissional do abogado,* Atti del Convegno internazionale…, cit., III, pp. 541-608.

222 WIEACKER, *El principio general de la buena fe,* cit, pág.96. FERNÁNDEZ DE BUJÁN, F., *Principi generali del Diritto e regole FIS,* Revista General de Derecho Romano, Iustel, nº 19, 2012; REIMANN y ZIMMERMAN, *The Oxford Handbook of Comparative Law,* Oxford University Press, 2006.

223 Sobre el *receptum arbitri* en el marco de un procedimiento arbitral contenido en las *Tabulae Herculanenses,* vid. ARANGIO RUIZ-PUGLIESE, en *La Parola del passato,* vol. 10, 1955, pp. 448-477.

interpretación de una norma o de una cláusula, y de proceder a un arbitraje de equidad[224].

Conforme al arbitraje de equidad el árbitro decidía originariamente conforme a su leal saber y entender, si bien con posterioridad se establece que debe tener en cuenta criterios de conducta o comportamientos propios del caso concreto. Se produce, asimismo, un progresivo acercamiento entre el arbitraje legal y el de *ius gentium* y el compromisario, en materia de actuaciones y garantías, en relación con el proceso ordinario[225].

En relación con lo que podría denominarse arbitraje de *ius gentium*, cabría afirmar que probablemente los *pacta conventa* reconocidos y protegidos en el Edicto del pretor peregrino, en caso de discrepancia en su interpretación o aplicación darían lugar al nombramiento de un *arbiter* por parte del pretor, quizás a propuesta de los intervinientes, que darían su opinión, *arbitrium*, con un margen amplio de discrecionalidad con arreglo a criterios de equidad y buena fe.

En D.19.1.38.1., se hace referencia a un pacto en el que un vendedor se ve obligado a sustentar durante un cierto tiempo al esclavo vendido y exige del comprador una indemnización para los gastos que éste le ha causado. La indemnización se fijará a través de un *arbitrium*, que haría necesaria la decisión tomada al respecto por un *árbiter*[226].

Pues bien, el origen de este *arbitrium* se atribuye al jurista Sextus Aelius Paetus Catus, cónsul en el 198 a.C., que hizo un comentario a las XII Tablas y a Druso, cónsul en el 144 a.C. Es decir, que estos dos juristas, Sextus Aelius y Drusus opinarían que en el caso de un problema de compraventa, relativo a una indemnización de gastos de la cosa, en poder del vendedor hasta el momento de la entrega, por causa del comprador, la cuestión debe resolverse a través de la vía de un arbitrium.

Si mantenemos la postura de que aquí podríamos estar ante un arbitraje privado encargado por el magistrado, habría que aceptar que en el siglo II a.C.

---

224 A propósito de la posibilidad de decidir la controversia en equidad para cuestiones edictales y no edictales, Vid., MARRONE, Sobre el arbitraje privado…, cit., pp.63-64 y la bibliografía allí citada; Vid. asimismo el reciente estudio de PALMA, *Principio di legalità e giudizio di equità: problema di giustizia. La lezione di La Pira.* SDHI, 72, 2006, PP. 329-354.

225 Vid. en BROGGINI, *Index Arbiterve*, cit, pp. 44ss; Id. Iudex arbiterve, Rivista di Diritto Romano, vol. II, 202, pp. 425- 430; TALAMANCA, *L'arbitrato romano dai veteres a Giustiniano*, Labeo 1974, pp. 83-104.; MARTINO, *Arbiter* cit., MERCHAN, *El arbitraje.* Estudios histórico-jurídicos. Sevilla, 1995.

226 D.19.1.38.1 (Celso, libro octavo digestorum): *"Si per emptorem steterit, quo minus ei mancipio traderetur, pro cibariis per arbitrium indemnitatem posse servari. Sextus Aelius, Druxus dixerunt, quorum et mihi iustissima videtur esse sententia".*

existía la posibilidad de resolver un problema derivado de una compraventa, no a través de un *iudicium*, sino de un *arbitrium*, lo que supondría una mayor flexibilidad y una especial valoración de la conducta existente[227]. Quizás podría también pensarse que en el texto se estaría haciendo mención a un *pacto emendi vendendi*, en el que el árbitro cumpliría una función estimatoria, valorativa, y que el *arbitrium bonae fidei* constituiría un antecedente de las acciones de buena fe del contrato de compraventa[228].

A través de la vía del arbitraje privado cabria pues resolver las posibles discrepancias que se planteasen en el marco de los pacta conventa de buena fe y del *ius gentium*, y una vez que estos pactos resultan sancionados y protegidos en el edicto del pretor peregrino, éste intervendría en el nombramiento del árbitro[229], el cual decidirá mediante un arbitrium o aestimatio.

La tesis de que las nociones de la buena fe y del *aequum et bonum* ha penetrado a través de los arbitrajes privados en la jurisdicción pretoria y de ahí se habría producido la derivación en *iudicia bonae fidei* ha sido básicamente sustentada por Broggini[230] y se ha convertido en mayoritaria en la doctrina[231]. En sentido contrario, para otros autores[232], los *iudicia bonae fidei* no responden a una creación pretoria, sino que han sido siempre civiles, al estar fundamentados en el *ius*, la *fides* contractual o los *mores maiorum* y su

227 Vid., en Lombardi, *L´actio aestimatoria e i bonae fidei iudicia*, en RIDR, 63, 1960, pp.129 ss.

228 Vid. En relación con el origen del concepto del contrato en relación con el *consensus*, BURDESE, *Sul concetto di contratto e i contratti innominati in Labeone*, en Atti del Seminario sulla problemática contrattuale in Diritto Romano I, Milano 1988 pp. 18 ss; Id *Recenti prospettive in tema di contratti*, en Labeo, 38, 1992, pp. 215 ss; LABRUNA, *Plautio, Manilio, Catone: premesse allo studio dell' emptio consensuale*, Labeo, 14, 1968, pp. 24 ss. A propósito de la *exceptio doli* en los *iudicia bonae fidei* vid. GAROFALO, *Nozioni formazione e interpretazione del diritto dall'età romana alle esperienze moderne. Ricerche dedicate al professor Filippo Gallo.* Jovene editore 1997, pp. 453-492.

229 Acerca del carácter unipersonal o colegiado del número de árbitros se hace referencia en un texto del Digesto en el que se establece que aunque cabe que sea por el número de árbitros, suele y conviene que sea impar, a causa de la natural facilidad de los hombres para no ponerse de acuerdo, en D. 4. 8.17.

230 BROGGINI, "*Index arbiterve*", cit. pp. 44 ss.

231 Vid. una amplia exposición de la controversia doctrinal, en KASER y HACKL, *Das römische Zivilprozessrecht*, 2ª ed., München 1996, pp. 153 ss. Partidarios del origen pretorio de los *iudicia bonae fidei* se muestran, entre otros autores, con diversos matices, LOMBARDI, *Dalla fides a la bona fides* cit.; WIEACKER, *Zum Ursprungder "bonae fidei iudicia"*, ZSS, 80, 1963, pp. 1 ss; FUENTESECA, *Visión procesal de la historia del contrato en Derecho Clásico*, cit., pp. 487-508; WIEAKER, *El principio general de la buena fe*, cit., pp. 78-81; CASTRESANA, *Fides, bona fides: un concepto para la creación del derecho*, cit., pp. 56-72; Vid. asimismo en FIORI, *Ius civile, ius gentium, ius honorarium: il problema della "recezione" dei "iudicia bonae fidei"*, BIDR, 1998-1999, n.40-41,pp.165- 197.

232 Para D'ORS, A., *Derecho Privado Romano*, cit. Las *actiones bonae fidei* fueron siempre civiles. Sobre el papel de la jurisprudencia en las acciones de buena fe en el edicto pretorio, vid. CREMADES, *El officium*, en el *Derecho privado romano.* León, 1988, pp.125 ss.

creación no ha sido obra de los pretores, sino más bien labor de la jurisprudencia[233].

A mi juicio, en el origen de los *iudicia bonae fidei* estaría la jurisdicción del pretor peregrino, que habría acogido y protegido en su edicto, pacta conventa, basados en la *bona fides* y en la *aequitas*, y propios del tráfico comercial internacional.

Los conflictos en la interpretación o aplicación de estos pactos habrían dado lugar a *arbitria bonae fidei*, en los que el árbitro exigiría a las partes todo lo derivado de la bona fides negocial –*quidquid alterum alteri dare facere oportet ex fide bona*–, lo que supondría una *aestimatio* del daño, del gasto, etc., y, en consecuencia la necesidad de tener en cuenta todos aquellos aspectos que supusiesen una derivación de la *bona fides*, como compensaciones, pago de intereses, falta de diligencia, prohibición de ir contra los propios actos –*venire contra factum proprium*- etc. Dicha valoración propia de los *arbitria bonae fidei* habría sido asumida primero como criterio valorativo de los *arbitria* en el edicto del pretor urbano y posteriormente asumido en los *iudicia bonae fidei* en que se transformaron tales *arbitria*.

Sería conveniente, sin embargo, deslindar entre aquellos juicios de buena fe correspondientes a figuras jurídicas propias de la comunidad política romana, como la fiducia o la tutela, en las que el *ius*, los *mores maiorum* o la labor creadora de la jurisprudencia[234], habrían cumplido un significado papel, y aquellas otras instituciones propias del tráfico comercial interno o internacional, terrestre o marítimo, como la compraventa, *emptio-venditio*, consensual que es el *negotium ex fide bona contractu*, por excelencia, o con carácter general las denominadas obligationes consensu contractae en época clásica, que se habrían configurado en sus orígenes como negocios *iuris gentium*, sancionados en el seno del tribunal del pretor peregrino.

Uno de los más paradigmáticos *pacta conventum* el *pactum vendendi emendi*, se habría integrado, en consecuencia, primero en la esfera del edicto del pretor urbano y con posterioridad habría formado parte, junto con otros pactos o convenciones *iuris gentium*, la categoría de obligationes *causensu contactae*, cuya sanción se produciría a través de los *iudicia bonae fidei*.

No todos los pactos iuris gentium se transformaron en contratos con *nomem contractus* y *actio* especifica, *nomem actionis*, lo que supuso que los pactos no transformados en tipos integrados en categorías contractuales específicas,

[233] Vid. al respecto en FUENTESECA, *Visión procesal*... cit., pp. 508-516.

[234] Sobre el papel jurídico desarrollado por la Jurisprudencia romana, vid. ÁLVAREZ SUAREZ., *La Jurisprudencia romana en la hora presente. Discurso de Ingreso en la Real Academia de Jurisprudencia y Legislación.* Madrid 1966.

continuaron siendo protegidos a través de las vías de la *exceptio pacti conventi* y de la *denegatio actionis*[235].

En las actiones *bonae fidei*, como señala Wieacker, y ya en conclusión, nacidas probablemente como una creación pretoria en la época preclásica e integradas en el *ius civile* en la época clásica, la peculiaridad no residía en el *imperium* del pretor, sino en el margen de discrecionalidad que la indeterminación de la orden de condena –*quidquid dare facere oportet ex fide bona*- concedía al juez[236].

En semejante sentido, y en palabras de Burdese, resulta innegable el reconocimiento, entre los siglos III y I a.C., de la tutela procesal, probablemente en la jurisdicción del pretor peregrino antes que en la del pretor urbano, trámite concesión de *arbitria* honoraria como parece calificarlos Ciceron (pro Roscio Com. 5.15)., de figuras causales de meras convenciones obligatorias que llegaron a constituir la categoría gayana de las *obligationes consensu contractae,* que van típicamente individualizándose y concretándose en la *praxis* negocial y judicial, con la ayuda de la elaboración jurisprudencial[237].

---

[235] Vid. en relación con la formación de la idea de contrato, el influjo de la elaboración de conceptos y de una teoría para la enseñanza, en DE LOS MOZOS, J.J., *Seminarios Complutenses* 1994, pp. 103 ss. En relación con las ideas de *consensus* y *conventio* en los contratos, vid. TALAMANCA, *La tipicità dei contratti romani tra "conventio" e "stipulatio" fino a Labeone,* in *Contractus e pactum,* cit., pp.56 y ss; Id., *"Conventio" e "stipulatio"*, in *Le teorie contattualistiche romane nella storiografia contemporanea, Atti del convegno di Diritto Romano, Siena,14-15, aprile, 1989,* Napoli, 1991, pp.163 y ss., GALLO, *Sygnallagma e conventio nel contratto,* I, Torino, 1992, pp.106 y ss.

[236] WIEACKER, *El principio general de la buena fe,* cit., p. 52.

[237] BURDESE, *Patto, convenzioni e contratto in diritto romano,* cit., pp. 43-44.

Capítulo III.
De los arbitrajes de naturaleza pública

Sumario: 1. Observaciones preliminares. 2. Arbitraje internacional. 3. Arbitraje federal. 4. Arbitraje administrativo: Canalización de aguas. Rios públicos. Delimitación de confines. Conflictos entre comunidades. Allanamiento de terrenos públicos. Inmunidad fiscal. Tributación. 5. El arbitraje legal como fórmula de resolución de conflictos de naturaleza mixta

1. OBSERVACIONES PRELIMINARES

La consideración del arbitraje privado de índole comercial como antecedente y referencia de los posteriores tipos arbitraje de impronta pública, existentes en el mundo romano, como son el internacional, el federal y el administrativo, constituye una opinión prácticamente unánime entre la doctrina romanística que se ha ocupado del estudio de esta cuestión.

Ahora bien, mientras en el arbitraje privado son los particulares intervinientes quienes acuerdan, *compromissum*[238], someter la controversia a la decisión de uno o varios árbitros, que acepta, *receptum*, resolver mediante sentencia la discordancia que se le plantea, en los arbitrajes públicos, son los entes públicos quienes en el ejercicio de su poder, deciden someter a la opinión de uno o varios árbitros, la solución de sus diferencias[239].

---

[238] En relación con el arbitraje compromisario, vid. por todos en TALAMANCA, *Ricerche in tema di Compromissum*, cit.

[239] En opinión de BUIGUES, *La solución amistosa de los conflictos en derecho romano: el arbiter ex compromiso*, cit., p. 255, lo que verdaderamente califica de público o privado un arbitraje es el hecho de que la persona que desempeñe el cargo de árbitro lo haga revestido de su carácter de autoridad pública.

El recurso al arbitraje como fórmula para resolver las controversias era muy frecuente en el mundo helenístico[240] y en el asiático, conforme se recoge en numerosas inscripciones que atestiguan la práctica de dirimir, de forma voluntaria, las controversias entre ciudades o comunidades independientes atribuyendo a una tercera la condición de árbitro en la resolución del conflicto, así como lo era la previsión del arbitraje en tratados de paz y alianza[241].

2. EL ARBITRAJE INTERNACIONAL

Es de Grecia, como cuna del arbitraje internacional, de donde se habría trasvasado la práctica de este tipo de arbitraje a la comunidad romana, como fórmula de resolución de controversias. De forma paradigmática, el mencionado proceso de trasvase se manifiesta en la helenizada Sicilia, que mantuvo la tradición del arbitraje con posterioridad a su conquista, romanización y conversión en la primera provincia romana.

El recurso al arbitraje internacional en el marco de las relaciones comerciales entre comunidades situadas en diferente territorio estatal era, por otra parte, de frecuente previsión en las cláusulas contenidas en los tratados de amistad suscritos entre aquéllas, a fin de conservar la concordia entre los estados y poner las bases de una buena relación, en especial, en el ámbito de la transacciones mercantiles[242].

En los supuestos de arbitraje internacional, el procedimiento arbitral se fundamentaba en mayor medida en los usos y costumbres propios del tráfico mercantil o de la práctica política, que en la equidad o en el *ius*, como sucedía en el arbitraje privado, y el cumplimiento de la sentencia arbitral, como señala De Ruggiero, no se equiparaba, en sus efectos, a la sentencia judicial, ni se garantizaba mediante una estipulación penal, *stipulatio poenae*, lo que no

240 Así LIVIO, *Ab urbe condita* 39.3.3.8, 39.37.19, y 39.48.2-5, a propósito de los conflictos entre Esparta y las ciudades aqueas. En el conflicto entre las ciudades griegas de Hierapitna e Itanos, el senado romano designó como árbitro a la ciudad de Magnesia, que desde el 190 a. C. había quedado bajo dominio romano, CIGr. 2561.

241 Vid. con carácter general en OLIVER, *Greek Constitutions of Early Roman Emperors from Inscriptions and Papyri*, Philadelphia 1989; GAUDEMET, *L'Assitance dans la rèsolution des conflicts*. Recueils de la Societè Jean Bodin, vol 63, Bruselas 1996, pp. 38-46; AGER, *Interstate Arbitrations in the Greek World*, pp. 337-390, Berkeley/ Los Ángeles 1996; MAGNETTO, *Gli arbitrati interstatali greci, Dal 337 al 196 a.C*, Vol II, Pisa 1997.

242 Vid. al respecto en MARSHALL, *The survival and Development of International Jurisdiction in the Greek World under Roman Rule*, en A. N. W. R., vol. 3, 13, 1980, pp. 626 ss.

sucedía en el arbitraje administrativo, en el que la sentencia del árbitro probablemente se equiparaba a la del juez[243].

Ahora bien, cabe observar que la reciprocidad internacional y el recurso al uso de la fuerza en el supuesto de incumplimiento de la sentencia dictada por el árbitro o el órgano arbitral nombrado en el marco del arbitraje internacional, habrían tenido en la práctica, en la mayoría de los casos, una mayor eficacia disuasoria que las disposiciones legales previstas en los supuestos de falta de cumplimiento de la sentencia dictada en un arbitraje privado compromisario.

Tenemos noticia, por fuentes literarias e inscripciones epigráficas, de conflictos internacionales endémicos sometidos a arbitraje, sobre todo en el mundo mediterráneo, en especial en la parte helenística y en el espacio correspondiente del continente asiático, en los que, con el paso de los siglos, acaba interviniendo la autoridad romana, como consecuencia de la anexión de los territorios al dominio de Roma[244]. Nos narra Tácito, al respecto, un enfrentamiento entre Mesenia y Esparta relativo a la titularidad de un terreno que, sometido a arbitraje, fue resuelto de forma favorable a los mesenios en torno al 338 a. C.

Un segundo arbitraje sobre el mismo asunto se habría planteado en el año 221 a. C., ya bajo dominación romana, por lo que el nuevo arbitraje tendría ya naturaleza administrativa, en el que fue sometida la controversia al procónsul L. Mummio, que no entró en su decisión en la cuestión de la titularidad del terreno, lo que provocó la reacción de Esparta que acudió al Senado romano con la petición de un replanteamiento del conflicto, y éste designó a la ciudad de Mileto como árbitro de la controversia. Mileto atribuyó el conocimiento del asunto a un Tribunal arbitral de 600 jueces designados por sorteo, que dictó sentencia favorable a Mesenia, con un resultado de 584 votos favorables y 16 contrarios a la resolución adoptada[245].

---

243 Así en, RUGGIERO, *L´arbitrato pubblico in relazione col privato presso i Romani*, en *Bulletino dell´Istituto di Diritto Romano* V (1893) 52 ss. Sobre arbitraje internacional, con carácter general, vid. en MOMMSEN, *Römisches Staatsrecht* (Leipzig 1871-1888, reimpr. Basel 1952); WILLEMS, *Le sénat de la republique romaine* (Louvain 1878-85, 3 vols.); BROGGINI, *Iudex arbiterve* (Köln- Graz 1957) 44 ss.; LEMOSSE, *Réflexion sur le conception romanine de l´arbitrage internationale*, en *Aktuelle Fragen aus modernem Recht und Rechtsgeschichte. Gedächtnisschrift für Schmid* (1966) 341 ss.; UIBOPUU, *Ein Vergleich ZWischeen Epidauros und Hermione*, en Grazer Beitr., vol. XXI, 1995, pp. 61-70.

244 Vid., en este sentido, en MODRZEJEWSKI, *Private arbitration in the Law of Greco-Roman Egipt*, en Journal of Juristic Papyrology, 1952, vol. 6, pp. 239- 256.

245 Tácito, *Ann.* 4.43. Vid., con carácter general, sobre relaciones internacionales de Roma y Grecia en CANALI DE ROSSI, *Le relazioni diplomatiche di Roma*, I (Roma 2005) y II (Roma 2007), y en GIOVANNINI, *Les relations entre États dans la Grèce antique, du temps d´Homère à l´intervention romaine (ca. 700-200 av. J.-C.)* (Stuttgart 2007).

Los árbitros, en la comunidad política romana, habrían integrado asimismo el originario colegio de recuperatores o reciperatores[246] que seguramente habría tenido su origen en el marco de las controversias surgidas entre Roma y las demás ciudades itálicas y que habría acabado por configurarse como un tribunal, de tres o cinco árbitros, con competencia para conocer los conflictos entre extranjeros, peregrini, o entre extranjeros y ciudadanos romanos, en el ámbito de la comunidad política romana.

Las fuentes literarias ofrecen numerosos ejemplos de controversias públicas, en especial conflictos entre comunidades políticas, sometidas a arbitraje. Ahora bien, mientras las fuentes histórico-jurídicas, en general, contienen una simple alusión a la controversia y a la solución, las fuentes epigráficas al respecto son, en la mayor parte de las ocasiones, documentos oficiales más o menos amplios que, en numerosos supuestos, contienen el texto mismo de la sentencia arbitral[247].

3. EL ARBITRAJE FEDERAL

La más antigua organización conocida de las relaciones de Roma con ciudades vecinas y pertenecientes a su mismo ámbito cultural y lingüístico, habría sido la federación denominada Liga Latina, que se remonta a época monárquica y se habría renovado en la República, mediante un Tratado en el que se contienen disposiciones reguladoras de los litigios surgidos entre miembros de las distintas comunidades, que se producirían especialmente en el marco de las relaciones comerciales, y en las que se hace referencia al nombramiento de árbitros para la solución de éstos conflictos[248].

Cabría, por tato, designar con la denominación de arbitraje federal[249] aquél que tenía lugar en el seno de la federación latina y el que se desarrolla-

---

[246] Observa MURGA, *El «iudicium cum addictione» del bronce de Botorrita*, cit., pp. 7-ss., que en las primitivas relaciones internacionales de la Roma republicana, el arbitraje, arbitrium, cumplía una misión sustitutiva de la guerra de un modo semejante a la reciperatio. Sin embargo, la diferencia principal entre uno y otro sistema consistía en que mientras que el arbitraje cumplía una función sobre todo estimativa o valorativa con amplias facultades al juzgador para la compensación de los daños, la reciperatio, por el contrario, de acuerdo en cada caso con una lex convenida entre Roma y reges nationesque et civitates peregrinas, así en Festo, *De verborum significatu*, 342, fijaba todo un procedimiento formal para recuperar, reddere, reciperare, persequi, bienes o patrimonios expoliados por el adversario.

[247] Vid. en este sentido en RUGGIERO, *L´arbitrato pubblico* cit., 99 ss.

[248] El primer pacto de naturaleza federal, foedus, importante del que tenemos noticia es pues el *foedus Casianum,* así denominado por haber sido el cónsul romano Casio quien, el año 493 a.C., propuso a los latinos un pacto, en pie de igualdad, para defenderse frente a enemigos comunes. En virtud de este pacto, se posibilita a los latinos el acceso limitado a ciertas instituciones de Derecho Romano.

[249] Sobre las nociones de federación y confederación en el mundo antiguo, vid. HELLY, *Un decret federal des Thessaliens meconnu dans une cite d´Achaie Phtiotide (IG IX, 2, 103),* en Bull. Corr. Hell., vol. 68, 1937, pp. 239-287.

ba en el marco de aquellas ciudades aliadas de Roma a las que se reconocía el estatuto jurídico de federadas, civitates foederatae, respecto de las que existían diferentes modelos en su posición jurídica respecto de Roma[250]. Suele distinguirse entre tratados concertados por Roma en pie de igualdad –*foedus aequum*– y tratados concertados por Roma como potencia dominante –*foedus iniquum*–. El sistema de alianzas se completa con la creación de una serie de instituciones de carácter administrativo y de significación diversa, colonias, municipios y provincias, que reproducen en cierta medida el sistema político existente en la ciudad de Roma[251].

Roma compatibilizó su política de enfrentamiento, defensa o conquista, con una política de alianzas con los pueblos vencidos, cuya primera manifestación importante se concreta en la Liga latina. Se trata de una alianza de pueblos de cultura semejante, habitantes de la región central y natural del Lacio, en la península itálica, en la que Roma va adquiriendo una posición cada vez de mayor preponderancia, lo que choca, en ocasiones, con la aspiración de igualdad de status reclamada por los demás pueblos latinos.

En puridad, sólo cabría considerar comunidades o estados extranjeros aliados de Roma, aquéllos con quienes se hubiese suscrito un tratado inter-

---

[250] En el territorio provincial, además de los municipios –que eran básicamente ciudades que anexionadas a Roma pierden su independencia política, conservando una cierta autonomía en su administración territorial y en su Derecho-, y las colonias –que eran constituidas de nueva planta con ciudadanos romanos-, se ubicaban las ciudades existentes en los territorios anexionados, a las que se dotaba de un diferente estatuto jurídico, así, entre otras, las *civitates optimo iure*, a las que se reconocía la plena ciudadanía romana a todos los efectos, las civitatae sine sufragio, las *civitatae liberae*, ciudades libres que tributaban a Roma pero no estaban sometidas al gobernador provincial, *civitatae foederatae*, ciudades aliadas o federadas, que tenían el régimen jurídico previsto en el tratado de amistad o alianza, y *civitatae stipendiariae*, que quedaban sometidas a la plena soberanía de Roma y por ello, al poder del gobernador provincial y al pago de los tributos que se estableciesen.

Vid. al respecto, con carácter general, entre otros A., en: HUMBERT, *Municeps et Municipium: définition et histoire*, en *Gli Statuti Municipali* (Pavia 2006) 3-29; NICOSIA, *Considerazioni sull´amministrazione delle province in età imperiale*, en *L´amministrazione dell´impero romano e i papiri*. Giornata i studio in memoria di S. Riccobono Jr. (Palermo 2007) 25-32; CASCIONE, *Municipes e consensus*, en *Forme de aggregazione nel mondo romano* (Bari 2007) 49-58; *LAFFI, Colonie e municipi nello Stato romano* (Roma 2007); ALBURQUERQUE, *Observaciones sobre algunas leyes fiscales del emperador Anastasio*, en *Revista General de Derecho Romano* 15 (2010); CORBINO, *Diritto privato romano* (2012) 53- 60.

[251] Las colonias habrían sido, en sus primeras manifestaciones, asentamientos de nueva planta constituidos con ciudadanos romanos y ubicados en un lugar determinado con una finalidad estratégica o castrense. Posteriormente se habrían constituido colonias de veteranos de guerra entre los que se reparte *ager publicus* para que se establezcan en él. De las colonias de ciudadanos romanos se distinguen las colonias de latinos. La autonomía política y administrativa de la colonia era menor que la de los municipios, que eran básicamente ciudades incorporadas a la comunidad política romana, que tributaban y a las que se reconocía una amplia autonomía administrativa. Provincia es el nombre que reciben los territorios anexionados extraitálicos, y en el Principado la provincia es ya la unidad básica de administración territorial.

nacional, *foedus aequum*, normalmente con finalidades militares o políticas, en el que se reconocía la soberanía e independencia de los suscribientes. Para designar a las comunidades con las que Roma suscribe tratados de esta naturaleza las fuentes utilizan con frecuencia las expresiones de *socii populi romani* y de *populi foederati*.

El arbitraje federal tiene pues un contenido básicamente político o militar, que contrasta con el carácter diplomático y eminentemente voluntario del arbitraje internacional y con la impronta obligatoria y de acto de gobierno que caracteriza al arbitraje administrativo[252].

4. EL ARBITRAJE ADMINISTRATIVO

El arbitraje administrativo y la jurisdicción administrativa son los dos componentes de la justicia administrativa. La jurisdicción administrativa tiene por objeto el conocimiento de las controversias surgidas entre la administración pública romana y los particulares, en relación con los bienes patrimoniales del estado y de los ciudadanos, las obligaciones derivadas de contratos formalizados entre ambas partes y los actos administrativos que afectan a particulares[253].

Resulta usual, por otra parte, el recurso por parte de los contendientes, al Senado de una tercera ciudad o a las más altas magistraturas de la Administración Pública romana, para que actúen como árbitros en cuestiones de índole administrativa[254].

El arbitraje administrativo romano era, por su parte, el que se utilizaba, en el ámbito de las relaciones internas de la comunidad política romana, en los conflictos que se producen entre ciudades de pleno derecho, *civitates optimo iure, socii populi romani*, ciudades libres, *civitatae liberae*, ciudades estipendiarias o tributarias, *stipendiarii vel tributarii*, ciudades dependientes o sometidas al poder romano, en

---

252 Vid. en este sentido en RUGGIERO, *L´arbitrato pubblico* cit., 116-127.

253 RUGGIERO, *L´arbitrato pubblico* cit., 127 ss. Conforme señala este A, el problema de la jurisdicción administrativa romana, respecto al modelo de estado de derecho posterior a la República Francesa, es que el mismo magistrado que administra el patrimonio del estado o las finanzas públicas juzga la conflictos que sobre las materias mencionadas se le plantean, si bien este principio conoce excepciones, con el paso del tiempo, en determinados supuestos, en los que se reconoce, en leyes especiales, la competencia juzgadora a magistrados distintos de los titulares la potestad pública, como así sucede en materia de multas, de prestación de ciertos servicios públicos, o la competencia reconocida, por Claudio, a los procuradores imperiales, en los litigios acaecidos entre los particulares y el fisco.

254 Vid. al respecto, en materia de límites territoriales, en SCUDERI, *Decreti del Senato per controversie di confine in età repubblicana*, en *Athenaeum* 79 (1991) 371- 415.

virtud de conflictos bélicos[255], ciudades integradas en el territorio romano en virtud de tratados, entre municipios o colonias, o bien entre alguna de estas entidades y ciudadanos romanos o extranjeros residentes en su territorio[256].

Cabe hacer mención asimismo de los árbitros nombrados por las autoridades municipales en los contratos administrativos para conocer especialmente en aquellos supuestos en los que se produzca un incumplimiento de las obligaciones contractuales asumidas o que haya que fijar el importe de los daños sufridos con ocasión de la ejecución del contrato[257]

Dado que el tributo que pagaban los ciudadanos romanos, residentes en la península itálica, en atención a su patrimonio, no tuvo un carácter estable, cabría afirmar que las ciudades provinciales *stipendiarii* o *tributarii*, fueron las únicas verdaderamente tributarias, en atención al impuesto, *stipendium* o *tributum*, que debían pagar a Roma sus habitantes por el carácter de suelo público de su territorio, hasta que con el emperador Diocleciano, la península itálica se integra como un territorio más en el sistema administrativo y financiero de la Administración pública romana.

Las cuestiones derivadas de problemas financieros o tributarios fueron sometidas a arbitraje en numerosos supuestos, conforme a las noticias que nos han legado las fuentes. Cabe considerar paradigmáticos los arbitrajes acaecidos en Sicilia en relación con el tributo denominado decima, y su resolución por árbitros *recuperatores*.

Las diversidad de materias que son objeto de arbitraje administrativo, su peculiar naturaleza jurídica, en atención a que se trata de una función propia

---

[255] Observa MURGA, *El iudicium cum addictione* cit., 44 ss. que no es raro encontrar en restos epigráficos conflictos de índole administrativa en los que un arbitraje pone fin a una época de luchas o desordenes entre las partes litigantes que se someten a la decisión de un árbitro. Así en el año 108 a. C., la solución arbitral puso fin a un conflicto surgido entre los habitantes de Adramyttium, o en la inscripción del *Corpus inscriptionum latinarum*, CIL. X, 7852, en la que se refiere que *Iuventius Rixa, procurator Augusti* pone fin como árbitro a un conflicto entre dos ciudades de Cerdeña, los Patulcenses y los Galillenses. En la península ibérica los casos más interesantes serían las controversias sobre límites entre ciudades. Se trata de pleitos en los que toma parte la propia autoridad romana temiendo quizás que una aparente cuestión de límites escondiese una endémica situación conflictiva que pudiese reaparecer con virulencia en la nueva provincia romana. Por otra parte, la intervención pretoria supondría un reforzamiento de la fides y de la ética del cumplimiento de lo pactado entre las comunidades indígenas.

[256] Sobre el moderno arbitraje de Derecho Administrativo, vid. el clásico estudio de E. CAPACCIOLI, *L´Arbitrato nel Diritto Administrativo*, Padova 1957. Conforme señala este autor, p. 3, son innumerables las relaciones en las que la Administración se ve incursa en el marco del Derecho Privado, en muchas de las cuales, en especial en ámbito de la contratación, se incluye la sumisión a arbitraje. Entre éstas cabe mencionar las concesiones de servicios públicos en las que se prevé que los conflictos que surjan en su desarrollo serán resueltos por un colegio arbitral.

[257] Vid. al respecto en HUMBERT, *Deux notes en marge de l´arbitrage romain*, cit., pp. 403 ss.

de la comunidad política y, especialmente la posición de las partes contendientes, en atención a la vinculación de ambas, o de, al menos, una de ellas, con la Administración pública romana, hacen del arbitraje administrativo un tipo de arbitraje diferenciado de los otros arbitrajes de derecho público[258].

Solían ser objeto de arbitraje administrativo supuestos de controversias referidas a límites territoriales[259], allanamientos de terreno público, conflictos de orden interno entre comunidades públicas, división de cosas comunes, asuntos de naturaleza tributaria o financiera, discordancias surgidas entre ciudadanos y los distintos entes públicos[260], desviación de ríos públicos, y utilización ilícita de servidumbres, de aguas públicas y de ríos públicos.

Son especialmente numerosas las inscripciones epigráficas y los textos referidas a arbitrajes sobre controversias atinentes a aguas. Así Cicerón hace mención, en su obra *Ad Atticum*, de un conflicto entre los reatinos, a los que defendió el propio jurisconsulto, y los habitantes de Interamno, acerca de una derivación de agua de un lago que produjo la desecación de un valle, cuestión que fue sometida al arbitraje del cónsul y diez magistrados, y que el año 15 de

---

[258] Sobre arbitraje administrativo en derecho actual,vid., con carácter general, CAPACCIOLI, *L'Arbitrato nel diritto amministrativo, I, Le fonti*, Padova 1957.

[259] En relación con algunos casos de arbitraje administrativo sobre disputas territoriales, vid. en BALDWIN BOWSKY, *Roman Arbitration in Central Crete: An Augustan Proconsul and a Neronian Procurator*, The classical Journal, vol 82, n. 3, pp. 218-229; SOSIN, A *Common Market on Syros. Two Imperial Letters*, Zeitschirft für Geschichte, 54, 2. 2005, pp. 222-226.

[260] La ley 11/2011, de 20 de mayo de reforma de la Ley 60/2003, de 23 de diciembre, de Arbitraje, añade a la propia rúbrica de la Ley: y de regulación del arbitraje institucional en la Administración General del Estado. Al respecto, se afirma en el Apartado III del Preámbulo que: «Es de resaltar la importancia de la D. Adicional única de esta Ley, en la que se regula un cauce procedimental de carácter ordinario e institucional para resolver los conflictos internos entre la Administración General del Estado y sus Entes instrumentales, superando los actuales mecanismos de facto, ajenos al rigor jurídico y a la objetividad que son imprescindibles en una organización que, por imperativo constitucional, ha de estar regida por el Derecho y actuar al servicio de los intereses generales bajo la dirección del Gobierno. La indudable naturaleza jurídico pública de las relaciones de organización en el seno de la Administración hacen imprescindible un procedimiento ordinario de resolución de conflictos como el que ahora se configura, más allá de soluciones meramente parciales como pueden ser las ofrecidas por una determinada línea jurisprudencial que ha venido negando a los organismos autónomos legitimación para impugnar los actos de su Administración matriz.

Se entiende que estos conflictos deben ser resueltos por el Gobierno por lo que al efecto se crea una Comisión delegada cuya presidencia se otorga al Ministro de la Presidencia, en su función coordinadora de la Administración General del Estado, siendo miembros natos el Ministro de Economía y Hacienda y el Ministro de Justicia. Asimismo la secretaría se encarga al Ministerio de Justicia en atención a sus funciones y a la adscripción de los Servicios Jurídicos del Estado».

En opinión de ALONSO PUIG, *La reforma de la Ley de Arbitraje: avances y retrocesos*, en *Otrosí* 8 (2011), p. 17, más que ante un arbitraje institucional, estamos ante un nuevo procedimiento, de naturaleza gubernativa, para resolver los conflictos entre la Administración General del Estado y sus entes instrumentales.

C. volvió a ser sometido al veredicto del Senado, conforme nos relata Tácito[261]. Cabe señalar, en este sentido, que en el ámbito romano son muy frecuentes los supuestos de arbitraje administrativo entre ciudades en los que se designa como árbitro al Senado de una tercera ciudad neutral, libre o federada, o al gobernador de la provincia en la que están integradas las comunidades en conflicto.

En otro orden de cosas, cabe señalar que la referida tradición arbitral siciliana, heredada de Grecia, como fórmula de resolución de controversias, fue ratificada por la *lex Rupilia, Lex provinciae de Sicilia,* promulgada con carácter constitutivo por Publio Rupilio, en el año 131 a. C., con la asistencia de una comisión senatorial compuesta por diez personas, *decemviri.*

Publio Rupilio, nombrado Procónsul de Sicilia el año 131 a.C., había desempeñado un año antes, el 132 a.C., el consulado en Roma, y fue el primer gobernador del nuevo sistema de organización administrativa provincial, cuyas demarcaciones se procuraba que coincidiesen, por otra parte, con delimitaciones preexistentes y espacios naturales del territorio anexionado[262].

En la provincia de Sicilia, que fue, por tanto, la primera de las entidades administrativas a las que se dio tal denominación en la comunidad política romana, se habrían pues respetado por la ley provincial, *lex provinciae,* determinadas normas jurídicas helenísticas preexistentes de organización[263], conforme nos narra Cicerón en su segunda carta contra Verres[264], como eran el procedimiento administrativo de exigencia de responsabilidades a los magistrados, y el procedimiento de arbitraje administrativo en los supuestos de litigios entre ciudades ubicadas en su ámbito territorial, de conformidad con el cual o bien se designaba por el gobernador romano al Senado de una tercera ciudad como árbitro encargado de dirimir las diferencias entre las ciudades en conflicto, o bien la designación del senado de una ciudad neutral, realiza-

---

261 Cic, *Ad Atticum* 4.15.5 y Tac., *Ann.* 1.79. Nos relata asimismo Tac., *Ann.* 13.48, que concluídas las discordias entre Pompeya y Nuceria, volvieron a surgir diferencias entre ambas ciudades al no querer acatar los pompeyanos la sentencia de un antiguo arbitraje.

262 Con posterioridad a la Ley constitutiva de la provincia, que solía tener la consideración de lex data, el magistrado al que se había otorgado la potestad constituyente, promulgaba un *decretum* o una *lex civitatis* en la que se regulaba el estatuto jurídico de las ciudades integradas en la nueva provincia, en especial su posición jurídica en relación con Roma, *decretum* que, al igual que sucedía con la *lex provinciae,* tenía que ser ratificado por el Senado.

263 En Sicilia, el Senado romano respetó en gran medida las disposiciones de la lex Hieronica por la que se habían regido durante generaciones los habitantes de la isla, vid. al respecto en CARCOPINO, *La loi de Hiéron et les romains* (ed. anast. Roma 1965). La organización administrativa de Sicilia como primera provincia romana influyó en la configuración de las nuevas provincias: Cerdeña y las dos Hispanias, si bien el modelo provincial se procuró renovar y adaptar siempre a las cambiante necesidades sociales de cada comunidad y a los intereses de Roma.

264 Cic., *In Verr.* 2.2.12.13 y 2.4.45.100, y, Cic., *Ad Atticum* 6.2.5.

da de común acuerdo por las partes contendientes, era objeto de ratificación por el gobernador romano.

El caso probablemente más conocido de arbitraje administrativo probablemente sea el mencionado en la denominada Tabula Contrebiense en la que se recoge una controversia, que constituye la primera contienda jurídica documentada en la Península ibérica, entre dos comunidades indígenas, situadas en la zona de confluencia de los ríos Ebro y de sus afluentes el Jalón y el Huerva, la de los alavonenses, habitantes, probablemente vascones, de un poblado ubicado donde se asienta la actual Alagón, y la de los salvienses, saluienses, habitantes del poblado íbero de Salduba, que suele identificarse con el núcleo urbano sobre el que Augusto fundó Caesar Augusta, la actual Zaragoza, a propósito de la construcción de una acequia o canalización de agua, probablemente con fines de regadío, que pretendían realizar los salvienses, en territorio sosinetano y de ahí derivar la conducción del agua a su propia tierra, no obstante la oposición de los alavonenses[265].

En relación con las circunstancias que rodearon el descubrimiento del texto en el que se recoge la controversia mencionada, consistente en un pleito sobre aguas, cabe señalar que en el año 1979 se halló en Cabezo de las Minas, cerca de la actual localidad de Borrita, de nombre Contrebia Belaisca en época romana, situada a 18 kilómetros de la ciudad Zaragoza, un texto latino de 20 líneas escrito sobre una tabla de bronce, conocida, desde su hallazgo, como Tabula Contrebiensis.

Forma parte esta tabla de un conjunto de cuatro bronces, de los cuales los tres restantes están escritos en lengua céltica y escritura ibérica. Se trata de un texto jurídico, fechado el 15 de mayo del año 87 a. C.[266], en una lámina de

---

[265] Observa MURGA, *El iudicium cum addictione* cit., 91, que el arbitraje contenido en la tabula contrebiense constituye un supuesto realmente novedoso y así, a diferencia de los arbitrajes que tienen lugar en la parte oriental del mediterráneo y sobre los cuales tan frecuentes son los restos epigráficos de sentencias y plantemientos litigiosos, nada o muy poco hay –salvo el especial caso siciliano- en la epigrafía occidental sobre controversias y litigios semejantes.

La enorme diferencia cultural existente entre unas provincias romanas y otras explica sobradamente esas diferencias ya que mientras el viejo solar griego y helenístico llevaba siglos de adelanto en vida municipal asumiendo formas maduras y logradas para la solución arbitral de sus controversias, las ínfimas poblaciones del extremo occidente, apenas salidas del nomadismo, ofrecían entonces tan sólo muestras titubeantes de arbitrajes imperfectos.

[266] El primer estudio amplio sobre el bronce contrebiense se debe a FATÁS, *Noticias del nuevo Bronce de Contrebia*, en *Boletin de la Real Academia de la Historia* 176.3 (1979) 421-437, que fecha el bronce el 15 de mayo del año 87 a C., según cabe deducir de las referencias a los cónsules L. Cornelio y Cn. Octavio y al gobernador Valerio Flacco. En la romanística fue A. D´ORS quien primero se ocupó del análisis jurídico del texto, *Las fórmulas procesales del bronce de Contrebia*, en *AHDE* 50 (1980) 89 ss. Vid asimismo al respecto en: FATÁS, *El bronce de Contrebia Belaisca*, en *Cuadernos de trabajos de la escuela de Historia y Arqueología en Roma* 15 (1981), 57-66; ID., *Romanos y Celtíberos Cite-*

41 x 20 cm, que se encontraría fijada en un muro o en un soporte de madera, con destino probablemente a su exposición pública, como muestran los tres orificios, en la parte superior, simétricos respecto de otros tres situados en la parte inferior de la tabla.

La redacción latina del texto, las expresiones utilizadas propias de los arbitrajes y juicios romanos, y el propio hecho de la utilización del bronce como material en el que se fijan los términos de la controversia, son muestras de la romanización de la población celtibérica de Contrebia Belaisca, en la que se produce el hallazgo del texto epigráfico y a cuyo Senado se le encomienda el arbitraje de la controversia.

Pues bien, las dos comunidades enfrentadas, salvienses y alavonenses, ambas filorromanas y *civitates liberae*[267] por las noticias que tenemos, acuerdan encomendar la decisión de su controversia a la decisión arbitral del Senado, en pleno, de una tercera comunidad, la de los contrebienses, para dos de las cuestiones planteadas y a cinco miembros del citado Senado local en relación con una tercera cuestión, consistente en la fijación del importe de la indemnización por los terrenos privados expropiados a causa de la canalización de las aguas.

Son cuatro por tanto las poblaciones indígenas, emplazadas todas ellas en el valle del Ebro[268], en liza en el presente asunto: las de los alavonenses y salvienses, que son las partes litigantes, la de los sosinetanos, que son los terceros beneficiarios de la canalización de aguas y de su derivación a su por su territorio, poblaciones todas ellas que probablemente serían limítrofes, y la de los contrebienses, a cuyo Senado se designa como árbitro.

Al Senado de Contrebia, constituido por los senadores presentes, que resultaron ser sólo seis, conforme se señala en las líneas 16 ss, en el momento en que se somete el litigio a su conocimiento y decisión, como colegio arbitral, se le encarga la responsabilidad de dictar sentencia sobre:

---

riores en el siglo I a. C., en *Caesaraugusta* 53-4 (1981) 195-234; *The Tabula Contrebiensis*, en *Antiquity* 57 (1983), 12-18; *Contrebia Belaisca II: Tabula Contrebiensis* (Zaragoza 1980); MARINER, *Il bronzo di Contrebia: studio linguistico*, en *Cuadernos de trabajos de la Escuela Española en Roma* 15 (1981) 67-94; DE LOS MOZOS, «Commento giuridico sul bronzo di Contrebia», BIDR, 24, 1982, pp. 283 ss; MURGA, *La addictio del gobernador en los litigios provinciales*, en *RIDA* 30 (1983) 151 ss.; TORRENT, *El arbitraje en el bronce de Contrebia*, en *Studi Sanfilippo* II (Milano 1982) 639 ss.; RICHARDSON, *The Tabula Contrebiensis: Roman law in Spain in the early first century*, en *JRS* 73 (1983) 33-41.

[267] Sobre la diversa condición de las ciudades, así libres, inmunes, sometidas a tributación etc., vid. MARQUARD, *Organisation de l'Empire romain* (París 1889) 95 ss.

[268] Señala MURGA, *El iudicium cum addiction* cit., 19, que las noticias más importantes que nos han llegado de la España romana proceden sobre todo de: la Historia romana de Apiano, la Naturalis Historia de Plinio, la Geografía de Estrabón y los libros 39 y 40 de la Historia de Tito Livio.

a) la licitud de la venta de terreno, público y privado, por los sosinetanos a los salvienses, a pesar de la oposición de los alavonenses, quienes habrían formulado algún tipo de derecho contrario a la petición de los salvieneses;
b) si la licitud solicitada resulta avalada por el colegio arbitral, que parece que así fue, una segunda cuestión a resolver sería la relativa a la licitud del amojonamiento y de la canalización de agua por el terreno público, líneas 7 y 8, y por el terreno privado, línea 8, de los sosinetanos, y su derivación al poblado de los salvienses por la extensión de terreno comprendida entre los mojones ya asentados por éstos, mediante estacas, es decir, había que decidir asimismo si los salvienses se habían extralimitado en el amojonamiento primero y en la construcción de la canalización, con posterioridad, y si bien no se menciona en el texto la motivación de la reclamación de los alavonenses, ésta podría haber muy bien consistido el carácter invasivo del territorio de los alavonenses por parte de los salvienses.

Al Senado de Contrebia, constituido no en pleno, como en los supuestos anteriores, sino como colegio arbitral en las personas de cinco de sus senadores nombrados por la magistratura de Contrebia[269], se le solicita que fije el importe de la indemnización por los terrenos privados, *agri privati*, sitos en territorio de los sosinetanos[270] y objeto de expropiación, que se justifica por la utilidad pública que supone un regadío en beneficio de otra comunidad limítrofe.

Parece claro a la visto del texto que el senado local de Contrebia aceptó el arbitraje propuesto por los Salvienses y Alavonenses, y se comprometió a dictar sentencia sobre la controversia, a semejanza del *receptum arbitrii* del arbitraje compromisario romano, así en D. 4.8.13.2: «Asumió el arbitraje el que asumió las funciones de juez y se comprometió a dictar sentencia para poner fin a la controversia», lo cual en efecto llevó a cabo mediante el pronunciamiento de una sentencia.

Compromissum arbitrii y *receptum arbitrii* constituyen pues una unidad estructural inescindible en el arbitraje, y una práctica frecuente en el mundo

---

269 La frase contenida al respecto en el texto: «magistratus Contrebiensis quinque ex senatu suo» parece hacer referencia a que el magistrado supremo del a ciudad, probablemente el pretor, sería el encargado de proceder a la designación de los cinco miembros del Senado que actuarían como árbitros.

270 Observa D´ORS, *Las fórmulas procesales* cit., 2 ss. que: «... no se dice nada en la sentencia acerca del pago de la estimación, y por tanto podría haber duda acerca de si este silencio de la sentencia se debe a que los jueces entendieron que todo el terreno era público y no había lugar al arbitrium de estimar el ager privatus, o si hubo realmente tal estimación, pero el documento omitió esta parte como irrelevante para el fin que perseguía la publicación de la sentencia, que era el de hacer constar el derecho a tener la acequia tal como se había construido». Opina asimismo este A. que: «... lo que los Alavonenses debieron alegar, para oponerse a la venta, fue que el terreno vendido era, al menos en parte, suyo y no de los Salvienses que lo habían vendido».

romano con anterioridad de varios siglos a la controversia arbitral recogida en el bronce contrebiense.

La traducción que hace Fatás del texto latino de la tabula contrebiense es la siguiente:

I. Sean jueces quienes del senado contrebiense se hallaren presentes. Si resulta probado que el terreno que los saluienses compraron a los sosinestanos para construir una canalización o hacer una traída de aguas –de cuyo asunto se litiga–, lo vendieron los sosinestanos con pleno derecho a los saluienses, contra la voluntad de los alavonenses. En tal caso, si así resulta probado, sentencien estos jueces que el terreno –de cuyo asunto se litiga– lo vendieron los sosinestanos a los saluienses conpleno derecho; si resulta probado que no, sentencien que no lo vendieron con pleno derecho.

II. Sean jueces los mismos suprascritos. Si resultara aplicable el derecho a Sosinesta («si Sosinesta fuera una civitas»), entonces, en el lugar en que, muy recientemente, los saluienses, de manera oficial, colocaron estacas –asunto sobre el que versa esta causa– [juzguen] si podían los saluienses con pleno derecho hacer la canalización a través de un terreno público de los sosinestanos, por el interior de esos mojones. O si los saluienses podían, con pleno derecho, hacer la canalización a través de un terrenoprivado de los sosinestanos, por el cual habría de discurrir la canalización, a condición [en tal caso] de que los saluienses pagaran dinero en la cuantía en la que fuera tasado el terreno por el que discurriría la canalización. En tal caso, si así resulta probado,sentencien estos jueces que los saluienses pueden hacer la canalización con pleno derecho. Si no resulta probado, sentencien que no pueden hacerlo con pleno derecho.

III. Si sentenciaran que los saluienses podían hacer la canalización, que los saluienses paguen entonces corporativamente por el campo privado a cuyo través será conducida la canalización, de acuerdo con el arbitraje de cinco [miembros] que la magistratura contrebiense designe [a tal fin] de su senado.

IV. Cayo Valerio Flacco, hijo de Cayo, general en jefe [= procónsul de la Hispania Citerior] sancionó aprobatoriamente este procedimiento judicial.

V. Manifestaron [los jueces] esta opinión: «Puesto que poseemos la facultad de juzgar, fallamos, en el asunto de que trata, a favor de los saluienses». Cuando este asunto fue juzgado, éstos fueron los magistrados contrebienses: Lubbo, de los Urdinos, hijo de Letondo, pretor [de Contrebia]; Lesso, de los Sirisos, hijo de Lubbo, magistrado; Babbo, de los Bolgondisos, hijo de Ablón, magistrado; Segilo, de los Annios, hijo de Lubbo, magistrado; ...ato, de los ...ulovios, hijo de Uxentio, magistrado; Ablón, de los Tindilios, hijo de Lubbo, magistrado. La causa de los saluienses la defendió ...asio, hijo de ...eihar, saluiense. La causa de los alavonenses la defendió Turibas, hijo de Teitabas, alavonense.

VI. Actuado en Contrebia Balaisca (Belaisca), en los idus (día 15) de mayo, siendo cónsules Lucio Cornelio (Cinna) y Gneo Octavio. (año 87 a. C.)[271].

Conforme al texto supraescrito, las partes acordaron, en definitiva, encomendar la decisión de la controversia al Senado de la población celta de Contrebia Belaisca, *ex senatu suo dederit,* el cual mediante su actuación como árbitro de la situación, *eorum arbitratu,* dictó sentencia, sententia, favorable a los salvienses, *secundum Salluienses iudicamus,* así en las líneas 12 a 14 de la tabla contrebiense: «Si se dictare sentencia favorable a que los salvienses pudieran hacer la conducción de agua, encomiéndese al arbitraje de cinco magistrados pertenecientes al Senado de Contrebia, la fijación de la cantidad que se estime en pago por el campo privado a cuyo través se conduzca la canalización».

De conformidad pues con lo referido en la Tabula Contrebiense, se establece que los salvienses resarzan, según la estimación, aestimatio, realizada por los propios senadores encargados del arbitraje, a los propietarios privados del suelo respecto del cual aquellos habían ya iniciado el amojonamiento del terreno mediante estacas, depalare.

Sólo con posterioridad al pago de la indemnización acordada por la propiedad privada de los terrenos, se considera lícita la ejecución de la canalización de agua, rivum facere y aqua ducenda, en los textos, derivada desde el

[271] 1 *Senatvs Contrebiensis qvei tvm adervnt ivdices svnto. Sei parret agrvm qvem Sallvienses*
2 *ab Sosinestaneis emervnt rivi faciendi aqvaive dvcendae cavssa qva de re agitvr Sosinestanos /*
3 *ivre svo Sallviensibvs vendidisse in viteis Allavonensibvs. Tvm, sei ita parret, eei ivdices ivdicent /*
4 *evm agrvm qva de re agitvr Sosinestanos Sallviensibvs ivre svo vendidisse. Sei non parret, ivdicent /*
5 *ivre svo non vendidisse. /*
6 *Eidem qvei svpra scriptei svnt ivdices svnto. Sei Sosinestana ceivitas esset, tvm qva Sallvienses /*
7 *novissvme pvblice depalarvnt qva de re agitur, sei svpra eos palos Sallvienses rivom per agrvm /*
8 *pvblicvm Sosinestanorvm ivre svo facere liceret, avt sei per agrvm preivatvm Sosinestanorvm, /*
9 *qva rivom fieri oporteret, rivom ivre svo Sallviensibvs facere liceret. Dvm qvanti is ager aestvmatvs /*
10 *esset qva rivos dvceretvr Sallvienses peqvniam solverent. Tvm, sei ita parret, eei ivdices ivdicent /*
11 *Sallviensibvs rivom ivre svo facere licere, sei non parret ivdicent ivre svo facere non licere. /*
12 *Sei ivdicarent Sallviensibvs rivom facere licere, tvm, qvos magistratvs Contrebiensis qvinqve /*
13 *ex Senatv svo dederit eorvm arbitratv pro agro preivato qva rivos dvcetvr Sallvienses*
14 *pvblice peqvniam solvonto. Ivdicivm addeixit C. Valerivs C. f. Flaccvs, imperator. /*
15 *Sententiam deixerunt: qvod ivdicivm nostrvm est, qva de re agitur secvndvm Sallvienses ivdicamvs. Qvom ea res /*
16 *ivdicata, magistratvs Contrebienses heisce fvervnt: Lvbbvs Vrdinocvm Letondonis f., praetor; Lesso Siriscvm /*
17 *Lvbbi f., magistratvs. Babbvs Bolgondiscvm Ablonis f., magistratvs; Segilvs Annicvm Lvbbi f., magistratvs;*
18 */ ...atvs ...vlovicvm Vxenti f., magistratvs; Hablo Tindilicvm Lvbbi f., magistratvs.Cavssam Sallviensivm*
19 */ defenditCassivs Seihar f. Sallviensis. Cavssam Allavonensivm defendit Tvribas Teitabas f., /*
20 *Allavonensis. Actvm Contrebiae Balaiscae, eidibvsmaieis L. Cornelio, Cn. Octavio consvlibvs.*

territorio de los salvieneses al de los sosinetanos, conforme al negocio realizado entre ambas comunidades. La canalización del agua se habría realizado en parte en suelo público sosinetno y, en parte, en suelo privado sito asimismo en territorio sosinetano, expropiado a los particulares por causa de utilidad pública. La labor de canalización ya iniciada por los salvienses para una obra nueva, *opus novum*, tendría probablemente un singular relieve en atención al terreno público y privado por el que al parecer discurría.

Discrepa en este punto la doctrina acerca de si en la *tabula* se haría referencia a la compra de un terreno privado o bien a la constitución de un derecho de conducción de agua, una especie de servidumbre de acueducto, servitus aquaeductus, a través de una terreno ajeno.

No se recogen en el texto de la *tabula contrebiense* las razones alegadas por los alavonenses para oponerse a la canalización ya iniciada, pero parece razonable pensar que habrían expuesto sus argumentos ante el tribunal arbitral, y que éstos habrían hecho hincapié en la falta de legitimación de los sosinetanos para vender o constituir una servidumbre de acudecucto a favor de los salvienses, *iure suo Salluiensibus vendidisse*, y en el ejercicio abusivo del derecho a la realización de la obra pública consistente en la construcción de la canalización de agua por el terreno salviense, lo que en ambos casos habría producido un resultado desestimatorio para los intereses de los alavonenses y favorable a los de los salvienses, *secundum salluienses iudicamus.*

Se menciona asimismo la conformidad, *addicere*, del procónsul romano con la sentencia dictada por el Senado. Ostentaba a la sazón el cargo de proconsul Cayo Valerio Flaco, Gobernador de la Provincia de la Hispania Citerior, que se extendía desde Tarragona a Finisterre, y en la que se ubicaban las cuatro poblados a los que afectaba el conflicto referido en la *Tabula Contrebiensis*[272].

La utilización de numerosos términos latinos propios del juicio y del arbitraje romano, *iudicium* y *arbitrium*, en la inscripción de la *tabula contrebiense*, así *senatus Contrebiensis quei tum aderunt iudices sunto, agri preivati, si paret...si non*

[272] Vid. al respecto en MURGA, *El iudicium con addictione* cit., 78 ss. y 87 ss. En opinión de este A., las comunidades indígenas y sin derechos reconocidos, como sin duda fueron los Allavonenses y los Sallvienses, al someter su asunto al gobernador de la citerior, trataban también a su modo de encontrar por el camino del addicere un medio que de alguna forma asegurase el futuro cumplimiento del arbitraje. Si los citados pueblos se hubieran sometido simplemente a la decisión de los jueces belaiscos, el fallo del tribunal sólo tendría la fuerza convencional del compromiso previo. En cambio, tras solicitar la addictio de Valerio Flacco, ese mismo arbitrium adquiría, aunque tal vez sin perder la vieja forma privada de videri, el sentido imperativo que solían tener las sentencias pronunciadas por el senado en los conflictos planteados entre ciudades *–de ea re ita consuerunt, quae iudicata sunt, ita placet rata ese oportere–* en donde el parecer de la asamblea se manifiesta con la forma imperativa de un senadoconsulto.

paret, invitus, qua de re agitur (en referencia al asunto religioso), *publica pecunia, aestimatio, sententiam dicere, addicere* etc. nos induce a pensar que el autor del texto, probablemente un asesor del consilium provincial, sería una persona versada en derecho, que al igual que sucedía con los cronistas o historiadores de la época, como Polibio, Estrabón o Tito Livio, relataban las realidades sociales, jurídicas, económicas o políticas de las comunidades indígenas con conceptos o expresiones latinas que resultaban equivalentes a las descritas, por lo que no habría dudado en romanizar el texto, con la finalidad, como sucede en el caso de los autores citados, de hacerlo más inteligible, lo que *mutatis mutandis* nos planteamos, en ocasiones, los estudiosos del derecho administrativo romano en relación con singulares instituciones propias de la época romana a las que nos referimos con terminología actual equivalente[273].

Cabe señalar, por otra parte, que se conservan numerosas inscripciones epígráficas y fuentes literarias en las que se recogen litigios entre ciudades en conflicto a las que Roma reconoce el status de ciudades libres o al menos de entes públicos autónomos, en las que se procede a nombrar como tribunal arbitral al Senado romano, al gobernador provincial o una tercera ciudad[274].

Como casos de arbitraje administrativo[275] contenidos en inscripciones epigráficas, cabe hacer referencia, entre los numerosos textos conservados, a los siguientes:

— Conflicto de carácter económico, en torno al 300 a. C., entre la polis de Calymna y algunos ciudadanos de Cos, sobre el que es llamada a actuar como árbitro la ciudad de Cnido. Objeto de la disputa es una deuda no satisfecha por Calymna a dos personas de Cos, probablemente banqueros, Pausimaco e Ippocrates[276].
— Conflicto por delimitación de fronteras entre Phanoteus y Stiris. Se inscribe en los conflictos sobre límites territoriales entre ciudades griegas. La inscripción se conserva en el museo de Cheronéa. La controversia se

[273] En CIL III, 2882, se da noticia de una inscripción epigráfica en la que se refiere un pleito entre dos ciudades de la provincia de Dalmacia, Nedimum y Corinium, en el que el juez es elegido por las partes y ratificado por el gobernador romano, Dolabella, en los primeros años del siglo I d. C., al igual que probablemente haya sucedido con los árbitros designados por el Senado contrebiense.

[274] En ocasiones, el litigio, sobre límites territoriales, se produce entre la propia autoridad romana y la ciudad ocupada, así por ejemplo nos lo narra Tácito, *Ann.* 14.84, en relación con la habitantes de la ciudad de Cyrene.

[275] La mayor parte de los supuestos de arbitraje contenidos en el texto son los que nos han parecido de mayor relevancia de entre los numerosos recogidos por RUGGIERO, *L´arbitrato pubblico* cit., 148 ss.

[276] Vid. al respecto en MAGNETTO, *Alcune osservazioni in margine all´arbitrato di Cnido tra Calamyna e Cos,* Annali della Scuola Normale di Pisa, vol. XXV-XXVI, 1995, pp. 249 ss.

resuelve mediante la resolución de árbitros de una tercera ciudad, de Élis y tiene lugar en el curso del siglo III a. C.[277]

— Conflictopor delimitación de fronteras en Córcega. En 1669, en una villa de la parte septentrinonal de la isla de Córcega, se descubrió una tabla de bronce que contenía un rescripto de Vespasiano del 12 de octubre del año 77 d. C., concerniente a una *controversia finium* entre Vanacini y Mariani. Sería el propio Vespasiano el que en el presente caso pronunciaría una sentencia arbitral favorable a los Vanacini, en la que dispondría asimismo el envío de un agrimensor que asesoría al Gobernador provincial de la isla, *Claudius Clemens*, en la labor de delimitación de los confines de los agri adquiridos por los Vanacini[278].

— Conflicto entre Pérgamo y los publicanos romanos, en torno al 122 a. C.: en el texto de la inscripción se hace referencia a una sentencia arbitral pronunciada en el comicio romano, por un colegio arbitral presidido por el pretor y formado por una treintena de personas designadas por el Senado, que deciden una controversia surgida a propósito de los tributos que los publicanos romanos exigían a la ciudad de Pérgamo, que por aquellos años en los que se había instituido la Provincia de Asia, había sido incorporada al territorio estatal romano, conservando su autonomía administrativa, y de ahí el título de civitas libera que se le otorga en la inscripción.

— Como supuesto paradigmático entre las controversias surgidas entre una ciudad y los entes dependientes de ésta, adtributi, cabe mencionar el litigio surgido entre la ciudad de Génova y los *Viturii*, que resolvió como árbitro el Senado de Roma el 117 a.C., por medio de la llamada sententia Minuciorum, Minuciorum sententia inter Genuates et Viturios dict (CIL. 12, 584; FIRA III, n. 163). Se trata de un conflicto de confines, que tiene lugar en el siglo II a C., entre dos comunidades ligures, la de los Genuates, habitantes de Génova y que gozaban de una posición de preeminencia como aliados, como ciudad confederada, y la de los *Viturii Langeses*, habitantes de un territorio sometido a Roma y tributario e integrado en la ciudad de Génova, adtributus, por decisión senatorial[279].

El Senado romano interviene en el litigio mediante la creación de una comisión arbitral compuesta por los hermanos Quinto y Marco Minucio Rufi,

---

[277] Vid. al respecto en KATZOUROS- ROUSSET, *Une delimitation de frontière en Phocide*, en Bull.Corr. Hell, vol. CXVI, 1992, pp. 197-215.

[278] Vid. en ZUCCA, *La tavola di esterzili e la controversia finium tra vanacini e mariani in Corsica*, en La Tavola di esterzili. Il conflitto tra pastori e contadini nella barbaria sarda, Sassari 1993, pp. 185-205.

[279] Observa MURGA, *El iudicium cum addictione* cit., 21, que dentro de las diversas fórmulas políticas organizadas por la Roma republicana, fueron frecuentes estas anexiones y dependencias conocidas con el nombre de adtributio o contributio. Mediante el instituto de la adtributio un grupo de personas o una etnia quedaba atribuida o adscrita a una ciudad libre o a un municipio romano, en atención a su menor grado de romanización o al peculiar status político de la comunidad sometida.

magistrados romanos, quienes establecen los límites territoriales entre las comunidades[280]. Los términos de la controversia y la sentencia se recogen en una inscripción latina en bronce de 46 líneas, descubierta en 1506.

En síntesis, viturios y genoveses habían entrado en conflicto a propósito del uso y de los límites del antiguo territorio estatal de los viturios, que había pasado al dominio romano por derecho de conquista, una parte del cual había sido asignada como *ager publicus* a los genoveses, otra parte a los propios viturios como *ager privatus*, y una tercera, a los genoveses y a los viturios de forma conjunta como *ager publicus*, al propio tiempo que se obligaba a los viturios al pago de un tributo a Roma, que a su vez ésta cedía a Génova.

Los cónsules y el senado romano deciden intervenir, en atención al ubicación estratégica de la zona en la que tiene lugar la controversia, y envían dos magistrados con el objeto de que conozcan y se formen opinión sobre el asunto. De vuelta a Roma, y en presencia de delegados de ambas comunidades, los magistrados romanos dictan sentencia arbitral, de conformidad con la cual se fijan los confines de las terrenos privados de las dos poblaciones y los confines y posibles usos del *ager publicus* comunitario[281].

— Conflicto entre Patulcenses y Galillenses: la inscripción recoge el decreto de ejecución, promulgado por el gobernador de la isla de Cerdeña, Iuventus Rixa, referido a una sentencia arbitral, pronunciada por un anterior procónsul de Cerdeña, Metelo, en el año 120 a.C., que puso fin a un arbitraje administrativo entre estas dos poblaciones sardas por una controversia sobre los confines entre ambas comunidades.

— Conflictos internos de Adramyttium: en el texto de la inscripción, fechada en torno al año 120 a.C., se hace referencia a la intervención arbitral del senado romano y del gobernador provincial de Mysia, situada en los Balcanes, entre Tracia, Macedonia, Iliria y Dacia, en la que se ubica la ciudad de Adramyttium, en una controversia relativa a discrepancias entre ciudadanos residentes y la propia ciudad de Adramyttium.

— Conflicto entre Gythium y ciudadanos romanos: conforme a la inscripción, de fecha aproximada del 97 a C., la controversia se plantea a propósito de la devolución de un préstamo de dinero realizado por los hermanos Cloati a Gythium, reconocida por Roma como ciudad libre y aliada,

---

[280] Vid. al respecto en CASTELLO, *Genuates e Viturii Langenses nella Sententia Minuciorum*, en *Synteleia Arangio Ruiz* II (Napoli 1964) 1134 ss; SCUDERI, *Decreti del senato per controversia di confine in etá republicana*, en *Athenaeum* 79 (1991) 371 ss.

[281] Fue una constante de la administración romana el respeto de las costumbres y de los usos propios de los territorios conquistados, siempre que no vulnerasen de forma manifiesta el ordenamiento jurídico romano, en este sentido cabe mencionar las disposiciones contenidas en Digesto 1.16, De officio proconsulis et legati, relativas a la conservación de la costumbre del lugar, consuetudo loci. Vid asimismos sobre esta temática: SCHMIEDEL, *Consuetudo in klassischen und naschklassischen Recht* (Grazñ-Köln 1966).

sita en Laconia o Lacedemonia, en el Peloponeso. Las partes habrían puesto de en conocimiento del proconsul L. Marcilius la cuestión, quien habría procedido a nombrar como árbitro a la ciudad de Atenas.

— Conflicto que tiene lugar el a. 78 a C. entre Oropus y los publicanos romanos: la controversia se plantea entre los publicanos y los sacerdotes del templo ubicado en la ciudad de Oropus, en Grecia, en torno a la interpretación de un decreto de Sila, ratificado por el Senado romano, en el que se establece la inmunidad fiscal, cuestionada por los publicanos, para el mencionado templo. Los legados representantes de la ciudad de Oropus acuden al Senado romano que actúa como colegio arbitral y emite una sentencia, que resulta favorable a la inmunidad fiscal demandada.

— Conflicto entre Tiro y los publicanos romanos: nos da cuenta Cicerón, en el 54 a. C. de una controversia habida entre los legados de la ciudad libre de Tyro, sita en la provincia de Siria, y los publicanos, en relación con una tributación exigida por los publicanos y considerada ilegal por la ciudad, que recurre al senado romano como árbitro.

— Conflictos entre distintas ciudades de Hispania, recogidos en inscripciones del siglo I de nuestra era, cuatro de ellos en la provincia de Lusitania y uno en la provincia de la Bética, que disputan sobre los respectivos confines entre ellas y acuden al Príncipe para que resuelva la controversia como árbitro.

— Conflictos entre Atenas y sus contribuyentes. En el año 146 a. C. Roma anexiona la totalidad del territorio griego y crea la provincia de Macedonia. A Atenas, Esparta y Delfos les reconoce, de forma excepcional, la condición de ciudades aliadas y federadas. En el año 22 d. C., Augusto crea la provincia de Aquea, con capital en Atenas.

Desde la conquista romana, Atenas permanece siempre aliada de Roma, que le reconoce una amplísima autonomía, incluso en el ámbito de la jurisdicción, especialmente en la administrativa. Las inscripciones refieren conflictos del gobierno de la ciudad ateniense con los productores de aceite de la región, que se remontan a la legislación restrictiva de Solón sobre la exportación de aceite de Atenas al Ática.

Las autoridades atenienses no obstante ser competentes para resolver las controversias derivadas de la venta obligatoria a Atenas, a precio de mercado, de un tercio de la producción del aceite de la región, conforme a lo establecido en distintos edictos promulgados por Adriano en sus estancia en Atenas entre los años 120 y 132 d. C., recurren, en último extremo, al arbitraje administrativo del emperador o del gobernador provincial para que dicte sentencia en las controversias planteadas sobre el particular[282].

— Conflicto entre la ciudad de Sagalassus y los administradores del dominio público. Se hace referencia en una inscripción de mediados del siglo

[282] En relación con el arbitraje fiscal moderno vid. FALCÓN Y TELLA, *El arbitraje tributario* en *Convención y arbitraje en el derecho tributario* (coord. Elorriaga Pisarik,), Ministerio de Hacienda, Instituto de Estudios Fiscales, 1996, pp. 257-262.

I a una controversia relativa a una presunta ocupación ilícita de terreno público por la ciudad libre y tributaria de Sagalassus, ubicada en la provincia imperial de Galatia, en Asia Menor, que da lugar a una reclamación por parte de los administradores del dominio público provincial. Planteado el litigio, las partes deciden someter su resolución al arbitraje del emperador o de quien por delegación de éste sea designado árbitro.

— En el conflicto entre los Cireenses y los Metropolitanos, las partes litigantes acuden a C. Poppaeus Sabinus, gobernador provincial de Moesia entre el 11 y el 35 d.C., y éste remite la cuestión al koinon o Senado de la ciudad libre, aunque sometida a soberanía romana, de Tesalia, para que actúe como árbitro, si bien en buena medida ello supone la remisión a una instancia superior en la jerarquía administrativa a las partes litigantes[283].
— Conflicto entre el municipio de Histonium, situado en la región de los Abruzos, a las orillas del Adriático y un particular, a propósito de los confines de dos terrenos colindantes, uno perteneciente al municipio y el otro al ciudadano Tillius Sassius, que recurren al arbitraje de un tercero Helvidius Priscus, quien presta juramento, *iuratus sententiam dixit*, se afirma en la inscripción, y llama la atención el juramento arbitral que no es frecuente, y dicta sentencia que pone término a la controversia datada a fines del siglo I d.C.
— Conflicto que tiene lugar en la ciudad de Roma, en el siglo I d. C., relativo a la delimitación de los confines, entre una propiedad pública o demanial y una propiedad privada perteneciente a dos hermanos, resuelto mediante el arbitraje de un tercero, de nombre Vespasiano en la inscripción, nombrado árbitro por quienes a la sazón ostentaban la condición de cónsules o de censores.

5. EL ARBITRAJE LEGAL COMO FÓRMULA, DE NATURALEZA MIXTA, DE RESOLUCIÓN DE CONFLICTOS

Otro tipo de arbitraje es el legal, es decir, aquél en el que, el árbitro, elegido por las partes y nombrado o convalidado por el magistrado, o bien designado de forma directa por el magistrado[284], arbiter datus, interviene para dar su opinión, sententia, en determinados tipos de asuntos previstos por la ley.

---

[283] Vid. al respecto en ABBOT & JOHNSON, *Municipal Administration in the Roman Empire* (1926, reimpr. 1968), 152 ss.

[284] La ley de las XII Tablas preveía el nombramiento de un árbitro por el magistrado en los supuestos de división de herencias, y la Ley Licinia estableció asimismo la intervención arbitral en la división de cosas comunes, conforme a I.G., 4.17 a, y es probable que en la fijación de los confines de las fincas se acudiera también a árbitros. Así en D. 14.4.7.1 (*Ulp. 29 ad ed.*) se establece que el reparto de las mercancías del peculio para hacer frente a las deudas de su titular era realizado por un árbitro designado por el pretor: «[…] con carácter general, el pretor nombraba un árbitro

La más antigua mención del término arbiter se contiene en el Código las XII Tablas Tablas[285], en el texto que hace referencia a la *legis actio per iudicius arbitrive postulationem* en la que se establecen que en el caso de división de herencia se designará un árbitro[286].

La actuación del árbitro en este caso obedecería al carácter legal de la previsión y su misión consistiría en realizar una *aestimatio* o *arbitrium* por el que se procedería a la división[287]. En la ley Licinia del 210 a.C., la designación del *arbiter* se producirá en todos los casos de división de una copropiedad, en los que no hubiese, como podía suceder en la división de herencia, acuerdo entre los condominios. A estos supuestos de división de herencia o cosa común se hace asimismo referencia en las Instituciones de Gayo[288].

Supuestos de arbitraje legal serían, asimismo, aquellos casos a los que se hace referencia en Cicerón pro Roscio 4.11., en los que se afirma que en el caso de reclamación de una deuda indeterminada o de un *incertum* se proce-

---

merced a cuya intervención se procedía a realizar el reparto de las mercancías del peculio»; en D. 40.1.5.1 (*Marcianus 2 inst.*) se hace referencia a la intervención de un árbitro, nombrado por el magistrado, en una rendición de cuentas, y en I.G. 4.163 donde se hace referencia a que «[...] si el demandado, en un procedimiento interdictal restitutorio o exhibitorio de la posesión, pide un árbitro, se le concede la fórmula que se denomina arbitraria, y puede quedar absuelto exhibiendo o restituyendo según el arbitrio de la persona designada, de no hacerlo así, se le condena a cuanto importe el asunto [...] pedir un árbitro significa que se quiere litigar por un procedimiento menos rigorista [...]».

Un mecanismo procesal próximo al arbitraje es el referente a las acciones arbitrarias, que deberían su denominación a la especial discrecionalidad reconocida al juzgador en la toma de decisión, que constituiría un arbitrium iudicis. Probablemente en el marco de la categoría de acciones arbitrarias, *actiones arbitrariae, iudicia arbitraria*, formula arbitraria, se incluirían un listado de acciones, desde las originarias acciones divisorias hasta las acciones de buena fe, así en LEVY, *Zur Lehre von den sogennanten Actiones Arbitariae*, en *SZ* 36 (1915) 81 ss., y BUIGUES, *La solución amistosa* cit., 58-67.

[285] En relación con el controvertido tema del origen arbitral del proceso originario, vid. las distintas opiniones en BUIGUES, *La solución amistosa* cit., 246 ss.

A mi juicio, si bien parece razonable, partiendo de la mayor antigüedad del arbitraje respecto del proceso, pensar que el procedimiento arbitral ha influido en la conformación del originario proceso judicial cabe, sin embargo, observar que el carácter publicístico del proceso primitivo, así como su mayor formalismo y la ejecutividad de la sentencia, contrastan con la naturaleza eminentemente privada y despojada de formalismo caracterizadora del primigenio pacto de compromiso arbitral. Vid asimismo en A. VALIÑO, *Notas sobre arbiter y iudex en el proceso del ordo*, en *Estudios Teresa Puente* II (Valencia 1996) 539 ss.

[286] Conforme al comentario realizado por Gayo, I, 4.17.a., al texto de las XII Tablas, II, I: *"... Item de hereditate dividenda inter coheredes eadem lex per iudicius postulationem agit iussit. Idem fecit lex Licinniae, si de aliqua se communi dividenda ageretur. Itaque, nominata causa ex qua agebatur, statim arbiter petebatur".*

[287] XII T., 1, 6.7: *in comitio aut in forum*, en opinión de MARTINO, la dicotomía *comitio-foro*, haría referencia a los distintos ámbitos de actuación de los jueces y de los *árbitri*, pues mientras que los *iudices* actuarían en el *comicio*, los árbitros lo haría en el foro.

[288] Gai, I, 4.17a. y D.4.7.12 (Marc.14.inst).

dería al nombramiento de un árbitro[289]. El arbitraje en Roma era de equidad, si bien quizás en el arbitraje legal, el árbitro no podía apartarse de la legalidad vigente.

El arbitraje legal, caracterizado por el hecho de que está previsto por la Ley, se se conformó como un arbitraje de equidad en el que se concede al árbitro una amplia discrecionalidad en su decisión, si bien, a mi juicio, no podría decidir al margen de la legalidad vigente[290].

A la importancia de los arbitria (iudicia) del arbiter nombrado por el pretor, así como a su discreccionalidad, capacidad técnica y definición de la controversia, se ha referido en su mencionado estudio[291].

El árbitro, en estos casos, juzgaría con una mayor discrecionalidad que la atribuida al juez ordinario, más próxima a la equidad[292] que a las normas propias del derecho estricto, stricti iuris, y la sentencia arbitral, en estos casos, al igual que la judicial, probablemente tendrían carácter ejecutivo. De forma paulatina, se habría producido un progresivo acercamiento entre el arbitraje legal, el de *ius gentium* y el compromisario, en materia de actuaciones y garantías, en relación con el proceso ordinario[293].

La institución del arbitraje como técnica de resolución de conflictos basada en la autonomía de la voluntad de las partes, tiene, no obstante, su campo de actuación más natural en el arbitraje compromisario, el cual al igual que sucedía con el arbitraje del *ius gentium*, se configura como un arbitraje de equidad, en el que el árbitro decidía originariamente conforme a su leal saber y entender, si bien con posterioridad se establece que debe tener en cuenta criterios de conducta o comportamientos propios de caso concreto.

El arbitraje legal tendría pues una naturaleza mixta, en el que la impronta privada derivaría de que ninguna de las partes sería un ente público y la pú-

---

289 Cic, *Pro Roscio* 4, 11: «*...aliud est iudicium, aliud est arbitrium. Iudicium est pecuniae certae, arbitrium incertae...*».

290 En opinión de PANZARINI, *I profili di modernità...*, cit., p. 1224, la desvinculación del "derecho objetivo" del arbiter datus podría deducirse de la amplitud de su apreciación, que al igual que sucedía con el iudex datus que juzgaba las actiones bonae fidei, debía atender al "quantum aequius melius sit dari" que es señal elocuente de la equidad.

291 PANZARINI, *I profili di modernità..., cit. p. 1225- 1226.*

292 Vid. en relación con la equidad, WATSON, *Equity in the Time of Cicero*, en *Aequitas and Equity* (Jerusalem 1997), para quien la equidad actua como mecanismo corrector en el caso concreto cuando la aplicación general de las normas jurídicas conduce a una injusticia; MOLLÁ, *Consideraciones en torno a la aequitas*, en *Justicia, Solidaridad, Paz, Estudios en Homenaje al Prof. José María Rojo* (Valencia 1995).

293 Vid. en BROGGINI, *Index Arbiterve*, cit.; TALAMANCA, *L'arbitrato romano dai veteres a Giustiniano*, Labeo 1974, pp. 83-104.; MARTINO, *Arbiter* cit., MERCHAN, *El arbitraje*. Estudios histórico-jurídicos. Sevilla, 1995.

blica vendría dada por su previsión legal y el carácter ejecutivo de la sentencia. Parece razonable pensar, por otra parte, que el arbitraje legal se habría asimismo conformado, al igual que los arbitrajes de naturaleza pública, con posterioridad y en la estela del arbitraje compromisario.

Capítulo IV.
Bases romanísticas del arbitraje actual: análisis de las concordancias entre el derecho justinianeo y la legislación vigente en materia de arbitraje

Sumario: 1. Observaciones preliminares. 2. Disposiciones generales: A) Materias objeto de arbitraje. B) Funciones de apoyo y control judicial del arbitraje. 3. Del convenio arbitral: A) Forma y contenido del compromiso arbitral. B) Arbitraje testamentario. C) Demanda ante un tribunal sobre un asunto sometido a arbitraje. 4. De los árbitros: A) Capacidad para ser árbitro. B) De los árbitros. Nombramiento y número árbitros. C) Motivos de abstención y recusación. Nombramiento de árbitro sustituto. D) Responsabilidad de los árbitros. 5. De la sustanciación de las actuaciones arbitrales: A) Inicio, plazo y prórroga del arbitraje. B) Lugar del arbitraje. Comparecencia de las partes. 6) Del pronunciamiento de la sentencia arbitral y de la terminación de las actuaciones. A) Normativa aplicable al fondo de la controversia: Equidad o Derecho. Adopción de decisiones colegiadas. Laudo por acuerdo de las partes. B) Plazo, forma, contenido y notificación de la sentencia arbitral. C) Terminación de las actuaciones. Extinción del compromiso. D) Corrección, aclaración y complemento de la sentencia arbitral. 7. De la Anulación y ejecución de la sentencia arbitral. A) De la anulación de la sentencia arbitral. Recursos. b) De la ejecución de la sentencia. De la cosa juzgada.

1. OBSERVACIONES PRELIMINARES

Del análisis de las concordancias examinadas entre el Derecho romano justinianeo[294] y la legislación actual en materia de arbitraje, cabe deducir la

---

[294] Vid. en SITZIA, Riflessioni in tema di arbitrato in diritto giustinianeo e bizantino, Annali del seminario giuridico dell'università degli studi di Palermo. V. LVII, 2014, pp. 239 ss.

base romanística del arbitraje actual, en atención a la similitud existente entre numerosos textos romanos y las normas reguladoras de los distintos aspectos y soluciones previstas en la ley española de arbitraje y en el arbitraje internacional[295].

El presente capítulo tiene por objeto poner de relieve las concordancias existentes entre los textos jurídicos romanos y la regulación actual en materia de arbitraje, Ley 60/2003 de Arbitraje, de 23 de diciembre, modificada por Ley 11/2011, de 20 de mayo, al objeto de delimitar la pervivencia, en su caso, de las líneas maestras del arbitraje compromisario romano en la normativa del texto legal vigente en la legislación española.

2. DISPOSICIONES GENERALES (TÍTULO I, LA.)

Con carácter general, cabe subrayar que en el Derecho Romano hay un mayor grado de reconocimiento de la autonomía de la voluntad de las partes en la configuración del arbitraje, así como un mayor reconocimiento de la discrecionalidad en la actuación arbitral que la existente en el arbitraje moderno[296], que se caracteriza, en esencia, por el carácter imperativo de muchas de las normas aplicables al arbitraje, que quedan fuera, por tanto, de la disponibilidad de las partes, en aras de una mayor seguridad jurídica y del reforzamiento de las garantías de los intervinientes[297].

---

[295] Vid. al respecto en THOMAS BATY, *The difference between arbiter in the roman sense and modern arbitrators*, University of Pensilvania Law Review and American Law Register, vol. 65, n. 8, 1917, pp. 732-736.

En su reciente y citado estudio, PANZARINI, I *profili di modernità degli arbitrati greci e romani nei principi e nesse regole tecniche da essi trapassati, con sorpendenti coincidenze, negli ordierni arbitrati*, cit., pp. 1203 ss., ha puesto de relieve la modernidad de los arbitrajes griegos y romanos en los principios y en la disposiciones reguladoras y su trasvase, con sorprendente coincidencia, a los modernos arbitrajes, con especial referencia a la Convención europea sobre arbitraje de 1961 y a la Ley Modelo Uncitral: «...no pocos de los fragmentos del Digesto aparecen "tradotti quasi ad verbum" en alguna de nuestras normas codificadas relativas al arbitraje...», en p. 1221.

[296] En relación con la fundamentación del arbitraje en la autonomía de la voluntad de las partes, y su vinculación con la libertad como valor superior del ordenamiento, vid. STC 176/ 1996, de 11 de noviembre (BOE de 17 de dcbr.): «Tal planteamiento, sin embargo, no puede ser compartido, ya que supondría tanto como privar al arbitraje, cuya licitud constitucional hemos declarado reiteradamente (SSTC 43/ 1988, 233/ 1988, 233/ 1988, 15/1989, 288/ 1993 y 174/ 1995), de su función como medio heterónomo de arreglo de controversias que se fundamenta en la autonomía de la voluntad de los sujetos privados, lo que constitucionalmente le vincula con la libertad como valor superior del ordenamiento...».

[297] Suele ser frecuente, en todo caso, en el derecho actual, que en determinados sectores de la actividad económica, las partes, por razones de agilidad, sencillez, brevedad, especialización y economía de medios acuerden, mediante cláusula insertada en el contrato que formalizan, la

A) Materias objeto de arbitraje

Se consideran materias, en los textos romanos, no susceptibles de arbitraje: el conocimiento de los delitos públicos, así como de aquellos delitos cuya condena suponga infamia, de las causas relativas a la libertad de las personas y de las actuaciones que sean objeto de persecución mediante acciones populares.

Así en: D. 4.8.32.6: «Escribe Juliano, sin hacer distinción, que si se recurrió a un árbitro por error para que decida sobre algún delito, cuya condena supone infamia, o sobre asunto respecto del que exista acción pública (así sobre adulterios, asesinatos o cosas semejantes), debe impedir el pretor que se dicte sentencia o que se ejecute la ya dictada».

D. 4.8.32 7: «Cuando el compromiso recae sobre una causa relativa a la libertad de una persona, con razón no debe obligarse al árbitro a dictar sentencia, porque la consideración que se debe a la libertad exige que el enjuiciamiento se atribuya a jueces superiores. Lo mismo ha de decirse si la cuestión afecta al nacimiento o no en libertad o a la condición de liberto, y cuando se alega que se debe la libertad por razón de fideicomiso. Lo mismo cabe afirmar respecto de las acciones populares».

Art. 2. LA. Materias objeto de arbitraje. Art. 2. 1: «Son susceptibles de arbitraje las controversias sobre materias de libre disposición conforme a derecho».

B) Funciones de apoyo y control judicial del arbitraje

Con anterioridad a la tipificación legal del arbitraje en el Edicto pretorio, las partes compromitentes no podían dirigirse al magistrado para obligar al árbitro a dictar sentencia.

En la regulación del arbitraje compromisario previsto en los edictos de los pretores, se habría contemplado, como una de las primeras disposiciones, la tipificación, como obligación legal, de la aceptación del árbitro, *receptum*, dirigida a dirimir una controversia inter partes mediante el pronunciamiento de una sentencia, lo que produce, entre otros efectos, que el árbitro no pueda, sin justa causa, renunciar al ejercicio de su función, que el magistrado intervenga en los casos de actuación dolosa o negligente del árbitro en el curso

---

sumisión a arbitraje, en caso de conflicto en la interpretación o aplicación de las disposiciones previstas en la relación negocial.

del procedimiento arbitral y, que sancione, mediante multa[298] o embargo de bienes, la negativa injustificada del árbitro a pronunciarse sobre el fondo del asunto que se le plantea[299], con lo que ello supone de injerencia y control por parte de los pretores, en el ejercicio de su potestad jurisdiccional –y una vez suprimida esta función pretoria, por parte de los jueces, titulares de la potestad jurisdiccional– de la actuación arbitral.

El principal problema existente con anterioridad a la previsión del compromiso arbitral en el texto edictal era la ausencia de medios jurídicos para obligar al árbitro al cumplimiento de su función, si bien la intervención del pretor en garantía de cumplimiento de la actuación del árbitro suele producirse más que de oficio[300] a instancia de parte, en lo que puede considerarse como un reforzamiento de la posición de las partes frente al árbitro.

La intervención pretoria se manifestaba bien prohibiendo al árbitro que dictase sentencia o que ejecutase la ya dictada[301], bien obligándole a que la dictase, o bien sancionándole mediante multa[302] o embargo de bienes, si se negase, de forma injustificada, a pronunciarse sobre el fondo del asunto[303].

---

[298] Así en D. 4.8.32. 12: «Si no se pudiese localizar al árbitro por haberse ocultado, el pretor deberá buscarlo, y si en largo tiempo no pudiera darse con su paradero, se le impondrá una multa».

[299] Así en D. 4.8.19.1: «...y si se hubiese asumido el arbitraje sobre varias cuestiones no se entiende que se ha dictado sentencia más que si hubiese puesto término a todas las controversias; si no lo hace así, el pretor debe obligarle a hacerlo». D. 4.8.32.16: «...no se pone fin a la controversia cuando se difiere el arbitraje o se transfiere a otro y es parte de la sentencia el determinar cómo se debe afianzar y con qué fiadores, lo que no se puede delegar...». A remedios extraprocesales, en el caso de incumplimiento de las resoluciones pretorias, se hace asimismo referencia en D. 25.4.1.3: «...habrá de ser obligada, con los remedios extraprocesales pretorios, a comparecer en juicio, y si no compareciera, se le tomarán y venderán cosas en prenda, o se le sancionará mediante multas».

Acerca de la posibilidad de obtener medidas cautelares en el arbitraje actual vid. RAMIS MENDEZ, *Arbitrage international et mesures convervatoires*, en Rev. Arb. 1985, pp. 51-68.

[300] En D. 4.8.32.6., se hace mención a una intervención de oficio por parte del pretor: «...Si se recurrió a un árbitro por error para que decida sobre algún delito, cuya condena supone infamia, o sobre un asunto respecto del que exista acción pública (así por ejemplo, sobre adulterios, asesinatos, o cosas semejantes) debe impedir el pretor que se dicte sentencia o se ejecute la ya dictada».

[301] Así en D. 4.8.32.6: «...deberá impedir el pretor que - el árbitro - dicte sentencia o ejecute la ya dictada».

[302] A remedios extraprocesales, en el caso de incumplimiento de las resoluciones pretorias, se hace asimismo referencia en D. 25.4.1.3: «...habrá de ser obligado, con los remedios extraprocesales pretorios, a comparecer en juicio, y si no compareciera, se le tomarán y venderán cosas en prenda, o se le sancionará mediante multas». En el mismo sentido en C. J. 2.55.2 (a. 530): «Si contraviniendo el compromiso tu adversario se negó a comparecer ante el árbitro elegido, se considerará sujeto a la pena convenida». Es decir, para constreñir al árbitro a dictar sentencia el pretor disponía de medios coercitivos como la multa o la toma de cosas en garantía.

[303] Opina VALIÑO, en *El arbitraje en Els "Furs de Valencia" y sus similitudes con la regulación romana*, cit., p. 24 ss, que a pesar de las evidentes ventajas que para los compromitentes tenía el procedimiento arbitral, éste no constituyó una institución que gozara de gran predicamento hasta la época romana tardía, en la que comienza a cobrar auge como consecuencia de la creciente

Conforme se afirma en D. 4.8.3: «Aunque el pretor no obligará a nadie a sumir la función de árbitro, porque la asunción de tal condición es libre e independiente y está fuera de la coacción del magistrado, sin embargo, tan pronto como se acepta el arbitraje, el pretor procurará que la función de árbitro se desempeñe con cuidado y solicitud…».

El magistrado controla el cumplimiento de las condiciones de validez del *compromissum* y del *receptum*, mediante una cognitio de las circunstancias que se le plantean, así: las condiciones de capacidad de las partes, de sus representantes, y del árbitro, el objeto del compromiso, las materias que no podían ser objeto de arbitraje, excusas del arbitraje, etc.[304]. Por otra parte, si bien lo usual es que la elección del árbitro se realice por las partes, en ocasiones la designación se atribuye al magistrado. El magistrado concede asimismo determinadas acciones y poderes a las partes y al árbitro.

Se produce con todo ello una paulatina aproximación del arbitraje al juicio[305], respecto del que se comienza ya a configurar el arbitraje privado como un complemento y una alternativa en la resolución de conflictos, al propio tiempo que tiene lugar un progresivo alejamiento de la institución arbitral de la mediación y la transacción, en cuyo marco se había desenvuelto el arbitraje en los primeros tiempos, con lo que ello supone de cambio sustancial en la naturaleza del arbitraje.

La previsión legal referente a las funciones de apoyo y control del arbitraje se regula en los artículos 8 LA, artículo 33 relativo a la Asistencia judicial para la práctica de pruebas y artículo 722 de la Ley 1/2000, de 7 de enero, de Enjuiciamiento Civil[306].

---

complejidad de los procedimientos y la corrupción de la administración de justicia, excesivamente ligado al poder político.

[304] Así en D. 4.8.9.4, y en D. 4.8.15, donde se hace referencia a la cognitio causae del pretor respecto a excusas de arbitraje.

[305] En ningún momento cabe hablar, no obstante, de paralelismo legal entre el juicio, al que se reconoce una posición prevalente, y el arbitraje, así en D. 4.8.9.2, se afirma: «Prohíbe la Ley Julia – sobre los juicios – que el que es juez asuma el arbitraje sobre un asunto del que es juez, o que autorice que se contraiga tal compromiso, y si hubiese dictado sentencia, no se debe dar acción para reclamar la pena por incumplimiento», lo que no sucede en sentido contrario, dado que planteado un arbitraje, cabe la posibilidad de iniciar un juicio ordinario sobre el mismo asunto, así en D. 4.8.9.5.

La pretendida influencia del procedimiento arbitral en el juicio ordinario, denominado formulario en derecho romano, ha sido resaltada por LA PIRA, *Compromissum e litis contestatio formulare*, Studi Riccobono, 2, Palermo 1936, pp. 190 ss, el mismo sentido en ZIEGLER, *Das prívate…*, cit., pp. 162 ss.

[306] Vid. al respecto en FERNÁNDEZ BALLESTEROS, *El Reformado art. 8 de la Ley de Arbitraje.* Spain arbitration review: revista del Club Español del Arbitraje, Nº. 13, 2012, págs. 75-92.

3. DEL CONVENIO ARBITRAL (TÍTULO II)

A) Forma y contenido del compromiso arbitral

Forma. En ocasiones el compromiso se contiene en un mero pacto, nudo pacto, D. 4.8.3 (Ulp. 13 ed), si bien lo más frecuente es que el pacto de compromiso, se refuerce mediante el intercambio de estipulaciones penales entre las partes. Cabe asimismo que la estipulación no sea penal, sino pura. La pena prevista en la stipulatio podía consistir en una cantidad de dinero o en otra cosa, así en D. 4.8.11.2 (Ulp.13 ed.). Cabe incluso que uno prometa una cosa y el otro dinero, así en D. 4.8.2, in fine[307].

Observa Murga que tras el estudio de los documentos de Herculano en donde se recogen varios tipos de estipulaciones, pudo comprobarse que no existía para los mismos una única fórmula[308]. Es decir, no serían exigibles palabras solemnes determinadas, verba solemnia en el intercambio de las preguntas y respuestas en las que consistía la estipulación que se realizaba al propio tiempo que el acuerdo de arbitraje, *stipulatio compromissi,* y que tenía la virtualidad de convertir en obligatoria una convención lícita entre personas capaces de contratar, pero no exigible ante el magistrado jurisdiccional, como era al acuerdo de someter a un árbitro la decisión de una controversia.

El papel que en buena medida cumplían en Derecho romano las preguntas y respuestas en las que consistían las estipulaciones realizadas entre las partes que formalizaban un arbitraje, constituye la referencia histórica más precisa de la previsión contenida en el artículo 9.3 LA, atinente al Convenio arbitral: «Se considerará que hay convenio arbitral cuando en un intercambio de escritos de demanda y contestación su existencia sea afirmada por una parte y no negada por la otra».

Art. 9. 1. LA: «El convenio arbitral, que podrá adoptar la forma de cláusula incorporada a un contrato o de acuerdo independiente…» 3. «El convenio arbitral deberá constar por escrito, en un documento firmado por las partes o en un intercambio de cartas, telegramas, telex, fax u otros medios de telecomunicación que dejen constancia del acuerdo».

Contenido. En relación con el contenido, cabe señalar que las principales aspectos sobre los que versaba el acuerdo de compromiso o convenio arbitral radicaban, como ya ha sido señalado, en:

a) La determinación del objeto de la controversia sometida a arbitraje

---

307 Vid. al respecto en ROUSSIER, *Du compromis sine poena,* RHD. 18.1939, PP. 170 ss.

308 Vid. en MURGA, *El «iudicium cum addictione»…*, cit. p. 56.

b) La elección de árbitro o árbitros
c) El sometimiento de las partes a la decisión de éstos sobre el fondo de la controversia y
d) El tiempo y el lugar en que debe realizarse el arbitraje, que constituían asimismo elementos integrantes del contenido del compromiso.

Podía ser objeto de compromiso una controversia concreta entre partes o todas las existentes entre quienes llegan al acuerdo compromisario. A este último supuesto se refieren los textos como *compromissum plenum*[309].

Así en D. 4.8.21.6: «Llamase compromiso pleno al que versa sobre asuntos varios controvertidos, dado que se refiere a todas las controversias, pero si se discute sobre una sola, aunque se haya hecho un compromiso pleno, subsisten, sin embargo, las acciones nacidas de las demás causas...»[310].

Del texto mencionado cabe deducir que el árbitro deberá decidir sobre todas las discordancias, presentes o futuras, que se deriven de la originaria situación, jurídica o extrajurídica, objeto de controversia, pero ello no implicará que asuma el arbitraje sobre otras controversias futuras que puedan surgir entre las partes, que deberá ser objeto de acuerdo expreso. Así en D. 4.8.46 se establece que no podían ser objeto de compromiso cuestiones futuras ni sobrevenidas al compromiso realizado: «El árbitro puede juzgar sobre los asuntos, cuentas y controversias existentes al tiempo de realizar el compromiso, pero no de las sobrevenidas en un momento posterior»[311].

Cabía, por otra parte, la posibilidad de que al árbitro se le encargase por las partes la decisión de diversas controversias que podían, o no, tener algún elemento común entre sí, en cuyo caso era determinante saber si el compromiso era de que dictase sentencia a la vez sobre todos los asuntos pendientes, o no se requería esta exigencia, así en D. 4.8.21.pr: «Qué cabe decir en aquellos casos en los que el árbitro fue nombrado para decidir sobre muchas controversias que no tienen nada de común entre sí y dictó sentencia sobre una y no sobre las otras, decaerá entonces como árbitro?...».

---

309 Acerca de las varios significados de la expresión compromissum plenum, vid. en BUIGUES, *La solución amistosa...* cit., pp. 213 ss, y el apartado del capítulo primero rubricado como Terminología en materia de arbitraje.

310 Observa PANZARINI, I profili di modernità, pp.1225 ss, que el compromisum plenum se descompone en el compromiso en sentido estricto, consistentente en el acuerdo entre las partes del combramiento del árbitro, y de estar a la sentencia arbitral, stare sententiam dicere, la aceptación por parte del árbitro, arbitrium recipere y el compromiso de dictar sentencia, sententiam dicere, y la stipulatio poenae entre las partes, mediante la cual la pecunia comprometida garantizaba el normal desarrollo del arbitraje y el cumplimiento por parte de la sentencia del árbitro

311 La prohibición relativa al conocimiento de cuestiones futuras en el compromiso constituye asimismo otra punto en común respecto de la regulación procesal, así en D. 5.1.3.5: «Así como puede estar pendiente la obligación de un fiador, o puede hacerse la fianza para un momento futuro, no puede, por el contrario, quedar pendiente un juicio... así no puede haber juicio antes de que se deba algo».

El objeto de la controversia constituye, por tanto, uno de los aspectos esenciales del convenio arbitral. En su concreción, la voluntad de las partes se configura como el único elemento determinante, lo que constituye una diferencia relevante con la mecánica propia del juicio ordinario.

Así, en el marco del proceso formulario, la fase ante el magistrado concluía con la redacción de un documento, denominado fórmula, en el que se recogían, bajo la supervisión del magistrado con potestad jurisdiccional, los términos del conflicto planteado, la aceptación por las partes de someter la controversia al conocimiento y decisión de uno o varios jueces privados y la resolución del magistrado mediante la que se le ordena al juez que proceda a juzgar, *iussum iudicandi,* al tiempo que le otorga la potestad de absolver o condenar, *potestas absolvendi aut condemnandi.*

Redactada la formula, cabría afirmar que daba comienzo el juicio en sentido técnico, que deberá desarrollarse sobre la base y en los estrictos términos contenidos en el documento, formula, elaborado, probablemente, por el magistrado en colaboración con las partes.

Los trámites a desarrollar ante el juez privado, investido de la función pública de juzgar, son básicamente, la exposición y defensa de las posiciones de los litigantes, la práctica de la prueba y la sentencia, y se desarrollan, en líneas generales, tanto en el proceso como en el arbitraje, aunque con mayor o menor incidencia de uno u otro principio, según el medio escogido para la resolución de la controversia, conforme a los principios de oralidad, concentración, audiencia, contradicción, dispositivo, de inmediación y de publicidad.

En el marco del arbitraje, el contenido del convenio que es acordado de forma exclusiva por las partes y se materializa en el denominado compromissum, fija los límites objetivos del controversia, de los que no podrá apartarse el árbitro en el conocimiento de la causa y en su sentencia, y en cuyo ámbito, eso sí, gozará de una casi total libertad de actuación, superior a la reconocida al juez investido de potestad juzgadora. Así en D. 4.8.32.15: «Deben saber los que ostentan el cargo de árbitro que deben basarse en todos sus extremos en el mismo compromiso, porque ningún árbitro puede ir más allá de lo previsto en el convenio. Así pues, no podrá el árbitro resolver lo que quiera, ni sobre cualquier asunto, sino respecto del que es objeto del compromiso y hasta donde éste alcance».

D. 4.8. 21.8: «No deben someterse los litigantes cuando el árbitro hubiese mandado alguna cosa contraria a la moral»[312]

[312] En relación con el principio ético-moral conforme al cual las partes quedan desligadas del compromissum si la decisión del árbitro seconsidera contraria a la moral y su correspondencia con disposiciones contenidas en el Código Procesal Civil italiano y en laConvención de Nueva York, vid. en PANZARANI, Profili di modernitá..., cit., pp. 1244- 1245.

En el artículo 41 de la LA, en relación con los motivos de anulación del laudo se establece: 1 El laudo sólo podrá ser anulado cuando la parte que solicita la anulación alegue y pruebe: c) Que los árbitros han resuelto sobre cuestiones no sometidas a su decisión. d) Que los árbitros han resuelto sobre cuestiones no susceptibles de arbitraje[313].

La necesidad de respetar los límites de la controversia fijados en el convenio arbitral y en la formula procesal constituyen, por tanto, un rasgo común a ambas técnicas, arbitraje y proceso, de resolución de conflictos. Sin embargo, mientras la conformación del convenio arbitral tiene naturaleza privada, la elaboración del documento procesal, denominado fórmula, en torno al cual se desarrolla el procedimiento ante el juez, se caracteriza por su impronta estatal.

El texto de un compromiso tipo, así uno fechado en el año 590 d. C.[314], solía contener los siguientes aspectos:

— Identificación de los litigantes
— Objeto del compromiso, que en este caso consistía en una controversia acerca de la cantidad de dinero a entregar.
— Sumisión expresa de de las partes ante el árbitro elegido
— Juramento
— Compromiso de las partes de acatamiento de la sentencia arbitral
— Sanción a la parte que transgreda la resolución arbitral
— Ratificación del compromiso[315].

A la posibilidad de que el arbitraje compromisaario recaiga sobre varias controversias existentes entre las partes, se hace referencia en *D. 4.8.46. Paulus libro 12 ad Sabinum*: «El árbitro puede juzgar sobre los asuntos, controversias y cuentas que existían desde el primer momento entre los que formalizaron el compromiso, pero no de las sobrevenidas con psoterioridad»[316]

Art.9.1 LA: «El convenio arbitral... deberá expresar la voluntad de las partes de someter a arbitraje todas o alguna de las controversias que hayan surgido o puedan surgir respecto de una determinada relación jurídica, contractual o extracontractual».

---

313 Vid. al respecto en SENES MOTILLA, *La intervención judicial en el Arbitraje*, Civitas 2007.

314 Vid. en BERGER, *Die Strafklauseln in den Papyrusurkundem, neudruck Aalen 1965*, Leipzig 1911, pp. 212 ss.

315 Vid. en SBORDONE, *Barbatius Epaphroditus arbiter puteolanus*, en Sodalitas. Scritti in onore di Antonio Guarino, 1985, 4, pp. 1919- 1925, las precisas referencias contenidas en la tabla pompeyana conservada, al árbitro compromisario, Barbatius, elegido, en torno al año 55 d. C., por los contendientes, dos conocidos hombres de negocios, de común acuerdo, a la hora y el día de la audiencia, al tiempo fijado al árbitro para dictar sentencia, a los testigos.

316 Vid. al respecto en PANZARINI, I profili di modernità..., cit., pp. 1230- 1231.

B) Arbitraje testamentario

La conexión entre la materia testamentaria y el arbitraje se manifiesta en los primeros textos legales romanos de los que tenemos noticia. Así ya en la Ley de las XII Tablas, del siglo V a. C., se preveía el nombramiento de un árbitro por el magistrado, *legis actio per* (*iudicis*) *arbitri postulationem*, en los supuestos en los que se planteaba una controversia en la división de una herencia entre coherederos o legatarios[317].

Se trataba, en definitiva, de supuestos en los que las partes acudían ante el magistrado ante la existencia de una controversia y éste, en atención a la materia y conforme a la previsión legal, y de ahí la denominación de arbitraje legal, procedía al nombramiento no de un juez, sino de un árbitro, que elegido por las partes y convalidado por el magistrado, o bien designado de forma directa por el éste, arbiter datus, interviene para dar su opinión, sententia, en determinados tipos de asuntos tipificados en la ley[318].

El árbitro, en estos casos, juzgaría con una mayor discrecionalidad que la atribuida al juez ordinario, más próxima a la equidad que a las normas propias del derecho estricto, *stricti iuris*, y la sentencia arbitral, en estos casos, al igual que la judicial, probablemente tendrían carácter ejecutivo.

Artículo 10 LA: «También será válido el arbitraje instituido por disposición testamentaria para solucionar diferencias entre herederos no forzosos o legatarios para cuestiones relativas a la distribución o administración de la herencia».

C) Demanda ante un Tribunal sobre un asunto sometido a arbitraje

Cabe al respecto el planteamiento de dos cuestiones diferentes en Derecho Romano:

1ª) ¿Si una de las partes, con anterioridad a que sea dictada la sentencia arbitral, acude a la jurisdicción ordinaria, puede la otra parte oponer la ex-

---

317 La Ley Licinia estableció asimismo la intervención arbitral en la división de cosas comunes, conforme a Instituciones de Gayo, 4.17 a, y es probable que en la fijación de los confines de las fincas se acudiera también a árbitros.

318 Vid. al respecto en BROGGINI, *Iudex arbiterve*, cit. y FUENTESECA, *Las legis actiones como etapas del proceso romano. 5. Postulatio iudicis arbitrive.* AHDE 1964, pp. 209-233. En opinión de este autor, la petición de árbitro, postulatio arbitri, de esta acción de la ley *per iudicis arbirive postulationem* habría sido el medio idoneo para la sanción de los delitos privados. El demandante afirmando el hecho delictivo pediría al pretor el nombramiento de un árbitro para que realizase la estimación del daño, *damni decisio*.

ceptio pacti y paralizar la acción, en atención al compromiso de someter la controversia a arbitraje?

Los textos parecen reflejar en este punto una evolución favorable al reforzamiento del pacto compromisorio, dado que si bien en la época clásica no parece que del mismo se derivase una *exceptio pacti* compromissi que sirviese para paralizar el inicio de un procedimiento judicial sobre la misma cuestión, a partir de la época postclásica, y en la época justinianea, del pacto de compromiso surgiría una excepción, *exceptio pacti* o *exceptio pacti conventi* que cumpliría la función de la actual declinatoria, y paralizaría el conocimiento de la cuestión ante los Tribunales.

Si el *compromissun* no es, en la época clásica, un pacto en sentido técnico, no resultaría, por ende, protegido por el edicto de pactis, ni generaría una *exceptio pacti compromissi*, como así parece deducirse de los textos clásicos y conforme a la opinión mayoritaria de la doctrina[319], por lo que si uno de los compromitentes entabla una acción ordinaria sobre el objeto del compromiso, no cabría enervarla mediante una exceptio, y sólo cabría plantear, en el caso de que la convención de arbitraje se hubiese reforzado mediante estipulaciones, la acción derivada de las recíprocas estipulaciones puras o in faciendo, para exigir la reparación de daños e intereses correspondiente, o la acción derivada de las estipulaciones penales, en el que caso de que éstas se hubiesen formalizado, para exigir el pago de la pena prevista.

En definitiva, si un asunto se somete a arbitraje y antes de iniciarse el procedimiento arbitral o sin haberse éste resuelto mediante sentencia, se inicia un proceso sobre el fondo de la cuestión por alguna de las partes, la parte que incoa el procedimiento deberá pagar la pena, o la indemnización por daños e intereses, prevista en las estipulaciones, por el incumplimiento del acuerdo de someter la controversia a arbitraje, y el magistrado procederá a iniciar el conocimiento del asunto.

---

[319] Para un sector doctrinal el *compromissum* es ya, en la época clásica, un pacto tutelado por el edicto de pactis (no todas las convenciones son pactos en sentido técnico, tutelados por el *edicto de pactis*) del que deriva una *exceptio pacti compromissi*. Por el contrario, para otro grupo de autores, en esta etapa, el *compromissum* es un mero acuerdo o convención al que no cabe reconocer la naturaleza de pacto, en sentido técnico y, en consecuencia, no resulta encuadrable y tutelado en el *edictum de pactis*.

Para LA PIRA, *Compromissum*, cit., pp. 201 ss., el compromiso no es un pacto protegido por el edicto de pactis, sino un negocio formal constituido por estipulaciones penales, al margen de la conventio entre las partes, las cuales servirían de protección y garantía a los compromitentes. Por el contrario, Talamanca, Ricerche, cit. pp. 39 ss., distingue entre la conventio entre las partes, que no sería, sin embargo, un pacto del que se derive una exceptio, y las estipulaciones in faciendo o penales, que reflejarían el contenido del pacto y lo dotarían de eficacia. Para otros autores, el compromissum sería un pacto con estipulaciones accesorias, pero independiente en cuanto tal respecto a éstas.

A la consideración del compromissum como una convención no tutelada por el *edicto de pactis*, de la que no derivaría una exceptio pacti compromissi capaz de paralizar el conocimiento de la cuestión ante los Tribunales, aluden los siguientes textos, respecto de los que no parecen existir dudas consistentes de interpolación: D. 4.8.30: «Si alguno lleva a juicio el asunto sobre el que se ha hecho el compromiso… deberá imponérsele la pena prevista, y continuará el pleito por sus trámites ante el juez», D. 4.8.9.5: «Opina Juliano que si los litigantes acuden a juicio ordinario o a otro árbitro, despreciando la autoridad del árbitro al que se ha encargado el conocimiento del compromiso, y con posterioridad acuden de nuevo al mismo árbitro, el pretor no deberá obligarle a juzgar a quienes le hicieron la injuria de despreciarlo y acudir a otro», D. 4.8.2: «Se admite que del compromiso no se deriva una *exceptio*, sino una petición de la pena acordada.

2ª) ¿Dictada la sentencia arbitral, puede cualquiera de las partes, la que se sienta perjudicada por la sentencia o incluso aquella parte a cuyo favor presuntamente ha sido dictada la sentencia, acudir a la jurisdicción ordinaria y replantear de nuevo el asunto? Los textos parecen claros al respecto. Así, en D. 4.8.21.1, Ulpiano: «Si el árbitro hubiese sentenciado en el sentido de que Ticio nada debe a Seyo…, y sin embargo éste hubiese reclamado «ante un juez», se entiende que ha actuado contra la sentencia del árbitro, y así respondieron Ofilio y Trebacio».

Parece pues, conforme al texto señalado, que cabría iniciar un proceso ordinario, no obstante la decisión arbitral sobre el mismo asunto. *Consultatio veteris iurisconsulti*: 9.17: «Contra la sentencia del árbitro, sólo cabe reclamar la pena derivada del compromiso, no lo que deriva del pacto convenido».

La opción que se da, por otra parte, en D. 4.8.11.3, a quienes han realizado un pacto de compromiso revestido de estipulación penal, de acudir a la *exceptio pacti* o a la acción derivada de la *stipulatio poenae* no parece aplicable al compromiso, en la medida en que la *conventio* compromisoria no tiene la consideración de un pacto en sentido técnico, del que se derive una *exceptio pacti*, como así se señala en los textos en los que se alude con carácter específico al compromiso, así en D. 4.8.2 y Consultatio 9.17 (Vid. en el sentido expresado en nt. 68 de Valiño, y en contra este autor), y a que en el mencionado texto se hace referencia a un específico pacto de no pedir, *pactum de non petendo*, entre los compromitentes, del cual si se deriva una excepción: «En ocasiones, como escribe Pomponio, el compromiso se hará mediante nudo pacto, así si ambas partes fueran deudores, y pactaran que el que no cumpla la sentencia del árbitro, no pueda reclamar judicialmente lo que se le debe»[320]

[320] Acerca de la no clasicidad de la exceptio veluti pacti, excepción como de pacto, en el compromiso mencionada por Ulpiano en D. 4.8.13.1, vid. VALIÑO, *Del arbitraje en Els "Furs de Va-*

En la época postclásica se habría introducido la *exceptio veluti pacti* en el pacto de compromiso, así en C. J. 2.55.5.pr.: «...dictada la resolución arbitral, no sólo nacerá para el reo la excepción a semejanza de la derivada de pacto, sino también por nuestra voluntad la acción por el hecho a favor del actor... *Non solum reo exceptionem veluti pacti generari, sed etiam actori ex nostro numine in factum actionem...*».

Una vez dictada la resolución arbitral cabrá, por tanto, oponer la excepción derivada del compromiso frente a cualquier pretensión de replantear la cuestión ante un órgano judicial, en la línea de la actual, declinatoria. A la excepción como de pacto se refiere ya a finales de la època clasica Ulpiano, recogido en D. 4. 8.13. 1: «...si el compromiso arbitral es sólo sobre los asuntos controvertidos de uno de los estipulantes no hay razón para dudar que valga el compromiso... si demanda el estipulante puede decirse que el compromiso es pleno, porque el demandado está ya seguro mediante una excepción como de pacto...»[321].

Art. 11 LA. Convenio arbitral y demanda en cuanto al fondo ante un Tribunal.

«El convenio arbitral obliga a las partes a cumplir lo estipulado e impide a los tribunales conocer de las controversias sometidas a arbitraje, siempre que la parte a quien interese lo invoque mediante declinatoria».

La propia referencia a «cumplir lo estipulado» es una huella de la institución de la estipulación romana, *stipulatio*, utilizada para formalizar el compromiso arbitral.

4. DE LOS ÁRBITROS

A) Capacidad para ser árbitro

Sólo podían ser árbitros aquellas personas que tuviesen plena capacidad de obrar negocial[322].

lencia"..., cit., nota 72, y la bibliografía allí citada. Sobre las excepciones de arbitraje en derecho actual, vid. DAMIAN MORENO, *La declinatoria de arbitraje. La reforma de la Ley de Arbitraje de 2011,* La Ley, 2011m pp. 19-36.

[321] En opinión de ROTONDI, el régimen de la *exceptio veluti pacti* no es propio de la época clasica, sino que se trata de una construcción doctrinal de la época bizantina, conocida en la práctica del derecho prejustinianeo sólo en Oriente, para ser con posterioridad asumida y fijada por Justiniano.

[322] Sobre la prohibición de que las mujeres desempeñen la función de árbitro, vid. FERRETI, *Mulier arbitratus. Un divieto muliebre e diversi approcci ermeneutici,* Annali Univ. Ferrara, Sc. giur. Nuova serie. Vol. XXIV, 2010, pp. 43-57.

No podían, en consecuencia, asumir un arbitraje, los menores sometidos a tutela o a patria potestad, ni los mayores de edad menores de 20 años, así en un texto de Calistrato, D. 4.8.41, en el que se equipara, a estos efectos, a jueces y árbitros, hasta el punto de utilizarse la expresión de *iudicem compromissarium*: «Estando dispuesto por la ley Julia, que el menor de veinte años no sea apremiado a juzgar a nadie, no es lícito elegir como juez compromisario al menor de veinte años, por lo que en modo alguno se incurre en pena por el incumplimiento de su sentencia...».

Sí podían ser árbitros y, en consecuencia, ser obligados a dictar sentencia, si hubiesen asumido tal responsabilidad, los hijos de familia mayores de 20 años y sometidos a patria potestad, así en D. 4.8.5: «También puede ser obligado el hijo de familia a desempeñar la función que aceptó como árbitro».

El principio de incapacidad por razón de falta de libertad de la persona elegida como árbitro decae sí, con posterioridad, desaparecida la causa de invalidez y atribuido el *status libertatis* a la persona encargada de asumir el arbitraje, las partes manifiestan su conformidad con la actuación arbitral, así en D. 4.8.9. pr. Asimismo la incapacidad por razón de edad, para actuar como juez, parece, no obstante, encontrar una excepción, en aquellos casos de consentimiento expreso de las partes, siempre que quien actúa como juez sea mayor de dieciocho años, lo que parece extensible, por analogía con la disposición prevista en la *Lex Iulia*, al árbitro compromisario, así en D. 42.1.57, texto probablemente interpolado en época justinianea: «...si se nombró, con el consentimiento de las partes, un juez menor, se dice con todo derecho que la sentencia es válida para aquéllos que lo sabían y consintieron en su nombramiento...»[323].

En D. 4.8.9.1 se recoge la opinión de Pomponio relativa a que no se puede formalizar un compromiso para que actúe como árbitro las personas sometidas a tutela, los sordos, los mudos, y las personas que padecen locura: «Según escribe Pomponio, no se puede contraer compromiso para que sea árbitro una persona sometida a tutela, un loco, un sordo o un mudo».

La prohibición relativa a los sordos y a los mudos debe enmarcarse en los requisitos exigidos en el ejercicio de la actividad jurisdiccional y en la oralidad requerida para la aceptación de la condición de árbitro mediante estipulación.

Cabe elegir como árbitro a cualquier persona con independencia de su estimación social, así en D. 4.8.7.pr.: «Escriben Pedio y Pomponio que no tiene

---

[323] Parece existir una contradicción entre lo dispuesto en D. 42.1.57 y lo previsto en D.4.8.1, que prohíbe que el menor de 20 años asuma el compromiso de dictar sentencia, si bien cabe señalar que no se hace referencia en este último texto a que las partes conozcan que la persona ejercida como árbitro sea menor.

relevancia que el árbitro elegido sea persona de buena fama o de reputación dudosa...». Ahora bien, si el árbitro actuare de forma venal o con manifiesta arbitrariedad a favor de una de las partes, cabrá el ejercicio de la excepción de dolo malo o de la acción de dolo, *actio doli,* derivada de la cláusula de dolo, en el caso de que ésta se hubiere agregado a la estipulación[324].

Asimismo se afirma en D. 4.8.32.14 que: «Cuando un árbitro resultase ser enemigo de forma pública y manifiesta «de uno de los litigantes» por otras causas y fuese interpelado para que no dictase sentencia, no obstante lo cual hubiese persistido en su intención, sin que nadie le apremiase a ello, el emperador Antonio Caracala respondió por rescripto a la pregunta de quién le demandaba sobre esta cuestión, que podía interponer la excepción de dolo malo».

En el caso de incapacidad de una de las partes sobrevenida durante el desarrollo del arbitraje, el árbitro no debe dictar sentencia. Así en relación con la demencia o trastorno psíquico relevante en D. 48.47 1: «Si uno de las partes que hubieren formalizado el compromiso se hubiera vuelto loco». 48: «no podrá obligarse al árbitro a dictar sentencia». 49 pr. «sino que por el contrario se le requerirá para que no dicte sentencia, porque se considera que no vale lo que se hace en presencia de una persona demente. Ahora bien, si esta persona aquejada de demencia tuviese curador, o hubiese sido incapacitado por curatela durante el desarrollo de la controversia sometida a arbitraje, podrá dictarse la sentencia en presencia del curador».

La aproximación y progresiva equiparación entre jueces y arbitros, se manifiesta en el contenido de diversos textos. Así en:

— D. 5.1.81: «No puede ser juez quien no ejerce jurisdicción... ni fue elegido en virtud de arbitraje compromisario...», donde se subraya la proximidad entre ambas funciones al efecto de juzgar[325].
— Pauli Sententiae 5.5.1: «La decisión de un *iudex* compromisario no tiene fuerza de cosa juzgada; ahora bien, si se estipuló entre las partes una pena, y la cuestión ha sido sometida a juicio ordinario, la pena puede ser reclamada sobre la base de la estipulación»[326].

---

[324] Así en C.J. 2.55. 3: «No quedarás sometido a la sentencia de los árbitros nombrados en el compromiso - Arbitrorum ex compromisso sententiae... -, si medió venalidad o arbitrariedad manifiesta de quienes actuaron como árbitros, por lo que podrás usar la excepción de dolo malo frente a la acción de la estipulación ejercitada por tu hija. Tampoco se te prohibirá demandar a tu hija en virtud de la cláusula de dolo, que suele agregarse a la estipulación de compromiso».

[325] D. 5.1.81. *Ulpianus libro quinto opinionum: «Qui neque iurisdictioni praeest neque a principe potestate aliqua praeditus est neque ab eo qui ius dandorum iudicum habet datus est nec ex compromisso sumptus vel ex aliqua lege confirmatus est, iudex esse non potuit»*.

[326] Pauli Sententiae 5.5.1: «*...Ex compromisso autem iudex sumptus rem iudicatam non facit; sed si sub poena inter eos compromissum sit, poena re in iudicium deducta ex stipulatu peti potest*».

— D. 4.8.13. 2: «Se entiende que aceptó el arbitraje, según dice Pedio en el libro noveno, el que aceptó las funciones propias de un juez, y se compromete mediante sentencia a poner fin a las controversias»[327].
— La equiparación de juicios a arbitrajes tiene lugar asimismo a los efectos dedeterminados días feriados, C.J. 3.12.7 «Ordenamos que todos los días sean hábiles a efectos jurídicos. Serán feriados los días de los meses que el año ha destinado con más indulgencia para el descanso del trabajo, los del estio... en estos días no deben conocerse asuntos litigiosos ni actuaciones ante árbitros...», o en relación con contiendas futuras o sobrevenidas, D.4.8.46: «El árbitro puede juzgar respecto a los asuntos, cuentas y controversias existentes en el momento de formalización del compromiso, pero no de las sobrevenidas con posterioridad», y D.5.1.35: «Así como puede estar pendiente la obligación de un fiador..., no puede, en cambio, quedar pendiente un juicio, ni referirse a cosas que van a ser en un momento futuro objeto de la obligación...»[328].
— En el texto de Calistrato, D. 4.8.41, ya mencionado, se equipara, a los efectos de capacidad para juzgar a jueces y árbitros, hasta el punto de utilizarse la expresión de *iudicem compromissarium*: «Estando dispuesto por la ley Julia, que el menor de veinte años no sea apremiado a juzgar a nadie, no es lícito elegir como juez compromisario al menor de veinte años, por lo que en modo alguno se incurre en pena por el incumplimiento de su sentencia...».

Art. 13 LA: «Pueden ser árbitros las personas naturales que se hallen en el pleno ejercicio de sus derechos civiles, siempre que no se lo impida la legislación a la que puedan estar sometidos en el ejercicio de su profesión...».

En la reforma de la LA de mayo de 2011 relativa al art. 15.1, se sustituye el requisito de ser abogado en ejercicio para arbitrar en derecho, por la condición de jurista, que deberá ostentar todo árbitro único y al menos uno de los tres árbitros que formen un tribunal arbitral. Cabe, no obstante, poner de relieve que los reglamentos de las distintas cortes de arbitraje pueden exigir requisitos concretos a quienes ejercen la función de árbitro en los arbitrajes que en las mismas se tramitan[329].

---

[327] D. 4.8.13.2. Ulpianus, libro XIII *ad edictum*: «*Recepisse autem arbitrium videtur, ut Pedius libro nono dicit, qui iudicis partes suscepit finemque se sua sententia controversiis impositurum pollicetur. Quod si, inquit, hactenus intervenit, ut experiretur, an consilio suo vel auctoritate discuti litem paterentur, non videtur arbitrium recepisse*».

[328] C.J. 3.12.7. D.4.8.46. *Paulus libro 12 ad Sabinum*: «*De his rebus et rationibus et controversiis iudicare arbiter potest, quae ab initio fuissent inter eos qui compromiserunt, non quae postea supervenerunt*». y D.5.1.35. *Iavolenus libro decimo epistularum*: «*Non quemadmodum fideiussoris obligatio in pendenti potest esse et vel in futurum concipi, ita iudicium in pendenti potest esse vel de his rebus quae postea in obligationem adventurae sunt. Nam neminem puto dubitaturum, quin fideiussor ante obligationem rei accipi possit: iudicium vero, antequam aliquid debeatur, non posse*».

[329] Vid con carácter general sobre los aspectos novedosos introducidos por la Ley 11/2011, en OLIVENCIA, *El Arbitraje en España. Impacto de la Ley 11/2011, de reforma de la Ley 60/2003*, Revista jurídica de Catalunya, Vol. 111, nº 4, 2012, pp. 1005-1030.

Por razón de cargo, se afirma en D.4.8.9.2 que la persona que conoce como juez de un asunto no puede asumir la función de árbitro del mismo: «Prohíbe la ley Julia –sobre los juicios privados– que el que es juez asuma el arbitraje sobre un asunto respecto del que es juez, o que autorice que se contraiga tal arbitraje compromisario, y si se hubiese dictado sentencia, no debe dar acción para reclamar la pena por incumplimiento».

El árbitro, por su parte, se compromete a asumir sus funciones como tal y a dirimir el conflicto, mediante su sentencia, dentro del ámbito de lo que constituye el objeto de la controversia. Es decir, a ningún árbitro le es permitido ir más allá de lo previsto en el pacto de compromiso, así se establece en distintos textos:

— «Deben saber los que ostentan el cargo de árbitro que deben basarse en todos sus extremos en el mismo compromiso, porque ningún árbitro puede ir más allá de lo previsto en el convenio. Así pues, no podrá el árbitro resolver lo que quiera, ni sobre cualquier asunto, sino respecto del que es objeto del compromiso y hasta donde éste alcance». D. 4.8.32.15.
— «El árbitro no puede hacer nada que no esté previsto en el compromiso, por lo que es necesario que se incluya la prórroga del plazo del compromiso; en caso contrario, puede desobedecerse impunemente al árbitro que disponga una prórroga». D. 4.8.32.21.
— «El plazo del compromiso puede prorrogarse, pero no por acuerdo, sino por disposición del árbitro, cuando es necesario que se prorrogue para que no se incurra en la pena». D.4.8.32.11.
— «Si el árbitro dispone que se le agregue otro árbitro, no estando esto previsto en el compromiso, no se considera dictada la sentencia, porque la sentencia debe ser sobre el objeto del compromiso, y aquello no entraba en el compromiso». D. 32.13.17.
— C. J. 2. 56: «Más si se pronunció sentencia pasado el día fijado en el compromiso, es nula la sentencia, y no incurre en pena alguna el que no la hubiere obedecido» (a. 213).
— «Se entiende que asumió el arbitraje, según dice Pedio en el libro noveno, el que aceptó las funciones de juez, y se comprometió a poner fin a la controversia mediante su sentencia. Pero si, añade Pedio, la persona elegida se limita a comprobar si las partes se ponen de acuerdo en que se resuelva el conflicto con su consejo y autoridad, ello no es suficiente, en su opinión, para que se considere asumido el arbitraje»: D. 4.8.13.2 (Ulp. 13 ed.).

En el texto mencionado de Ulpiano se resalta la analogía entre las funciones de juez y árbitro, al subrayar la opinión del jurista Pedio conforme a la cual quien acepta un arbitraje se compromete a asumir en el desarrollo de su actuación las funciones propias de los jueces[330].

---

[330] Así en D. 4.8.13.1: «Se entiende que asumió el arbitraje, según Pedio, quien aceptó las funciones propias de un juez, y se comprometió a que con su sentencia pondría fin a las controversias».

B) Nombramiento y número de árbitros. Adopción de decisiones colegiadas

Las partes podían designar libremente el número de árbitros, uno o varios[331], si bien lo usual, y lo que se recomendaba a las partes, era que el número fuese impar, por razones prácticas, así se afirma por Ulpiano en D. 4.8.16.6: «Cuando en el compromiso se acuerda la designación de dos árbitros... puede quedar el asunto sin resolver a causa de la natural facilidad de los hombres para no ponerse de acuerdo, por lo que se suelen nombrar en el arbitraje un número impar de árbitros, no porque sea fácil que todos lleguen a un acuerdo, sino porque, aunque disientan, se encuentra una mayoría a cuyo arbitraje se habrá de estar... Si se eligen dos árbitros para dirimir la controversia y éstos disienten, el pretor les obligará a designar a un tercero, cuya autoridad deberá ser reconocida»[332].

El artículo 12 LA establece, con carácter obligatorio, que el número de árbitros debe ser impar: «Las partes podrán fijar libremente el número de árbitros, siempre que sea impar. A falta de acuerdo se designará un sólo árbitro».

C) Excusas del arbitraje: motivos de abstención y recusación

Cuestiones distintas atinentes a las excusas del arbitraje se hayan previstas, de forma casuística, y satisfactoriamente resueltas en los textos romanos. Así en:

— D. 4.8.15[333]: «Si bien el magistrado obligará al árbitro a dictar sentencia, sin embargo, en ocasiones, deberá tener en cuenta sus razones para excusarlo del arbitraje, previa cognición de causa, así por ejemplo, si hubiese sido difamado por los litigantes, o si hubiese una enemistad manifiesta

[331] Así en D. 4.8.17.2: «Si son varios los árbitros que aceptaron el arbitraje, no deberá ser obligado uno a dictar él sólo la sentencia, sino todos o ninguno». D. 4.8.32.13: «Cuando se ha hecho un compromiso para que sean varios los árbitros, con la condición de que si uno cualquiera, aunque sea sólo uno, dicta sentencia, habrá que estar a ella, y los demás están ausentes, quedará obligado a dictarla el que está presente; pero si se hizo con la condición de que dicten sentencia todos, o conforme al parecer de la mayoría, no debe obligar el pretor a cada uno de forma separada, porque la sentencia de uno sólo no sirve para exigir la pena comprometida». Los mayores problemas se plantean cuando el número de árbitros es par y no se ponen de acuerdo, lo que da lugar a la propuesta de diversos soluciones en las fuentes, así en D. 4.8.17.5 y D. 4.8.17.6.

[332] Sobre la necesidad de la presencia del tercer árbitro para el pronunciamiento de la setencia, en el caso de que los otros dos árbitros estuviesen de acuerdo en el pronunciamiento de la sentencia, vid. en PANZARNI, I profili di modernità..., cit. pp. 1241 ss.

[333] Parece razonable afirmar, con MARTINI, *Il problema de la «causase cognitio» pretoria*, Milano 1960, pp. 156 ss., que cualquier otra causa de excusa podría ser tomada en consideración por el magistrado, previa causae cognitio.

entre él y los litigantes, o con alguno de ellos, o por razón de edad, de una enfermedad sobrevenida, de la necesaria atención a los propios negocios como causa de dispensa, de un viaje urgente o del ejercicio de las funciones propias de un cargo público. 16. o si le acontece cualquier otro impedimento surgido con posterioridad a la aceptación del arbitraje. No obstante, en casos de enfermedad u otros semejantes, el magistrado está obligado a prorrogar el arbitraje»[334].

— Parece que si la enfermedad del juez, lo que cabría extender al árbitro, era pasajera, se producía un aplazamiento del procedimiento, mientras que si tenía visos de prolongarse en el tiempo, se consideraba un motivo de excusa y exigía el nombramiento de un sustituto[335]. Así en: D. 50. 5.13 pr. D. 2.11.2.3 y D. 5.1.46.
— D. 4.8.9.4.: «Dice Juliano que si los litigantes han difamado al árbitro, el pretor no debe excusarle sin más, sino previa cognición de causa».
— D. 4.8.32.14. «Cuando un árbitro resultase ser públicamente enemigo de un litigante por causas diversas y es interpelado mediante pruebas para que no dicte sentencia, y no obstante hubiese persistido en dictar sentencia sin que nadie le apremie, el emperador Antonino Caracalla mediante rescripto estableció que, aunque no cabía apelar la sentencia arbitral, si era posible oponer la excepción de dolo malo frente a la petición de pena»[336].

  Se prevé, por tanto, en las fuentes romanas la recusación del árbitro por los compromitentes, en aquellos casos en los que la corrupción del árbitro o la enemistad sobrevenida con alguno de los litigantes, le incapacite para continuar desempeñando su función y dictar sentencia. La enemistad pública entre árbitro y litigantes se configura pues como un motivo de abstención y de recusación.
— Se considera asimismo causa de abstención y excusa arbitral que uno de los litigantes plantee la controversia, pendiente de resolución arbitral, ante un juez ordinario o ante otro árbitro. Así en D. 4.8.9.5, 4.8.10 y 4.8.11.pr.: «Si los litigantes desprecian la autoridad del árbitro acudiendo a un juicio ordinario o a otro árbitro y, con posterioridad, vuelven a plantear la cuestión al árbitro originario, el pretor no debe obligar a éste a juzgar a quienes le hicieron la injuria de despreciarlo y acudir a otro».
— Constituye también causa de excusa que el árbitro tenga pendiente un juicio propio que le impida ocuparse del arbitraje, así en D. 4.8.16.1: «El árbitro debe ser excusado del compromiso por razón de un juicio propio

---

[334] En relación con los límites temporales del arbitrium, el no pronunciamiento de la sentencia dentro del dies compromissi y las consecuencias para las partes y el árbitro, así como las analogías entre los textos romanos al respecto y los artículos 829 y 820 del Código de Procedimiento Civil italiano, vid. en PANZARINI, I profili di modernità..., cit. pp. 1235-1236.

[335] Vid al respecto en BUIGUES, *La solución amistosa en...*, pp. 118 ss.

[336] Acerca del comportamiento censurable del litigator o del arbiter en el curso del arbitrium y el consiguiente recurso a la actio doli o exceptio doli, en los textos romanos y en el Código de procedimiento Civil italiano, vid. en PANZARINI, I profili di modernità..., cit., pp. 1243 ss.

que tenga pendiente, ya sea público o privado, siempre que no pueda prorrogarse el plazo del compromiso, dado que si puede ¿por qué no va a obligar a que se prorrogue siendo posible? ...».

— Se prevé asimismo en los textos la recusación del juez y la prohibición de que el juez asuma el arbitraje de un asunto que está conociendo como juez, así en D. 4.8.9.2: «Prohíbe la ley Julia que el que es juez asuma el arbitraje de un asunto que está juzgando como juez, o que autorice que se contraiga tal arbitraje, y si, no obstante, el árbitro así elegido hubiese dictado sentencia, no se debe dar acción para reclamar la pena por incumplimiento», así como la prohibición de que el árbitro asuma el arbitraje sobre un asunto propio, así en D. 4.8.51: «Si alguien hubiese sido nombrado árbitro de un negocio propio, no puede dictar sentencia, porque se mandaría o se prohibiría hacer algo a sí mismo, lo que no cabe».

Artículo 17 LA. Motivos de abstención y recusación.

1. Todo árbitro debe ser y permanecer durante el arbitraje independiente e imparcial. En todo caso no podrá mantener con las partes relación personal, profesional o comercial.
2. La persona propuesta para ser árbitro deberá revelar todas las circunstancias que puedan dar lugar a dudas justificadas sobre su imparcialidad e independencia. El árbitro, a partir de su nombramiento, revelará a las partes sin demora cualquier circunstancia sobrevenida.
   En cualquier momento del arbitraje cualquiera de las partes podrá pedir a los árbitros la aclaración de sus relaciones con alguna de las otras partes.
3. Un árbitro sólo podrá ser recusado si concurren en él las circunstancias que den lugar a dudas justificadas sobre su imparcialidad e independencia, o si no posee las cualificaciones convenidas por las partes. Una parte sólo podrá recusar al árbitro nombrado por ella, o en cuyo nombramiento haya participado, por causas de las que haya tenido conocimiento después de su designación.

D) Responsabilidad arbitral. Provisión de fondos

En relación con la función arbitral, cabe señalar que desde el punto de vista de la sistemática jurídica, los supuestos de asunción no formal de responsabilidad previstos en el edicto de los magistrados reciben el nombre de recepta. Al respecto, se prevé la asunción de responsabilidad de los árbitros, de los navieros, hospederos y dueños de esclavos, y de los banqueros, bajo la denominación de:

a) *Receptum arbitrii*, con referencia a los árbitros.
b) *Receptum nautarum, cauponum* y *stabulorium*, con referencia a los navieros, hospederos y dueños de establos, y
c) *Receptum argentarii*, con referencia a los banqueros.

El título 8 del libro 4º del Digesto dedicado íntegramente, en sus 52 capítulos, al arbitraje, se rubrica como "Sobre los casos de responsabilidad asumida: Qué los que asumieron un arbitraje, dicten sentencia". Quiere con ello decirse que en el texto edictal se tipifica y sanciona, la asunción de responsabilidad por los árbitros que se han comprometido a dictar sentencia, *edictum de receptis*.

El título 9 del libro 4ª del Digesto, que continua con la regulación de supuestos de responsabilidad asumida, tiene por rúbrica "Qué los navieros, posaderos y dueños de establos restituyan lo que asumieron bajo su custodia". En estos casos, la responsabilidad que se les exigía a los titulares era objetiva, es decir, se les imputaba la pérdida o deterioro de la cosa, con independencia de la culpa, hasta el límite de la fuerza mayor, *vis maior*, mientras que en el arbitraje compromisario el criterio de responsabilidad es subjetivo, es decir, la exigencia de responsabilidad se circunscribe al dolo y a la culpa.

La asunción de responsabilidad por parte de los banqueros, *receptum argentarii*, hace referencia a aquellos supuestos en los que el banquero se compromete a efectuar un pago por cuenta de su cliente. En la época justinianea, este tipo específico de asunción de responsabilidad se integra en la figura del *constitutum debiti alieni*, es decir, la promesa de pago de una deuda ajena.

En contraposición con la obligación de asumir el oficio de juez, cuando un ciudadano es elegido por las partes o designado como tal por el magistrado, en atención a la impronta de carga pública o deber ciudadano de colaboración en la impartición de la justicia, los árbitros compromisarios no estaban obligados a aceptar el encargo de arbitraje, pero si lo aceptaban, quedaban obligados a dictar sentencia, así en D. 4. 8.3.1 (Ulp. 13 ed.): «Aunque el pretor no obliga a nadie a asumir la función de árbitro, porque esto es cosa libre e independiente, y puesta fuera de la coacción del magistrado, sin embargo, tan pronto alguien hubiese aceptado el arbitraje, estima el pretor que el asunto atañe a su cuidado y solicitud, no sólo porque debe procurarse que se resuelvan las controversias, sino porque no deben ser defraudados los que eligieron a una persona, como hombre recto, para que sea árbitro en su contienda..., porque si después de tratarse la causa una o dos veces, y descubrirse las intimidades de uno y otro contendiente, y conocerse los secretos del negocio, el árbitro por favoritismo, venalidad o por cualquier otra causa, no quisiera dictar sentencia, ¿quién va a negar que será lo justo que el magistrado intervenga a fin de que el árbitro cumpla el encargo que aceptó» (Ulp. 13 ed.)[337], y D. 4.8.

[337] Ahora bien, en determinados supuestos, el magistrado no podrá obligar al árbitro a dictar sentencia, así por ejemplo, si la materia sometida a arbitraje no puede ser objeto de compromiso, así en D. 4.8. 32. 7-8-9, o si no hubiere mediado compromiso, en D. 4.8.11.1: «No debe ser obligado el árbitro a dictar sentencia más que si hubiere mediado compromiso».

3.3: «El pretor obligará al árbitro, con independencia del puesto que desempeñe, a cumplir la función que asumió…».

Si un asunto se somete a arbitraje compromisario y antes de iniciarse el procedimiento arbitral o sin haberse resuelto mediante sentencia, se inicia un proceso sobre el fondo de la cuestión por alguna de las partes, la parte que inicia el pleito deberá pagar la pena prevista por incumplimiento, pero el magistrado iniciará el conocimiento del asunto.

Así en D. 4.8.30: «Si alguno lleva a juicio el asunto sobre el que se ha hecho el compromiso… deberá imponérsele la pena prevista, y continuará el pleito por sus trámites ante el juez», D. 4.8.9.5: «Opina Juliano que si los litigantes acuden a juicio ordinario o a otro árbitro, despreciando la autoridad del árbitro al que se ha encargado el conocimiento del compromiso, y con posterioridad acuden de nuevo al mismo árbitro, el pretor no deberá obligarle a juzgar a quienes le hicieron la injuria de despreciarlo y acudir a otro».

La asunción de responsabilidad por parte del árbitro, en caso de una negativa a dictar sentencia[338], o de no hacerlo, sin justa causa, dentro del plazo previsto, no implicaba que el magistrado pudiese obligarle a dirimir el conflicto, pero si está previsto, como sanción: a) la imposición de una multa, que se configura como sanción de derecho público administrativo, o b) un embargo de bienes específicos o tomas de cosas del árbitro en garantía[339].

Así en referencia a remedios extraprocesales, en el caso de incumplimiento de las resoluciones pretorias, se afirma en D. 4.8.32.12: «Si el árbitro hubiere intentado ocultarse, el pretor procurará encontrarlo, y si no lo hallare pasado un plazo amplio de tiempo, procederá a la imposición de una multa», y en D. 25.4.1.3: «… se le obligará, con los remedios extraprocesales pretorios, a comparecer en juicio, y si no compareciera, se le tomarán y venderán cosas en prenda, o se le sancionará mediante multas», con independencia de la responsabilidad por los daños y perjuicios que se derivasen de su actuación, lo que suponía una coacción indirecta en la actuación arbitral[340].

---

338 Vid. al respecto, CREMADES, *La acción contra el árbitro que no dictó sentencia*, Estudios Iglesias, 3.1988, pp. 1201 ss.

339 Sobre la responsabilidad de daños causados por aplazamiento del juicio o por omisión de sentencia - lis iudici arbitrove damni sit - existe un estudiado y debativo texto de la Lex Irnitana: lex Irnitana, cap. LXXXXI, CA líns. 51-54 y CB líns. 1-4: *si neque dies diffisus neque iudicatum fuerit, uti lis iudici arbitrove damni sit et… res in iudicio non sit, y lin. 15 CB: si neque diffisum et lege neque iudicatum sit… iudici arbitro(ve) lis damni sit, res in iudicio non sit…* Vid al respecto en MANTOVANI, *La "diei diffisio" nella lex Irnitana. Contributo all´interpretazione e alla critica testuale del cap. LXXXXI*, Studi Talamanca, 5, Napoli 2001, pp. 258 ss, y en MOLLÁ, *Iudex Unus. Responsabilidad judicial e inuiria iudicis.* Dykinson 2010.

340 Sobre la coercibilidad del arbiter romano a dictar sentencia, setentiam dicere, en los fragmentos de Paulo y Ulpiano, y la indirecta regla al respecto prevista en el Código de Procedi-

La obligación del árbitro de dictar sentencia se condicionaba, por otra parte, a la existencia y validez efectiva del compromiso inter partes. Así D. 4.8.11.1: «No debe ser obligado el árbitro a dictar sentencia más que si hubiere mediado compromiso».

La condición de árbitro era personal e intransferible, conforme se afirma en D. 4.8.45: «El arbitraje conferido en los compromisos es personalísimo», lo cual no excluye, a mi juicio, la transmisión de la obligación al heredero de cumplir la sentencia o de satisfacer, en su caso, la pena estipulada, si la sentencia arbitral hubiese sido ya dictada, o bien si en el convenio arbitral se hubiese previsto que el compromiso se perpetuaría en la persona del heredero o herederos de los compromitentes, así en D. 4.8.27.1, Ulp. 13 ad ed.: «Si en el compromiso no se hubiere hecho mención del heredero o de los demás sucesores, el compromiso se extinguirá por la muerte, y no compartimos el parecer de Labeón, según el cual, si el árbitro hubiese dispuesto que alguien diese una cantidad y éste muriese antes de darla, se incurrirá en la pena, aunque su heredero estuviese dispuesto a ofrecer la cantidad».

En la etapa justinianea se produce un acercamiento en la posición jurídica de jueces y árbitros compromisarios en numerosos aspectos, así en materia de pactos, en C. J. 2.3.29.2 (a. 531): «...si hasta en el mismo edicto del pretor se obliga a respetar los pactos convenidos en todos los casos, si no contravienen las leyes, ni se celebraron con dolo malo... y es una regla del antiguo derecho que todos pueden renunciar a lo que en su favor se ha establecido, mandamos que estos principios los observen todos nuestros jueces en los litigios, y llegue tal observancia a los jueces pedáneos, a los jueces compromisarios y a los árbitros elegidos, quienes deberán saber que si desatendieren esta disposición, se entenderá que hacen suyo el litigio».

La función arbitral, al igual que la función judicial, hasta bien avanzada la época clásica en la que los jueces se profesionalizan y pasan a formar parte de la Administración estatal, se realiza de forma gratuita por quienes asumen el arbitraje, así en D. 48.11.7. pr: «La Ley Julia de concusión prohíbe que nadie cobre nada por nombrar, cambiar o decretar que juzgue un juez o árbitro... ni por la estimación en una controversia, ni por condenar a pena capital o pecuniaria ni por dejar de hacerlo.», lo que contrasta con el carácter remunerado de la actuación de los jueces y de los árbitros en la época postclásica, así en C.J. 12.19.1: «Mandamos que el importe de los gastos de tasas procesales sea moderado y que se pague a los ejecutores del cuerpo de agentes en los negocios que se le hayan atribuido, un solo sueldo hasta el final del negocio, dos sueldos por el ingreso que se haga en el tribunal..., la mitad de un sueldo a los

miento Civil italiano, vid. en PANZARINI, I profili de modernità..., cit., pp. 1237 ss.

escribientes por la escritura de sus actuaciones, y si resultare que el negocio se ventila ante un árbitro, un solo sueldo y nada más al árbitro…».

Art. 21 LA. Responsabilidad de los árbitros y de las instituciones arbitrales. Provisión de fondos.

1. La aceptación obliga a los árbitros y, en su caso, a la institución arbitral, a cumplir fielmente el encargo, incurriendo, si no lo hicieren, en responsabilidad por los daños y perjuicios que causaren por mala fe, temeridad o dolo. En los arbitrajes encomendados a una institución, el perjudicado tendrá acción directa contra la misma, con independencia de las acciones de resarcimiento que asistan a aquélla contra los árbitros.
2. Salvo pacto en contrario, tanto los árbitros como la institución arbitral podrán exigir a las partes las provisiones de fondos que estimen necesarias para atender a los honorarios y gastos de los árbitros y a los que puedan producirse en la administración del arbitraje.

5. DE LA SUSTANCIACIÓN DE LAS ACTUACIONES ARBITRALES. (TÍTULO IV)

A) Inicio. Determinación del procedimiento

La idea motriz del arbitraje romano es la de la autonomía de la voluntad y el acuerdo inter partes, por lo que no constituyen la norma las disposiciones que prevén la intervención del magistrado jurisdiccional con carácter vinculante para las partes que acuerdan someter una o varias controversias a arbitraje, así en D. 4.8.32.21: «El árbitro no puede hacer nada que no esté previsto en el compromiso…».

Art. 27 LA. Inicio del arbitraje: «Salvo que las partes hayan convenido otra cosa, la fecha en que el demandado haya recibido el requerimiento de someter la controversia a arbitraje se considerará la del inicio del arbitraje».

Art. 29 LA. Demanda y contestación: «Dentro del plazo convenido por las partes o determinado por los árbitros y a menos que las partes hayan acordado otra cosa respecto del contenido de la demanda y de la contestación, el demandante deberá alegar los hechos en que se funda, la naturaleza y circunstancias de la controversia y las pretensiones que formula y el demandado podrá responder a lo planteado en la demanda…».

B) Lugar del arbitraje. Comparecencia de las partes

El lugar en el que se va a desarrollar el arbitraje será el fijado por las partes, y a falta de acuerdo entre éstas, será determinado por los árbitros. Así en D. 4.8.21.10: «Si el árbitro dispuso, por ejemplo, que los litigantes compareciesen en una provincia, habiéndose no obstante acordado en Roma el arbitraje compromisario, se pregunta si se puede dejar impunemente de obedecer al árbitro, y es más cierto lo que dice Juliano, de que se entiende que el lugar en el que deba desarrollarse el compromiso es aquél en el que éste se ha formalizado, por lo que se puede impunemente dejar de obedecer al árbitro, si éste hubiese dispuesto que se compareciese en otro lugar…».

Lo que si puede el árbitro, en determinados casos, es citar para la sustanciación de las actuaciones en un lugar próximo a la ciudad en la que se hubiese acordado el compromiso. Así en 4.8.21, *in fine*: «¿Qué sucederá si el árbitro convoca a las partes en un lugar próximo a la ciudad en la que se hubiese acordado el compromiso?, Pegaso opina que la disposición es válida, lo que me parece que es cierto en el caso de el árbitro fuese de tal autoridad que acostumbrase a citar a las partes en un lugar apartado de la ciudad, al que los comparecientes pueden acceder sin dificultad».

Art. 26 LA: 1.: «Las partes podrán determinar libremente el lugar del arbitraje. A falta de acuerdo, lo determinarán los árbitros, atendidas las circunstancias del caso y la conveniencia de las partes.». 2. «Sin perjuicio de lo dispuesto en el apartado anterior, las árbitros podrán, previa consulta a las partes y salvo acuerdo en contrario de éstas, reunirse en cualquier lugar que estimen apropiado para oír a los testigos, a los peritos o a las partes, o para examinar o reconocer objetos, documentos o personas. Los árbitros podrán celebrar deliberaciones en cualquier lugar que estimen oportuno».

En cuanto a la comparecencia de las partes, cabe señalar que:

— En D. 4.8.27.4 se prevé la necesaria presencia de las partes en el momento de dictar la sentencia y las consecuencias del incumplimiento: «Si hubiese estado ausente alguno de los contendientes, y por esta causa no se hubiese dictado la sentencia arbitral, el ausente incurrirá en la pena prevista (en la estipulación). Conforme a este punto de vista, la sentencia dictada sin estar presentes los contendientes no será válida, salvo que en el compromiso se haya acordado de forma expresa que la sentencia se puede dictar aunque uno o los dos compromitentes estén ausentes…».

Aunque no se alude a la posibilidad de que el compromitente alegue una justa causa de su ausencia, en D. 4.8.27.4, parece razonable pensar que el régimen clásico aplicable al respeto sería el previsto en D. 4.8.21.9, en el que se alude a la exoneración de responsabilidad en el caso de que pueda realizarse un nuevo compromiso. En el derecho justinianeo, por el contrario, como se afirma en D. 44.4.4.2, la alegación de una justa causa que impida la realización del arbitraje exime de responsabilidad a la persona afectada.

En materia de justa causa de la no comparecencia los textos de mayor relevancia son, por tanto, los correspondientes a:

D. 4.8.21.9, correspondiente a Ulpiano: «Si alguno de los litigantes no hubiese comparecido, por serle imposible a causa de enfermedad, por ausencia a causa de asunto público, por su magistratura o por otra justa causa, dicen Próculo y Atilio que incurre en la pena estipulada; pero si el litigante estuviese dispuesto a realizar un nuevo compromiso con el mismo árbitro, se denegará la acción en su contra o quedará protegido mediante excepción. Sin embargo, esto será solamente cierto si el árbitro estuviese dispuesto a asumir el arbitraje, pues escribe acertadamente Juliano, 4 dig., que no puede ser obligado contra su voluntad…», y

D. 44.4.4.2, en el que afirma Ulpiano: «Si hubiéramos quedado mediante un compromiso en someter una controversia a arbitraje, y como consecuencia de mi incomparecencia por un problema de salud incurriese en la pena estipulada, ¿podré valerme de la excepción de dolo?, Pomponio opina que cabrá ejercitar la excepción de dolo malo».

En el caso presente, la exoneración de responsabilidad por incomparecencia debida a enfermedad no se supedita a la realización de un nuevo compromiso, lo que se explicaría por una alteración justinianea del texto clásico tendente a eliminar o atenuar la responsabilidad de los comprometentes cuando concurra una justa causa, como es la incomparecencia por enfermedad.

En eL sentido expresado se pronuncia Talamanca cuando afirma que, en definitiva, prevalece el interés del comprometente que no comparece por razón de una causa inimputable frente al interés de la otra parte que en el juicio arbitral despliega todos los remedios procesales, por medio de las acciones estipulatorias complementarias, contra la parte ausente, lo que, por otra parte, representa una consecuencia de la propia evolución de las instituciones jurídicas[341].

— Conforme a D. 4.8.49.1.: «El árbitro puede disponer la comparecencia de los litigantes bien por mensajero bien por carta».

— Las partes podrán comparecer ante el árbitro por sí mismas o por medio de representante, así en D.4.8.47-48 y 49 pr., donde se afirma que: «47: Si el compromiso se hizo para que el árbitro dicte la sentencia en presencia de ambas partes, o de sus herederos, y uno de los litigantes hubiere fallecido habiendo dejado una persona sometida a tutela como heredera, no se entiende dictada la sentencia si no constase la autorización del tutor. 1. Asimismo, si uno de los comprometentes hubiere perdido el juicio. 48. no será obligado

[341] Vid. al respecto en TALAMANCA, *Sull'interpretazione di Ulpiano L. 13 ad edictum, D. 4.8.21.9-11*, en Studi in onore di Giuseppe Chiarelli, Milano 1974, pp. 4244 ss.

el árbitro a dictar sentencia.49. sino que por el contrario no podrá dictar sentencia, por falta de validez de lo actuado en la sola presencia de la persona sin juicio. 1. Pero si la persona incapacitada por locura tuviese curador o lo hubiese tenido durante el transcurso de la controversia sometida a arbitraje, puede dictarse la sentencia en presencia del curador».

— Conforme a D. 4.8.40: «Dispuso un árbitro que las partes comparecieran el primero de enero, pero falleció antes de ese día y uno de los litigantes no compareció; no cabe duda de que en modo alguno se incurrió en la pena estipulada. Porque dice Aristón haber oído a Casio afirmar que no se incurre en la pena cuando es el árbitro quien no acude el día fijado, así como dice Servio que no se incurre en la pena cuando la causa de no cobrarla es la ausencia del estipulante».

Art. 31 LA. Falta de comparecencia de las partes. «Salvo acuerdo en contrario de las partes, cuando, sin alegar causa suficiente a juicio de los árbitros:

a) El demandante no presente su demanda en plazo, las partes darán por terminadas las actuaciones, a menos que, oído el demandado, este manifieste su voluntad de ejercitar alguna pretensión.
b) El demandado no presente su contestación en plazo, los árbitros continuarán las actuaciones, sin que esa omisión se considere como allanamiento o admisión de los hechos alegados por el demandante.
c) de las partes no comparezca a una audiencia o no presente pruebas, los árbitros podrán continuar las actuaciones y dictar el laudo con fundamento en las pruebas de que dispongan.

6. DEL PRONUNCIAMIENTO DEL LAUDO Y DE LA TERMINACIÓN DE LAS ACTUACIONES.

A) Normativa aplicable al fondo de la controversia: Equidad o Derecho

El árbitro compromisario romano decidía conforme a criterios de equidad, con una discrecionalidad y un libre arbitrio que lo distinguía del juez ordinario[342], si bien no parece razonable pensar, con Talamanca y Wlassak,

[342] Así en D. 4.8.17.3: «...no cabe un arbitraje en el que el árbitro no tenga libertad para dictar sentencia...», D. 4.8.19.pr.: «Opina Labeón que no atañe al pretor como sea la sentencia que dicte el árbitro, con tal que la dicte conforme a su criterio...»; D. 46.6.12, donde a propósito de la responsabilidad del tutor se alude a la equidad del árbitro: «...*nam aequitas arbitri atque officium boni viri videtur eam formam iuris desiderasse*». Tradicionalmente se cita, en el ámbito de las fuentes literarias además de determinados textos de Plauto, así Assinaria 766, Poenulus 787, un pasaje de Séneca para poner de relieve el no sometimiento del árbitro al derecho objetivo, salvo acuerdo en contrario de las partes: *De beneficiis*, 3.7.5.

que la sentencia pudiera ser totalmente contraria al derecho objetivo[343]. Cabe señalar, sin embargo, que los textos no resultan del todo esclarecedores en esta materia[344].

Lo que, en todo caso, parece claro que sí se puede afirmar es que el árbitro decidía con mayor libertad[345] que la que se atribuía al juez ordinario, elegido por las partes o sorteado entre los componentes del *album* judicial, que tenía que atenerse al documento escrito, o fórmula, suministrado por el magistrado, incluso en aquellos supuestos que resultaban más próximos al arbitraje compromisario[346], en los que se reconocía al juez una mayor discrecionalidad en su decisión, así en las *actiones in bonum et aequum conceptae* y en las *actiones bonae fidei*[347].

En la LA de 2003, conforme se afirma en el apartado VII de la Exposición de Motivos: «...el arbitraje de equidad queda limitado a los casos en que las partes lo hayan pactado expresamente, ya sea a través de una remisión literal a

---

343 Así en Talamanca, ..., cit. p. 28. Afirma asimismo este A. que, salvo disposición en contrario de las partes, establecida en el convenio arbitral, compromissum, el árbitro quedaría sujeto al derecho objetivo. En el mismo sentido, WLASSAK, s.v. arbitrium, PWRE, 2, Stuttgart 1914, pp. 413 ss.

Asimismo en el marco de la sustanciación de las actuaciones arbitrales, vid. OLIVENCIA, *El lugar del arbitraje.* Arbitraje: revista de arbitraje comercial y de inversiones, Vol. 1, nº 2, 2008, pp. 335-362; ORTELLS, *Comentario al artículo 27,* en Comentario breve a la Ley de arbitraje (Coordinación Montero Aroca), Madrid, 1990.

344 Así en D. 4.8.27.2: «La sentencia dictada sobre la cuestión controvertida deberá aceptarse, tanto que sea justa como injusta...»; D. 17.2.76: «...Hay dos tipos de árbitros, uno aquél cuya decisión debemos acatar, sea justa o injusta (como sucede cuando se acude a un árbitro compromisario)...», afirmaciones con las que se aludiría a la imposibilidad de apelar la sentencia arbitral, lo que por otra parte tenía lugar también con las sentencias de los jueces con anterioridad al procedimiento extraordinario, lo que viene confirmado, en el caso de los árbitros en C. J. 2.56.1: «Hemos afirmado, mediante rescriptos, de modo reiterado que no se pueden apelar las sentencias de los árbitros compromisarios...». Año 213. Emperador Antonino.

345 Los mismos términos de *arbiter, arbitrari, arbitratus, arbitrarius, arbitrium,* parecen aludir a una discrecionalidad y libertad de criterio que no sería propia de la actuación de los jueces, iudices, que estarían sometidos, en todo caso, al cumplimiento de unas normas de procedimiento que, salvo acuerdo explícito de las partes, no resultarían aplicables a la actuación arbitral.

346 Vid. al respecto, en relación con los denominados juicios arbitrarios, SCHOENBAUER, *Von Wesen der 'Iudicia Arbitaria',* en Studi in onore di Salvatore Riccobono nel XL anno del suo insegnamento, vol. II, Palermo, 1936, pp. 369-418.

347 Sobre la contraposición ciceroniana, Pro Roscio 4,10, entre el iudicium, en el que se reclamaría pecunia certa, y el arbitrium, en el que el objeto del litigio consistiría en la reclamación de un *incertum,* en cuya valoración y determinación debía tenerse en cuenta criterios de equidad, *quantum aequius et melius est dari,* vid. en BUIGUES,..., cit. pp. 136 ss. Vid asimismo al respecto en VALIÑO, *Notas sobre «arbiter» y «iudex» en el proceso del «ordo»,* en Estudios en Homenaje a la Profesora Teresa Puente, 2. Valencia 1996, pp. 536 ss, quien opina que la distinción que hace Cicerón entre los arbitria y los iudicia se corresponde en los arbitria con los juicios de buena fe (además de a las acciones divisorias, que también derivan de la legis actio per iudicis arbitrive postulationem) donde la flexibilidad procedimiental puede recordar al arbitraje compromisario, mientras que los iudicia se identificarían con la categoría de los juicios que surgen de la interposición de una acción de derecho estricto.

la «equidad», o a términos similares como decisión «en conciencia», «*ex aequo et bono*», o que el árbitro actuará como «amigable componedor. No obstante, si las partes autorizan la decisión en equidad y al tiempo señalan normas jurídicas aplicables, los árbitros no pueden ignorar esta última indicación»[348].

Artículo 34 LA. Normas aplicables al fondo de la controversia 1. «Los árbitros sólo decidirán en equidad si las partes les han autorizado expresamente para ello».

B) Plazo. Forma. Contenido y notificación de la sentencia arbitral

Son las partes compromitentes las que deciden el plazo y la prórroga para dictar la sentencia arbitral, por acuerdo entre ellas o con intervención arbitral, así en D. 4.8.14: «Si se hizo el compromiso sin señalar plazo, es absolutamente necesario para el árbitro fijar uno, por supuesto, con el consentimiento de las partes, puesto que si no se hiciese esto en cualquier momento el árbitro estaría obligado a dictar sentencia». Es decir, el compromiso requiere que la sentencia del árbitro se dicte dentro del plazo fijado con carácter previo en el acuerdo inter partes o, en un momento posterior, conforme a la voluntad de éstas.

En materia de plazo, forma, contenido y notificación de la sentencia arbitral, las principales disposiciones establecidas en las fuentes romanas se recogen en los textos que siguen:

En D. 4.8.13.3 se equiparan los días hábiles judiciales a los días hábiles para dictar sentencia arbitral: «El árbitro en virtud del compromiso no está obligado a dictar sentencia en aquellos días en que el juez no lo estaría, a no ser que fuera a transcurrir el plazo del compromiso, y no pudiera prorrogarse».

La posible prórroga del plazo para dictar sentencia debe estar prevista en el pacto de compromiso, o ser acordada por las partes en un momento posterior, salvo en aquellos casos previstos en la legislación específica. Así en:

- D. 4.8.32.21: «... es necesario que la previsión de prórroga se incluya en el propio compromiso...».
- D. 4.8.13.4: «Si el magistrado apremia al árbitro para que dicte sentencia, será muy justo que si éste jura que aún no está bastante clara la causa para él, se le dé tiempo para sentenciar».

---

[348] Sobre los supuestos previstos en párrafo citado de la EM vid., por todos, DÍEZ- PICAZO, L., *El arbitrio de un tercero en los negocios jurídicos*, Bosch 1957, y de forma más específica del mismo A. en, Ante un caso de arbitraje libre, A.D.C. 1958, Ensayos Jurídicos, Thomson- Civitas 2011, T. II, pp. 1712-1721; Arrendamiento transaccional integrado por arbitrador y firma en blanco, R.C.D.I., 1966, Ensayos Jurídicos, cit., T. II, pp. 1900-1919; La distinción entre árbitros y arbitradores y el artículo 1690 del Código Civil, A.D.C., 1974, Ensayos Jurídicos, cit., T. II, pp. 1996-2005.

— D. 4.8.16 (Paul. 13 ed.): «En caso de enfermedad u otro semejante, el pretor deberá prorrogar el arbitraje, conocida la causa».
— D. 4.8.16 (Paul. 13 ed.): «La cláusula «prorrogar el plazo del compromiso» no da al árbitro ninguna otra facultad más que la de prorrogar el plazo, y por tanto, no puede disminuir, ni alterar las condiciones del primer compromiso…».
— D. 4.8.27: «El árbitro puede –en los casos previstos– prorrogar el plazo para dictar sentencia, de palabra, por mensajero o por carta».
— D. 4.8.33. «El árbitro elegido por compromiso con facultad para prorrogar el plazo puede hacerlo, pero no puede anticipar la sentencia contra la voluntad de las partes».
— D. 4.8.11.5: «… si se compromete la pena bajo condición, no se debe obligar al árbitro a dictar sentencia antes de que se hubiere cumplido la condición…». D 4.8.12: «… en cuyo caso, y sólo en éste, corresponderá al pretor la prórroga del compromiso».

Art. 37. Plazo, forma, contenido y notificación del laudo.

1 «Salvo acuerdo en contrario de las partes, los árbitros decidirán la controversia en un solo laudo o en tantos laudos parciales como estimen necesarios[349].

[349] Las voces laudar y laudo, son tomadas de los término latinos laudare, con el significado de alabar o citar a alguien, y laus - laudis, alabanza, por vía culta. Berceo utiliza el vocablo laude en el sentido de alabanza. La expresión "laudo" no aparece en la leyes que hablan de árbitros, así ni en la Novísima Recopilación, ni en las Partidas (Part. III, Tit. IV, leyes 23-35), se utiliza este vocablo, sino que siempre se habla de "sentencia" o de "juyzio" del avenidor. Así en la Novísssima Recopilación Libro XI, Título XVII, Ley 4ª: «… y los jueces árbitros y los jueces arbitradores, usando la facultad que les fué dada, dentro del término que les fué dado, y sobre aquellas cosas sobre que fué comprometido, dan sentencia…». No es, por tanto, palabra romana, ni del derecho medieval, sino que es un término moderno del siglo XIX.

En las distintas versiones del diccionario de la RAE desde la más antigua del siglo XVIII, la voz "laudo" no aparece hasta la edición de 1803, donde se limita a señalar que ha de equipararse a "convenio"; y, no es hasta la edición de 1869 cuando pasa a disponerse que la misma alude a "decisión arbitral".

En el Código de Comercio de 1829, aunque se habla de "árbitros", no se hace referencia a "sentencia" ni a "laudo", en los distintos supuestos en los cuales las partes para dirimir sus diferencias pueden acudir a un arbitraje.

En la ley de Enjuiciamiento Civil de 1855, donde se trata expresamente ya del procedimiento arbitral, arts. 251 a 304, se diferencia entre el arbitraje en Derecho y la actuación llevada a cabo por "amigables componedores". Ahora bien, mientras que para hacer referencia a la resolución de los árbitros se utiliza siempre la expresión "sentencia arbitral" por el contrario, en los arts. 296-ss cuando trata de los "amigables componedores" se utilizan los términos "decisión o laudo" para aludir a sus resoluciones.

Parece pues que cabría afirmar que ha de esperarse al Código Procesal de 1855, para encontrar la contraposición en la legislación entre la voz laudo referida a las decisiones de los "amigables componedores" y la voz sentencia en alusión a las decisiones de los árbitros, si bien la Ley de Enjuiciamiento Civil de 1881, utiliza la voz "sentencia" para referirse de forma indistinta tanto a la decisión de los árbitros como a la de los amigables componedores.

2 Si las partes no hubieran dispuesto otra cosa, los árbitros deberán decidir la controversia dentro de los seis meses siguientes a la fecha de presentación de la contestación a que se refiere el artículo 29 o de expiración del plazo para presentarla. Salvo acuerdo en contrario de las partes, este plazo podrá ser prorrogado por los árbitros, por un plazo no superior a dos meses, mediante decisión motivada.

Salvo acuerdo contrario de las partes, la expiración del plazo sin que se haya dictado laudo definitivo no afectará a la eficacia del convenio arbitral ni a la validez del laudo dictado, sin perjuicio de la responsabilidad en que hayan podido incurrir los árbitros». La redacción de este segundo párrafo responde a la reforma de mayo de 2011. Conforme a la nueva regulación son, por tanto, válidos los laudos dictados fuera de plazo, salvo acuerdo en contrario de las partes, sin perjuicio de la responsabilidad de los árbitros.

Con razón critica Olivencia la nueva regulación contenida en el artículo 37.2, a la que tacha de improvisada e irreflexiva, dado que con el argumento de favorecer el arbitraje se inserta un factor de inseguridad jurídica y de incertidumbre temporal, contrario a las ventajas del arbitraje, como la ecenomía de tiempo y la previsibilidad de su duración, al tiempo que estima aconsejable que las partes acuerden en contra de la validez del laudo extemporaneo sine die y de no resultar posible el pacto, mantiene una interpretación restrictiva de la norma[350].

El art. 37.2, párrafo 2º LA, con anterioridad a la reforma de mayo de 2011 establecía que: «La expiración del plazo sin que se haya dictado laudo definitivo determinará la terminación de las actuaciones arbitrales y el cese de los árbitros. No obstante, no afectará a la eficacia del convenio arbitral, sin perjuicio de la responsabilidad en que hayan podido incurrir los árbitros».

De forma progresiva, sin embargo, a partir del siglo XIX, el término laudo comenzó a utilizarse de forma indiferenciada para designar tanto las decisiones de los árbitros como las de los amigables componedores. Así en relación con el comentario al contrato de compromiso previsto en el Código Civil, VÁZQUEZ GUDÍN, en Quintus Mucius Scaevola, Códo Civil, cit., p. 441 escribe: «Parece claro que el laudo dictado por el arbitraje de derecho equivale en absoluto a toda una sentencia y que, por consiguiente, tan pronto aquél sea firme, haya que atribuirle los honores de las dictadas por los Tribunales de Justicia… Respecto al juicio de amigables componedores, acaso la conclusión debería ser distinta, porque ni tal vez en razón de la persona o personas llamadas a dictar la resolución, ni en razón del procedimiento seguido, tiene su laudo las características del juicio arbitral de derecho…».

El uso uniforme del término laudo para designar, con carácter general, las decisiones de los árbitros, con independencia de que decidan conforme a equidad o a derecho, es recogido en la Ley de Arbitraje de 1953, que se conforma como la primera legislación específica en materia de arbitraje.

[350] Vid. en OLIVENCIA, *La reforma de la Ley de arbitraje en materia de laudo (Ley 11/ 2011), Memoria de Actividades del Curso Académico 2012-2013*, Real Academia de Jurisprudencia y Legislación, pp.67-67, Anales 2013, en prensa.

Se resuelve con la nueva redacción la polémica existente respecto a la validez del laudo arbitral, si bien ha sido objeto de crítica que la prevalencia de la autonomía de la voluntad en esta cuestión no se corresponda con la regulación, de carácter imperativo prevista en los restantes motivos de anulación del laudo, contenida en el art. 41 LA y que pueda suponer una disminución en la rapidez del procedimiento arbitral[351].

La previsión de la redacción originaria de la LA de 2003, se correspondía con lo establecido en el Código Justinianeo. Así en: C.J. 2.56.1: «Más si se pronunció sentencia pasado el día fijado en el compromiso, es nula la sentencia, y no incurre en pena alguna el que no la hubiere obedecido» (a. 213).

Mediante la sentencia el árbitro decide la cuestión litigiosa, así en D. 4.8.13.1: «Se entiende que asumió el arbitraje, según Pedio, quien aceptó las funciones propias de un juez, y se comprometió a que con su sentencia pondría fin a las controversias».

La sentencia arbitral, en contraposición al carácter pecuniario de la sentencia judicial en la época clásica, no tenía necesariamente que consistir en una cantidad de dinero, sino que podían tener una naturaleza diversa, lo que obedecía asimismo a la mayor discrecionalidad propia de la actuación arbitral respecto de la estrictamente judicial, así en D. 4.8.39. pr.: «No se incurre en la pena del arbitraje por cualquier causa de desobediencia a la sentencia arbitral, sino tan sólo en aquellos aspectos que se refieren al pago de una cantidad o a la realización de alguna actividad...».

Dictada la sentencia arbitral, se concede un breve plazo para su cumplimiento, *quoddam modicum tempus*, transcurrido el cual, podrá exigirse a la parte incumplidora el pago de la pena acordada[352], o exigírsele la responsabilidad derivada del incumplimiento de la estipulación in faciendo, por los daños y perjuicios causados[353], así en D.4.8.21.12: «Habrá que determinar pasado cuanto tiempo, se podrá exigir el pago de la pena por incumplimiento de lo dispuesto por el árbitro. Es cierto que si no hubiese fijado un término

---

351 Vid en este sentido en OLIVENCIA, en nota *supra*.

352 Vid al respecto en VISKY, *La pena convenzionale in diritto romano all´inizio del principato*, Studi Volterra. I, Milano 1971, pp. 624 ss; TALAMANCA, poena privata, diritto romano, ED, 1982, pp. 75ss; Ziegler, Geschichtliche und dogmatische..., cit., pp. 670 ss.

353 Opina VOCI, *La responsabilitá del debitore da «stipulatio poenae», Studi in onore di Edoardo Volterra*, Milano 1971, que el *modicum tempus* al que se hace referencia en las fuentes serían los treinta días que tiene el condenado o el confessus para proceder al cumplimiento de la sentencia, previo a la solicitud de ejecución de la misma por incumplimiento, si bien la propia naturaleza del arbitraje, aunque sea en ejecución de sentencia, parece abocar, por el contrario, a la flexibilidad y discrecionalidad del magistrado a la hora de determinar el momento en que se considera transcurrido el tiempo prudente al que aluden los textos.

cierto, pasado un plazo razonable, se podrá pedir la pena establecida...», y en D. 44.7.23: «Si un árbitro hubiera dispuesto, en virtud del compromiso, que uno de los litigantes diera una cantidad un cierto día, y éste no cumpliere por causa imputable a él mismo, respondió Juliano que no se incurría en la pena establecida, de tal suerte que Servio opinaba con mucha razón que cuando no se determinaba en la sentencia arbitral en que día concreto se debía entregar la cantidad fijada, se consideraba concedido un plazo prudencial...»[354].

Distinguen pues las fuentes entre aquellos supuestos en los que se fija el cumplimiento de la sentencia en un día determinado y aquellos en los que no se fija plazo determinado para el cumplimiento, así como entre aquellos supuestos en los que el incumplimiento se debe a causa imputable al obligado y aquellos otros en los que éste se produce como consecuencia de causa ajena a la voluntad del obligado.

A la responsabilidad patrimonial o penal en la que incurren los comprometentes derivada de la no comparecencia, la falta de colaboración con el árbitro, la negativa a cumplir la sentencia arbitral o el inicio de un proceso ordinario pendiente la resolución de la cuestión por parte del árbitro elegido, se refieren numerosos textos.

Así en:

D. 4.8.2: «Se admite que del compromiso no se deriva una exceptio, sino una petición de la pena acordada»,

D. 4.8.9.2: «Prohíbe la Ley Julia –sobre los juicios– que el que es juez asuma el arbitraje sobre un asunto del que es juez, o que autorice que se contraiga tal compromiso, y si hubiese dictado sentencia, no se debe dar acción para reclamar la pena por incumplimiento»,

D. 4.8.21.12: «Habrá que determinar pasado cuanto tiempo se podrá exigir el pago de la pena por incumplimiento de lo dispuesto por el árbitro. Es cierto que si no hubiese fijado un término cierto, pasado un plazo razonable, se podrá pedir la pena establecida...»,

D. 4.8.27.3: «Si se hubiesen elegido varios árbitros y hubiesen dictado sentencias diversas, será lícito no seguir sus sentencias, pero si la mayoría estuviese de acuerdo en una, se estará a ella, y, de los contrario, se incurrirá en pena».

D. 4.8.44: «...Respondí que si no se obedeció al árbitro en aquello sobre lo que hubiese pronunciado la sentencia arbitral en presencia de ambas partes, se incurrirá en pena».

---

[354] Vid. en relación con estos fragmentos en KNÜTEL, *Stipulatio Poenae*, Köln-Wien 1976, pp. 148 ss., y en REINOSO *Un caso de stipulatio poenae pecuniae traiecticiae*, en Sodalitas, VII, pp. 3573 ss.

D. 4.8.21.9: «Si alguno de los litigantes no hubiese comparecido, por serle imposible a causa de enfermedad, por ausencia a causa de asunto público, por su magistratura o por otra justa causa, dicen Próculo y Atilio que incurre en la pena estipulada; pero si el litigante estuviese dispuesto a realizar un nuevo compromiso con el mismo árbitro, se denegará la acción en su contra o quedará protegido mediante excepción. Sin embargo, esto será solamente cierto si el árbitro estuviese dispuesto a asumir el arbitraje, pues escribe acertadamente Jualino, 4 dig., que no puede ser obligado contra su voluntad…».

C) Terminación de las actuaciones. Extinción del compromiso

En D. 4.8.32 3 se hace mención de determinados supuestos de cesación del acuerdo compromisario: «…el compromiso se extinguirá por causa de transcurso del plazo establecido, muerte, manifestación expresa de satisfacción del débito por parte del acreedor, incoación de un proceso sobre el mismo asunto y acuerdo inter partes». En 4.8.32.5 se menciona asimismo la transacción entre las partes como causa de extinción del compromiso: «No debe ser compelido el árbitro a dictar sentencia si las partes transigieron sobre el asunto sometido a compromiso…».

En D. 4.8.14 se hace asimismo referencia, como ya ha sido señalado, al plazo previsto para la resolución de la controversia mediante arbitraje: «Si el compromiso se hizo sin fijar plazo, es absolutamente necesario que el árbitro fije uno con el consentimiento de las partes y que antes de su finalización se decida la controversia…». Es decir, que el compromiso requiere que la sentencia del árbitro se dicte dentro del plazo fijado con carácter previo en el acuerdo inter partes o, en un momento posterior, conforme a la voluntad de aquéllas. En C. J. 2. 56 se afirma que la sentencia dictada con posterioridad al plazo fijado es nula: «Si se pronunció sentencia pasado el día fijado en el compromiso, es nula la sentencia, y no incurre en pena alguna el que no la hubiere obedecido» (a. 213)

En relación con la muerte cabe señalar el carácter personalísimo del compromiso.

Así en:

D. 4.8. 45: «el arbitraje conferido en los compromisos es personalísimo», lo que implica la intransmisibilidad del compromiso, es decir, que el fallecimiento de cualquiera de las partes supone la extinción del compromiso, salvo la previsión de la mención del heredero como sucesor en el compromiso de su causante, así en D. 4.8.27.1, Ulpiano, 13 ed.: «Si en el compromiso no se hubiese hecho mención del heredero o de los demás sucesores, el compromiso se extinguirá por la muerte…», y en D.4.8.49.2: «Si tan sólo una de las partes comprometientes hubiese hecho mención del heredero, el compromiso se extinguirá por la muerte de cualquiera de los litigantes, del mismo modo que se extinguiría si ninguno de éstos hubiese previsto la transmisión al heredero del compromiso»[355].

La muerte del árbitro también conlleva la extinción del compromiso, así en D. 4.8.40: «Dispuso el árbitro que se compareciera el primero de enero, pero falleció con anterioridad a ese día, y uno de los litigantes no se presentó en el día previsto, y no por ello queda obligado al cumplimiento de la pena. Como afirma Aristón, que recuerda haber oído al respecto la opinión de Casio, no se queda obligado al cumplimiento de la pena cuando es el árbitro quien no comparece…».

El compromiso arbitral cesará también cuando las partes acuerden, en cualquier momento del procedimiento, la terminación de las actuaciones derivadas del pacto compromisorio, así en D.4.8.32.3: «… el compromiso se extingue por pacto inter partes».

La declaración expresa, por parte del litigante victorioso, de cumplimiento de la sentencia arbitral o de la pena prevista, por parte del otro litigante, constituye asimismo otra causa de extinción del compromiso, así en D. 4.8.13, pr.: «Afirma Pomponio que si una de las partes ha dado por recibida la pena de compromiso, no debe ser el árbitro compelido a dictar sentencia».

Art. 38 LA. Terminación de las actuaciones: «1. …Las actuaciones arbitrales terminarán y los árbitros cesarán en sus funciones con el laudo definitivo. 2. Los árbitros también ordenarán la terminación de las actuaciones cuando: a) El demandante desista de su demanda, a menos que el demandado se oponga a ello y los árbitros le reconozcan un interés legítimo en obtener una solución definitiva del litigio. b) Las partes acuerden dar por terminadas las actuaciones. c) Los árbitros comprueben que la prosecución de las actuaciones resulta innecesaria o imposible».

D) Corrección, aclaración y complemento de la sentencia arbitral

El árbitro no podía alterar su sentencia, ni aunque hubiese incurrido en error al dictarla, aunque sí los términos propios de la preparación de la causa, causa preparatione, así en:

[355] Vid. respecto a la no transmisibilidad del compromiso, la matizada opinión de TALAMANCA, en op. Cit., p. 89.

— D. 4.8.19.2: «Habrá que determinar acerca de si el árbitro puede modificar su sentencia. En alguna ocasión se ha discutido para el caso de que el árbitro dispusiera que se diera alguna cosa, y después lo negara, si deberá darse lo que mandó o lo que prohibió. Sabino era de la opinión de que sí puede el árbitro alterar su sentencia. Casio procura disculpar la opinión de su maestro explicando que Sabino no se refería a la sentencia conclusiva del arbitraje, si no a las decisiones atinentes a la preparación de la causa, así si mandó a los litigantes que se presentasen el primer día del mes, y con posterioridad resolvió que se presentasen el quince, dado que puede variar la fecha, pero no si condenó o absolvió, pues al dejar de ser árbitro, no puede ya alterar la sentencia» y en

— D. 4.8.20: «porque el árbitro, aunque hubiere incurrido en error al dictar la sentencia, no puede corregirla»[356]

Art. 39 LA: «Dentro de los 10 días siguientes a la notificación del laudo, salvo que las partes hayan acordado otro plazo, cualquiera de ellas podrá, con notificación a la otra, solicitar a los árbitros:

a) La corrección de cualquier error de cálculo, de copia, tipográfico o de naturaleza similar.
b) La aclaración de un punto o de una parte concreta del laudo.
c) El complemento del laudo respecto de peticiones formuladas y no resueltas en él.
d) La rectificación de la extralimitación parcial del laudo, cuando se haya resuelto sobre cuestiones no sometidas a su decisión o sobre cuestiones no susceptibles a arbitraje.

7. DE LA ANULACIÓN Y EJECUCIÓN DE LA SENTENCIA ARBITRAL

Los aspectos relativos a la anulación, ejecución y cosa juzgada en materia de arbitraje, plantean la cuestión, oscilante en su evolución histórica, de la atribución o no a las decisiones de los árbitros de una eficacia igual a la atribuida a los órganos ordinarios de la jurisdicción, en atención a que en el arbitraje, al igual que en el juicio ordinario, existen contendientes que someten el objeto de la controversia a la decisión de un juez árbitro, que no actúa en nombre ni por cuenta de los litigantes, sino en nombre propio y en interés de la justicia, y que debe dictar la sentencia conforme a los hechos alegados y probados, *iusta alligata et probata*[357]:

[356] En opinión de LA PIRA, *Compromissum...*, cit., pp. 216 ss., si la sentencia del árbitro no se ajusta al acuerdo de las partes contenido en la estipulación, el árbitro podría y debería proceder a la modificación de su sentencia

[357] No se quiere e decir con ello, sin embargo, que el juicio del árbitro sea absolutamente igual al del juez ordinario, así en el título del Digesto dedicado a los tachados con infamia, se

A) De la anulación de la sentencia arbitral. Recursos

La sentencia arbitral era, en línea de principio, inapelable en Derecho Romano. Así, se afirma en:

— D. 4.8.27.2, Ulp. 13 ed.: «La sentencia que el árbitro dictó sobre la cuestión debe cumplirse, tanto si es justa como si es injusta... y soportarse, con buen ánimo, aún la menos aceptable...», y en

— C. J. 2. 56 «De la aceptación de los árbitros»: «Con frecuencia se respondió por rescripto que no se puede apelar la sentencia del árbitro, al que se acudió en virtud de compromiso legalmente formalizado, así como que la sentencia arbitral no produce efectos de cosa juzgada, por lo que se promete por ambas partes una pena, a fin de que por miedo a ella no se separe ninguna de lo convenido». (a. 213)[358].

En relación con la anulación de la sentencia arbitral en Derecho Romano, cabe señalar los siguientes textos:

a) Si se lograba probar que el árbitro había actuado de mala fe resultaba lícito la revocación de la sentencia arbitral por parte del Magistrado. Así se

---

afirma en D. 3.2.13.5 que la sentencia del árbitro designado en virtud de compromiso no produce infamia porque no es igual en todo a la judicial: «ex compromisso arbiter infamiam non facit, quia non per omnia sententia est. A las semejanzas y diferencias entre la sentencia arbitral y la sentencia del juez ordinario, se refiere VOET en *Commentarius ad pandectas*, I, IV, 8 n. 1.

[358] Al carácter no definitivo, y en consecuencia a la posibilidad de iniciar un proceso, de la decisión tomada en los supuestos de arbitrium boni viri, dirigidos, como ya se ha visto, a la concreción de elementos indeterminados en una relación negocial, se hace referencia en diversos textos, así en D. 17.2. 76-80.

Se recoge en los mencionados fragmentos la constitución de una sociedad entre dos personas con la condición de que un tercero, de nombre Nerva y amigo común de ambos, determine la participación de cada uno de ellos en la sociedad. Nerva decide que uno de los socios lo sea en una tercera parte y el otro en dos terceras partes. Ante la pregunta del socio minoritario acerca de si no obstante lo decidido por Nerva, conforme al derecho societario ambos socios deben considerarse por partes iguales, el jurista, Próculo, opina que la pregunta adecuada debería haber sido «¿debemos ser socios conforme a las partes que Nerva ha establecido o por las que hubiese debido establecer un hombre recto, *bonus vir*?, pues hay dos tipos de arbitraje, continua el jurista: 76 «... uno, el del árbitro cuya actuación debemos acatar sea justa o injusta, lo que sucede cuando se acude a un árbitro compromisario, y otro, de tal naturaleza, que se configura como la actuación de un hombre recto, lo que no impide que se designa de forma específica la persona a cuyo arbitrio se somete la cuestión. 77 «así sucede cuando en un arrendamiento se acuerda que la obra se realice según el arbitrio del arrendador». 78 «ahora bien, en la cuestión objeto de debate estimo que se ha de seguir el criterio de un hombre recto, básicamente en atención a que la acción atinente a un juicio de sociedad es una acción de buena fe». 79 «por lo que si el arbitraje de Nerva fuese tan injusto que del mismo se derivase una iniquidad manifiesta, podrá ser impugnado mediante la acción de buena fe». 80 «Ahora bien,...sería ajustado al arbitrio de un hombre recto que no fuésemos socios por partes iguales si uno de nosotros aportase a la sociedad más trabajo, industria, contactos o dinero».

afirma en D. 4.8. 32. 14: «...El emperador Antonio Caracala, al ser consultado por un juez ante el que se pedía la imposición de la pena por incumplimiento de la sentencia arbitral, respondió mediante rescripto que aún cuando no puede apelarse la sentencia de un árbitro, podía oponerse a la petición de la pena la excepción de dolo malo. De modo que, por medio de esta excepción hay una especie de apelación, en la medida en que resulta lícito revocar la sentencia arbitral».

A la posibilidad de oponer la excepción de dolo malo, *exceptio doli*, frente a la acción derivada de la *stipulatio, actio ex stipulatu*, para exigir la pena por incumplimiento, en los supuestos en los que el árbitro hubiera actuado de forma venal o parcialidad manifiesta, se hace referencia en una Constitución, en forma de *rescripto*, dada por Diocleciano y recogida en CJ.2.56.3: «No quedarás sometida a la sentencia de los árbitros compromisarios, si medió venalidad o parcialidad manifiesta, por lo que podrás interponer la excepción de dolo malo frente a la acción de la estipulación ejercitada por tu hija. Puedes asimismo demandar a tu hija mediante la cláusula de dolo, que suele agregarse a la estipulación de compromiso». La excepción de dolo malo, *exceptio doli*, sólo podría, por tanto, oponerse, frente a la actio ex stipulatu ejercitada por el beneficiario del laudo arbitral en aquéllos casos en los que el árbitro dicta una sentencia manifiestamente parcial e injusta, en perjuicio de uno de los litigantes.

b) Cuando es manifiesta la venalidad o corrupción del árbitro, el pretor no puede obligar al árbitro a dictar sentencia, conforme a D. 4.8.9.3: «No se obliga a dictar sentencia a determinadas personas, por ejemplo al árbitro venal o corrupto».

c) El conocimiento de cuestiones no previstas en el convenio de arbitraje o no susceptibles de arbitraje, no resultaba lícito, pero no invalidaba aquellos aspectos que las partes habían sometido a la decisión arbitral, solución que se ha impuesto finalmente en la legislación actual. Así en D. 4.8.32.15: «...no podrá el árbitro resolver lo que quiera, ni sobre cualquier asunto, sino respecto de aquél que es objeto del compromiso, y hasta donde éste alcance».

d) Conforme a D. 32.13.17: «Si el árbitro dispone que se le agregue otro árbitro, no estando esto previsto en el compromiso, no se considera dictada la sentencia, porque la sentencia debe ser sobre el objeto del compromiso, y aquello no entraba en el compromiso».

e) Conforme a D. 4.8.21.8: «Si se compareció ante el árbitro dentro del plazo fijado en el compromiso, pero aquél hubiese mandado comparecer con posterioridad al plazo establecido en el compromiso, no se incurrirá en la pena prevista».

f) Conforme a C. J. 2.55.1: «Más si se pronunció sentencia pasado el día fijado en el compromiso, es nula la sentencia, y no incurre en pena alguna el que no la hubiere obedecido». (a. 213). Esta disposición se recogía, conforme ha sido ya señalado, en el art. 37. 2-2, LA: «La expiración del plazo sin que se haya dictado laudo definitivo determinará la terminación de las actuaciones arbitrales y el cese de los árbitros...».

En la reforma de la Ley de Arbitraje de mayo de 2011, conforme se afirma en el apartado II del Preámbulo: «Se modula una solución, a favor del arbitraje, para los casos en que el laudo se dicta fuera de plazo, sin perjuicio de la responsabilidad de los árbitros...», que se concreta en la siguiente redacción: «Salvo acuerdo en contrario de las partes, la expiración del plazo sin que se haya dictado laudo definitivo no afectará a la eficacia del convenio arbitral ni a la validez del laudo dictado, sin perjuicio de la responsabilidad en que hayan podido incurrir los árbitros».

h) No es válida una sentencia indeterminada, así en D. 4.8.21.3: «Opina Pomponio que no es válida una sentencia indeterminada, del tipo por ejemplo "devuélvele cuanto le debes" o "debe respetarse la división que habéis realizado" o "que se te reintegre en la parte en que pagaste a tus acreedores"».

Tampoco resulta válida la sentencia consistente en una mera valoración o indicación no decisoria de la controversia, así en D. 4.8.19.1: «Dicta sentencia quien tiene intención de apartar a las partes mediante su resolución del conflicto planteado y si el arbitraje se hubiese asumido sobre varias cuestiones no se entiende que se haya dictado sentencia más que si se hubiese puesto término a todas las controversias y si no se actuase en este sentido, el pretor obligará al árbitro a hacerlo».

i) No es válida la sentencia cuando se condiciona por las partes la resolución arbitral, así en D. 4.8.17.3: Ulpiano, 13 ed.: «Pregunta Pomponio quien habrá de ser obligado si el compromiso fuese que sentencie Seyo según el parecer del árbitro Ticio. Yo creo que no es válido tal arbitraje, dado que no existe libertad para el que árbitro dicte su sentencia».

j) No es válida la sentencia dictada sobre asuntos propios del árbitro: «Si alguno hubiese sido nombrado árbitro en negocio propio no puede dictar sentencia, porque se mandaría a si mismo hacer algo o se prohibiría pedir, y no cabe que alguien se mande o prohíba a sí mismo», así en D. 4.8.51.

k) No es válida la sentencia no pronunciada en presencia de las partes, salvo acuerdo en contrario, así en D.4.8.27.4: «La sentencia dictada sin la presencia de los contendientes no será válida, a no ser que éstos hubiesen acordado que será válida la sentencia dictada en ausencia de uno o de los dos litigantes...».

l) D.4.8.19. pr.: «... si el compromiso se formalizó con el objetivo de que el árbitro dictase sentencia en un determinado sentido, escribe Juliano, 4 dig., que es nulo el arbitraje, y que el árbitro no ha de ser obligado a dictar sentencia».

m) Conforme a D. 4.8.32.15: «Deben saber los que ostentan el cargo de árbitro que deben basarse en todos sus extremos en el mismo compromiso, porque ningún árbitro puede ir más allá de lo previsto en el convenio. Así pues, no podrá el árbitro resolver lo que quiera, ni sobre cualquier asunto, sino respecto del que es objeto del compromiso y hasta donde éste alcance».

El conocimiento de cuestiones no previstas en el convenio de arbitraje o no susceptibles de arbitraje no resultaba lícito, pero no invalidaba aquellos aspectos que las partes habían sometido a la decisión arbitral, así en D. 4.8.32.15, solución que se ha impuesto finalmente en la legislación actual.

Si el *arbitrium* era *boni viri* cabía la posibilidad de impugnar en juicio la decisión arbitral, así a propósito de la decisión de un árbitro no compromisario, de nombre Nerva, al que se le encarga la determinación de las partes de una sociedad, se afirma en D. 17.2.79: «Si la determinación de partes que hizo Nerva es tan perversa que resulta de ella una manifiesta iniquidad, puede ser rectificada mediante la acción de buena fe».

Art. 40 LA. Acción de anulación del laudo: «Contra un laudo definitivo podrá ejercitarse la acción de anulación en los términos previstos en este título».

Art. 41 LA. Motivos

1. El laudo sólo podrá ser anulado cuando la parte que solicite la anulación alegue y pruebe:

a) Que el convenio arbitral no existe o no es válido.
b) Que no ha sido debidamente notificada de la designación de un árbitro o de las actuaciones arbitrales o no ha podido, por cualquier otra razón, hacer valer sus derechos.
c) Que los árbitros han resuelto sobre cuestiones no sometidas a su decisión.
Que la designación de los árbitros o el procedimiento arbitral no se han ajustado al acuerdo entre las partes, salvo que dicho acuerdo fuera contrario a una norma imperativa de esta ley, o, a falta de dicho acuerdo, que no se han ajustado a esta ley.
d) Que los árbitros han resuelto sobre cuestiones no susceptibles de arbitraje.
e) Que el laudo es contrario al orden público.

B) De la ejecución de la sentencia. De la cosa juzgada

En la etapa del derecho clásico, el arbitraje compromisario no generaba una acción ejecutiva, del tipo de la *actio iudicati*, acción por lo juzgado en el proceso, mediante la que se pudiera exigir de forma directa el cumplimiento de la sentencia arbitral, sino que era necesario, dictada la sentencia arbitral, en el caso de inobservancia de ésta por una de las partes, acudir a la mecánica de las recíprocas estipulaciones de cumplimiento de lo acordado, *in faciendo*, o penales, con las que se solía reforzar el pacto de compromiso[359], como garantía y soporte del procedimiento y de la sentencia arbitral, con lo que ello suponía de coacción indirecta para las parte incumplidora, dado que la parte perjudicada por el incumplimiento podía interponer la acción derivada de la pura o simple estipulación o de la estipulación penal, actio ex stipulatu[360].

Cabría por tanto afirmar, en definitiva, que en el caso de que las partes hubiesen decidido revestir el pacto de una *stipulatio*[361] simple o de una stipulatio con cláusula penal, si bien la sentencia arbitral no tendría carácter ejecutivo, en estos casos, mediante el ejercicio de la actio ex stipulatu cabía reclamar tanto los perjuicios o intereses derivados del incumplimiento de la estipulación, como la cantidad de dinero o la cosa prevista a título de pena o sanción, *poena compromissi*[362], por el incumplimiento de la sentencia arbitral o la no colaboración con el árbitro en el desarrollo del procedimiento[363], lo que constituía una garantía[364] inter partes de observancia de las indicaciones del árbitro y de cumplimiento de la sentencia arbitral[365].

---

359 Sobre el carácter facultativo y accesorio de la sitipulatio poenae, vid. en ROUSSIER, *Du compromis sine poena*, cit., pp. 169 ss.

360 Con carácter general, sobre la stipulatio poenae, vid. en ZIMMERMANN, *Stipulatio poenae*, South African Law Journal, 1987, pp. 399-415.

361 Así en D. 4.8.27.7: «Si no se hubiese adjuntado una estipulación penal al compromiso, sino que simplemente se hubiese prometido que se cumpliría la sentencia, se daría contra el que la incumple la acción de cosa incierta» Ulp. 13 ad ed. En relación con la mención de la actio incerti, y no la actio ex stipulatu, para exigir el cumplimiento de la sentencia arbitral, en los casos en que no se hubiese estipulado una pena, vid. en Talamanca, Richerche in tema di compromissum, Milano 1958, pp. 40 ss, LA PIRA, *«Compromissum» y «litis contestatio» formulare*, cit., pp. 201 ss., y ZIEGLER, Das private..., cit., pp. 53 ss.

362 Acerca de la posibilidad de que la poena pecuniaria no consista en una cantidad de dinero vid. en FREZZA, *La clausola penale*, Studi Lorenzo Mossa, 2, Padova 1961, pp. 272 ss.

363 Acerca de la inspiración de la poena compromissi o convencional del arbitraje compromisario en el *sacramentum* de la *legis actio sacramento*, vid. en DE RUGGIERO, *L´arbitrato pubblico, cit.*, pp. 70 ss, si bien cabe afirmar que en el *sacramentum* el juramento es prestado por las partes y en el compromiso lo es por el árbitro.

364 Otra forma de formalización de garantía habría consistido en el depósito de la cosa objeto del litigio, res litigiosa, en poder del árbitro, vid. al respecto en SCIALOJA, *Procedura Civile Romana*, Roma 1936, pp. 313 ss.

365 La *stipulatio* clásica pierde el carácter formalista que la caracterizaba en una evolución que se prolonga hasta el derecho justinianeo en el que se considera que lo relevante es el acuerdo entre las partes y su presencia física en el momento de su emisión, lo que supone en la práctica su identificación con la idea de pacto, así en C. J. 8.37(38).10: «Sean válidas todas las estipulaciones previstas en las leyes, aunque no hayan sido hechas con palabras solemnes o directas, sino con otras cualesquiera con el consentimiento de los contratantes». Año 472, Emperador León, y en I.J. 3.15.1: «...las palabras solemnes en la estipulación estuvieron ciertamente en uso en otro tiempo, pero con posterioridad a la promulgación de una constitución de León, fue suprimida la solemnidad verbal, por lo que requiere únicamente de una y otra parte, una manifestación congruente y concordante, aunque haya sido expresada con cualesquiera palabras».

Las estipulaciones recíprocas, con las que se revestía y reforzaba el pacto de compromiso, debían prever, de forma congruente, el cumplimiento de la sentencia arbitral, «estar a la sentencia arbitral, en expresión de Ulpiano, en D. 4.8.27.7: *simpliciter sententia stari quis promisserit...*» y, en su caso, la entrega de una cantidad o de una cosa a título de pena, *stipulatio poenae*, para el caso de incumplimiento o de ausencia de colaboración con la labor arbitral.

Las estipulaciones tenían, por otra parte, carácter accesorio respecto del pacto de compromiso arbitral, cuya ineficacia, por cualquier causa, así la falta de capacidad de los intervinientes[366] o del árbitro[367], acarreaba la nulidad de aquéllas.

Si la parte incumplidora se negaba al pago de la pena estipulada, *pecunia compromissi*, la otra parte podía exigírselo mediante el ejercicio de la acción derivada del contrato estipulatorio, *actio ex stipulatu*, cuya función, en este concreto sentido, era asimilable a la acción por la que se exigía el cumplimiento de la sentencia judicial, la *actio iudicati*[368].

Por otra parte, como señala Linares, a propósito de la relativa abstracción que puede derivarse de las estipulaciones en el pacto de compromiso arbitral, es siempre necesario interpretar de forma integradora las mencionadas estipulaciones con la voluntad de las partes en su otorgamiento[369].

La excepción derivada del pacto o compromiso de arbitraje, *exceptio pacti conventi* o *exceptio pacti compromissi*, no resultaba, por otra parte, suficiente para paralizar la acción que cualquiera de las dos partes podía ejercitar ante un juez o tribunal, instándole a juzgar el asunto sometido con anterioridad al pacto de arbitraje.

Cabía pues iniciar, en la comúnmente denominada época clásica, un proceso ordinario con el mismo objeto de la controversia sometida a arbitraje, en atención a que al no tener la sentencia arbitral carácter ejecutivo y, por ende, no resultar exigible su cumplimiento mediante la correspondiente acción ejecutiva, ni producir el efecto de cosa juzgada, tampoco tenía lugar la consunción de la acción.

---

[366] Así en D. 4.8.27.5: «Se considera que dicta sentencia ante las partes el árbitro que la pronuncia ante los que pueden entenderla, pero no si es ante un loco o un demente, ni ante un pupilo sin la presencia de su tutor...».

[367] Así en D. 4.8.41,: «Estando dispuesto por la ley Julia, que el menor de veinte años no sea apremiado a juzgar a nadie, no es lícito elegir como juez compromisario al menor de veinte años, por lo que en modo alguno se incurre en pena por el incumplimiento de su sentencia...».

[368] Así en Pauli Sententiae 5.5.1, donde se afirma que la pena prometida en el arbitraje compromisario puede ser exigida en juicio mediante el ejercicio de la acción de la estipulación: «...*sed in poena inter eos promissa sit, poena rei in iudicium deductae exstipulatu peti potest*».

[369] Vid. en LINARES. *Compromissum y receptum arbitrii. Aspectos negociales del arbitraje privado romano en relación con el moderno. Derecho de obligaciones. Homenaje al Prof. Murga*, Madrid 1994, pp. 713 ss.

La evolución habida al respecto en la época justinianea, en la que la sentencia arbitral adquiere carácter ejecutivo, con independencia de la pena estipulada, hace que en esta cuestión, como en otras muchas, haya que considerar clásica la previsión justinianea, en atención a su perdurabilidad temporal.

En la época postclásica, el pacto de compromiso, se desvincula de las estipulaciones, siendo cada vez más infrecuente su utilización como garantía de cumplimiento del acuerdo, y la pena se convierte en elemento esencial del acuerdo y de cumplimiento de la sentencia arbitral[370].

Finalmente, en la etapa justinianea, se reconoce a la sentencia arbitral naturaleza de título ejecutivo y se le dota de eficacia de cosa juzgada[371]. La sentencia arbitral no tuvo pues, hasta la época justinianea, por sí misma carácter ejecutivo, ni producía efectos de cosa juzgada[372], de *res iudicata*, como sucedía con la sentencia pronunciada por un juez, en la medida en que la parte que se considerase perjudicada podía incumplir la sentencia arbitral, *non stari sententiae arbitri*, proceder a satisfacer, a la otra parte, la pena prevista, pecunia compromissi[373], para el caso de incumplimiento de la sentencia, e iniciar, en su caso, un proceso ordinario[374].

En la etapa justinianea, el pacto de compromiso, en contraposición a la ausencia de acción para exigir su cumplimiento en épocas anteriores, se integra en la categoría de los pactos legales o convenciones legítimas, a las que se

---

370 Sobre la equiparación en la época postclásica entre humanitas y aequitas, vid. DAZA, *Aequitas et humanitas*, en Estudios Iglesias, 3, Madrid 1988.

371 Con carácter general sobre las sentencias arbitrales, vid. en GALANTE, *Natura e efficacia delle Sentenze degli Arbitri, en Studi Giuridici in onore di Carlo Fadda nel XXV anno del suo insegnamento*, vol. VI, Nápoles 1906, pp. 115- 156.

372 Así en Pauli Sententiae 5.5.1 se contrapone entre quienes dictan resoluciones que dan lugar a cosa juzgada, res iudicata, exigible mediante la acción por lo juzgado, res iudicati, y las resoluciones del arbitraje compromisario que no tienen esta naturaleza: «...E*x compromisso autem iudex sumptus rem iudicatam non facit...*», y en C.J. 2.55.1: «Con frecuencia se respondió mediante *rescriptos...* que de la sentencia del árbitro no se deriva la acción de cosajuzgada, es por lo que se promete por ambas partes una pena, para que por temor a ella ninguno de los litigantes deje de cumplir lo convenido...» Emperador Antonino, a. 213. En la época justinianea, la concesión de una acción para pedir la ejecución de la sentencia arbitral supone el reconocimiento del efecto de cosa juzgada derivado de dicha sentencia, al igual que sucede con la sentencia judicial.

373 Sobre la sanción consistente en la pérdida de la pecunia compromissa por parte de quien en un primer momento se había sometido a arbitraje y, con posterioridad, había acudido, durante el periodo de vigencia del arbitraje, a la justicia ordinaria, vid. en PANZARINI, I profili di modernità..., cit. pp.1239 ss.

374 En relación con la eficacia de cosa juzgada de la sentencia arbitral en un arbitraje público de naturaleza administrativa, vid. la controversia entre Patulcenses y Gallicenses, referida por DE RUGGIERO, *L´arbitrato pubblico, cit.*, p. 3 y BUIGUES, *La solución amistosa...*, cit., p. 88, donde se hace referencia a «rebus iudicatis starent» para referirse al carácter de res iudicata de la sentencia del árbitro y a «ea sententia stari oportet» en alusión a la obligación de cumplir la sentencia.

dota de eficacia obligatoria y de acción para exigir su cumplimiento, al propio tiempo que se dota de carácter ejecutivo a la sentencia arbitral.

Al mencionado pacto legal parece pues aplicable lo establecido en D. 2.14.6, interpolado: «La convención legítima es la que está sancionada en una ley, y por tanto de ella nace, o se extingue, una acción, conforme a la ley o a un senadoconsulto», y en D. 4.8.1, interpolado: «El arbitraje compromisario se configura a semejanza de los juicios, y sirve para poner fin a las controversias».

Cabría pues afirmar que en la última etapa del Derecho Romano, la sentencia arbitral, suscrita por las partes y no impugnada en el plazo de 10 días desde su pronunciamiento es plenamente eficaz, es decir, ejecutiva, por lo que no necesita ser homologada como ejecutiva por el magistrado ordinario.

Cabría, por tanto, considerar el arbitraje romano, en la etapa justinianea, un equivalente jurisdiccional, así en C. J. 3.1.14: «...o a quienes por haberlo aceptado, es decir, por compromiso, que se asemeja a un juicio, toman a su cargo dirimir litigios, o a quienes hacen un arbitraje...»[375]. Justiniano distingue en este texto entre el arbitraje compromisario, respecto del que afirma que se asemeja a un juicio, y los demás tipos de arbitraje, «*vel arbitrium peagunt...*».

Conforme a la afirmación de Paulo, contenida en D. 4.8.1, el arbitraje se configura a semejanza de los juicios, *ad similitudinem iudiciorum redigitur*. Justiniano parece que va un poco más allá al afirmar que el arbitraje se asemeja al juicio, *iudicium imitatur*[376].

En la época justinianea se produce la mayor aproximación, y equiparación en sus efectos, entre proceso y arbitraje[377], especialmente en materia de cumplimiento de la resolución arbitral. Así, en relación con la ejecución de la sentencia arbitral, se atribuye una exceptio veluti pacti a favor del demandado compromitente para paralizar la actio de la otra parte dirigida a iniciar un proceso ordinario sobre la cuestión resuelta en arbitraje, y una *actio in factum*, en caso de incumplimiento de la sentencia arbitral, a favor del compromitente que solicita ejecución de la sentencia, así en C. 2.55.5.pr.: «...dictada la sentencia arbitral... nazca no sólo a favor del demandado la excepción como de un pacto, non solum exceptionem veluti pacti generari, sino también por

---

375 C.J. 3.1.14: «*Vel qui ex recepto, id est compromiso (quod iudicium imitaur), causas dirimendas suscipiunt, vel qui arbitrium peragunt...*».

376 Acerca de la consideración delarbitraje como equivalente jurisdiccional, vid. SSTC 15/ 1989, 62/ 1991 y 174/ 1995.

377 Así en relación con la posibilidad de que las recurran en el juicio ordinario a las declaraciones de testigos vertidas en el procedimiento arbitral, C. J. 4.20.20, o respecto a la inerrupción de la prescripción en el momento de incoarse el arbitraje, en C. J. 2. 56 (55), 5. 1: «...la convención hecha en escritura ante juez compromisario produce la interrupción del tiempo, de igual forma que si el litigio se hubiese incoado ante el trbunal ordinario».

nuestra voluntad la acción por el hecho a favor del actor, a fin de que ejecutarse la sentencia arbitral, *sed etiam actori ex nostro numine in factum actionem, quatenus possit sententia eius executioni mandari...*».

En C.J. 2.55.4.4, además de mediante la *actio in factum* se dispone que la ejecución de la sentencia arbitral podrá solicitarse mediante el ejercicio de una *condictio ex lege* o una *actio utilis in rem*: «y sea lícito en todos estos supuestos ejercitar la acción por el hecho, la acción nacida de la ley, o la acción real útil, según lo exigiere la naturaleza del hecho».

Para que la sentencia arbitral tenga el mencionado carácter ejecutivo, se requiere, por otra parte, en lo que constituye una novedad respecto de la regulación clásica y supone una nueva asimilación al proceso respecto del juramento prestado por los jueces, que las partes y el árbitro hayan prestado juramento[378], aquellas de viva voz ante el árbitro o en escritura pública o privada de que se comprometían a aceptar la decisión del árbitro, y éste que haya jurado que dirimiría el litigio con entera verdad, en cuyo caso, dispone Justiniano, en una Constitución del año 529, C.J. 2.55.4.1: «...mandamos que de todas maneras se guarde su decisión, y que ni el reo ni el actor puedan separarse de ella, sino que de todos modos les obligue, y sean, por ello, compelidos a obedecerla».

En C. J. 2.55. 4. 2., Justiniano prevé que el compromiso juramentado de aceptar la decisión arbitral se realice, no con anterioridad al inicio del procedimiento arbitral, sino con posterioridad al pronunciamiento de la sentencia, «en cuyo caso habrá de respetarse también de igual modo sin alteración alguna la sentencia del árbitro...».

El mismo carácter ejecutivo tendrá la sentencia arbitral cuando sea sólo el árbitro, y no las partes, quien haya prestado juramento, así Justiniano en C.J.2.55.4.3: «Pero si pidiéndolo los litigantes, o manifestándolo en sus escritos o declaraciones, sólo el árbitro hubiera prestado juramento de que con entera verdad pondría término al litigio, ordenamos que también en el presente caso sea semejante su decisión a los anteriores, y que de todos modos esté amparada por las leyes». Asimismo en C.J. 2.55.6, Justiniano atenúa el rigor del antiguo derecho en relación con la no utilización de determinadas palabras en relación con la aceptación de la sentencia por parte de uno de los litigantes, al disponer que «en todo caso sea compelido por la acción por el hecho a hacer aquello en que consintió *et sic omnímodo per actionem in factum eum compeli ea facere...*».

En el caso del arbitraje compromisario se exigía, por tanto, en la etapa justinianea, que el acuerdo de las partes se reforzase mediante un juramento y

[378] Vid. en relación con los juramentos en KROB, *Serments et institutions civiques à Cos à l´epoque hellènistique*, Revue des Etudes Grecques, REG, tomo 110, 1997/2, pp. 434-453.

que el árbitro jurase dictar una sentencia justa, o bien que las partes hubiesen recogido en un documento la elección arbitral y la aceptación de su decisión, y no lo hubiesen impugnado en los diez días siguientes, así en C. J. 2.55. 6.pr.: «Más si después de dictada la sentencia, los litigantes no hubieran consignado de manera alguna que aceptan la decisión del árbitro, pero la hubieran confirmado con su silencio, y dentro de los diez días siguientes no se hubiera enviado al juez o a la parte contraria por uno de los contendientes declaración en la que se manifieste la no aceptación de la decisión, entonces quede confirmada la sentencia por el acatamiento de las partes y competa al demandado la excepción y al actor la mencionada acción ...».

Si bien se suele afirmar que la reforma justinianea conforme a la cual se reconoce carácter de título ejecutivo a la sentencia arbitral fue anulada, en lo sustancial, nueve años después de ser introducida, por el propio Justiniano, conforme a la Nov. 82.11, del año 539, del tenor literal de la citada Constitución parece que, no obstante la alusión al pago de la pena estipulada en el caso de incumplimiento de la sentencia, lo que supondría un retorno al régimen clásico, en la parte final del fragmentos se habría confirmado la regulación anterior del arbitraje promulgada por el propio Justiniano, y por tanto la acción y excepción derivadas de la sentencia arbitral, salvo en la no exigencia del juramento de los denomminados árbitros o jueces compromisarios, así en el citado capítulo 11, 1, in fine: «... Subsistiendo en su propio vigor, y no debiendo ser en manera alguna innovado por esta ley nuestra, todo lo sancionado antes o por la antigua legislación o por nosotros, respecto a los jueces compromisarios o a los árbitros, exceptuada la necesidad de juramento».

En la etapa justinianea, se reconoce, en definitiva, a la sentencia arbitral naturaleza de título ejecutivo y se le dota de eficacia de cosa juzgada.

En las Partidas, III, 4, 23, se mantiene básicamente la concepción romana, al establecerse que una vez dictada la sentencia, si en el acuerdo de compromiso si fijó una pena pecuniaria para el caso de incumplimiento, y una de las partes se niega a cumplir la sentencia, debía pagarla. Si no se hubiese fijado pena, las partes sólo estaban obligadas a cumplir la sentencia si la aceptaban, de forma expresa, o de forma tácita no contradiciéndola en los días siguientes a los que fue dictada. Asimismo la sentencia tenía carácter ejecutivo si las partes hubiesen hecho constar en el acuerdo de compromiso que el pago de la pena comprometida no liberaba del cumplimiento de la sentencia[379].

[379] Sobre el carácter ejecutivo de la sentencia en los textos medievales castellanos de influencia romanística, vid. en MERCHAN, *Firmeza y ejecutoriedad de la sentencia arbitral en el Derecho castellano de la Recepción*, en "Panta rei. Studi dedicati a Manlio Mellomo", Vol IV. Roma 2004, pp. 1-18.

En el derecho castellano la primera manifestación conocida de que los laudos arbitrales habrían de tener fuerza ejecutiva por si mismos se encuentraría, conforme subraya De Castro, en una ley de Enrique IV, promulgada en Madrid en 1458, que mantuvo su vigencia hasta el siglo XIX[380]. El artículo 281 de la Contitución de 1812 atenuó la fuerza ejecutiva de la sentencia arbitral al establecer en el articulo 281 que: «La sentencia que dieren los árbitros se ejecutará si las partes al hacer el compromiso no se hubiesen reservado el derecho a apelar»[381].

De la revisión del laudo. Artículo 43 LA: «El laudo firme produce efectos de cosa juzgada y frente a él sólo cabrá ejercitar la acción de anulación y, en su caso, solicitar la revisión conforme a lo establecido en la Ley 1/2000, de 7 de febrero, de Enjuiciamiento Civil para las sentencias firmes».

De la ejecución forzosa del laudo. Artículo 44 LA: «La ejecución forzosa de los laudos se regirá por lo dispuesto en la Ley de Enjuiciamiento Civil y en este título»[382].

---

380 DE CASTRO, El arbitraje y la nueva lex Mercatoria, en en ADC, T. XXIII, cit., pp. 619-726. Ley de Madrid de 1458 establece al respecto que: «Porque acaesce que las partes... acuerdan de poner y comprometer los tales pleytos y contiendas en manos de jueces árbitros *iuris*... o de jueces amigos, árbitros arbitradores, y prometen estar por la sentencia que dieren... mandamos que luego que la tal sentencia arbitraria fuese dada de que la parte pidiere execución, se ejecute libremente...». Vid. asimismo respecto a la ejecutividad de la sentencia arbitral en MONTEAGUT, *La Sentència Arbitral de Cataluña de 1486*, L`Avenç, 93, 1986, pp. 54- 60.

381 En los textos legislativos posteriores a la Constitución de 1812, el arbitraje osciló entre la concepción judicial prevista en las Leyes de Enjuiciamiento Civil de 1855 y 1881, la visión contractualista de la Ley de Arbitrajes de Derecho Privado de 22 de diciembre 1953, la naturaleza ecléctica del arbitraje regulado en la Ley 36/1988, de 5 de diciembre, que considera el arbitraje un contrato en su origen y un proceso en su desarrollo, y el criterio inspirador del arbitraje regulado en la vigente Ley 60/2003, de Arbitraje, en el marco de la Ley Modelo UNCITRAL,recomendada por las Naciones Unidas recomendada por la Asamblea General de las Naciones Unidas, en su Resolución 40/ 72, de 11 de diciembre de 1985. Vid. respecto de los distintos modelos de arbitraje, entre otros autores, en VAZQUEZ SOTELO, *Arbitraje y Proceso Judicial,* Universidad Nacional Autónoma de Mexico 1988, pp. 249-276; O`CALLAGHAN, *El contrato de compromiso según la Ley de arbitraje de 5 de diciembre de 1988,* Actualidad Civil, 1989, pp. 1-14; MONTERO AROCA, Comentario breve a la Ley de Arbitraje, AA.VV., Civitas 1990; CORDÓN MORENO, *EL Arbitaje en el Derecho español: interno e internacional,* Aranzadi 1995; DÍEZ- PICAZO GIMÉNEZ, *Derecho procesal civil: Proceso concursal. Arbitraje,* Editorial Ramón Areces 2004; LORCA NAVARRETE.*Comentarios a la nueva Ley de Arbitraje 60/2003, de 23 de diciembre,* San Sebastian 2004; VERDERA, *La Ley 60/2003 de 23 de diciembre, de arbitraje entre la tradición y la innovación. Discurso de Ingreso en la Real Academia de Jurisprudencia y Legislación el día 6 de junio de 2005*; OLIVENCIA. *Arbitraje una Justicia alternativa. Una visión histórica desde la nueva Ley.* Universidad de Córdoba 2006; El Arbitraje en España. Impacto de la Ley 11/2011, de la reforma de la Ley 60/2003, Revista jurídica de Catalunya, Vol. 111, Nº 4, 2012, págs. 1005-1030; MERINO MERCHAN y CHILLÓN MEDINA, *Tratado de Derecho Arbitral,* 3ª ed. Thomson Civitas. 2006; FERNÁNDEZ ROZAS, *La nueva Ley de Arbitraje.* Consejo General del Poder Judicial 2007; GONZÁLEZ SORIA, Coord., *Comentario a la nueva Ley de Arbitraje, Ley 60/2003, de 23/12,* 2ª ed., Aranzadi 2011; BARONA VILAR, Coord., *Comentarios a la Ley de Arbitraje.* Thomson Civitas, 2ª ed. 2011; DAMIAN, Coord., *La reforma de la Ley de arbitraje.* 2011, Wolters Kluwer 2011.

382 Vid.al respecto en GONZÁLEZ SORIA, *La intervención judicial en el arbitraje. Recursos jurisdiccionales y ejecución judicial del laudo.* Madrid 1988; Id. FERNÁNDEZ BALLESTEROS, *Artículo 44.*

Me he limitado en este último capítulo a glosar algunos textos romanos en la materia y a destacar aquellos que mantienen su vigencia en el derecho actual. Son textos clásicos y, por tanto, imperecederos, que expresan principios y reglas que han sido incorporados, buen número de ellos, en los preceptos jurídicos de las leyes de arbitraje de los distintos países, entre ellos del nuestro.

Como tiene escrito el Maestro Díez- Picazo el ordenamiento jurídico y muchas de sus partes, en especial el Derecho privado, se han tornado a lo largo de estos últimos años muchísimo más complejas de lo que habían sido con anterioridad y la reducción de esa complejidad pasa por un estudio detenido y pormenorizado de los antecedentes históricos y de la forma de haber plasmado las nuevas regulaciones, que es, sin duda un trabajo todavía pendiente y que habrá que acometer sin pausa[383].

Voy ya a concluir, y lo haré diciendo que soy consciente que la profundidad de un estudios histórico sobre una figura de naturaleza interdisciplinar de la relevancia del arbitraje, genera inevitablemente lagunas y controversias en los distintos aspectos abordados en mi Discurso de Ingreso en esta Real Academia. Es por ello, y por la satisfacción que me produce el estudio de esta materia, que espero dedicar al arbitraje una especial atención en mi labor de investigación en los próximos años.

A quienes conozcan la ley de arbitraje española de 2003, las soluciones romanas a las distintas cuestiones planteadas les habrán resultado familiares. A quienes no estén familiarizados con el texto legal de 2003, reformado en el 2011, confío que el genio jurídico romano les haya resultado asimismo patente en este relevante sector del Ordenamiento, que se conforma como una de las instituciones jurídicas que puede presumir, al propio tiempo, de tener pasado, presente y futuro.

Si en algo he contribuido con esta modesta aportación a despertar o a incrementar el interés por el devenir histórico del arbitraje, me doy por satisfecho. Muchas gracias por su compañía y por su atención.

Antonio Fernández de Buján

Catedrático de la Universidad Autónoma de Madrid

Normas aplicables. Comentarios a la Nueva Ley de Arbitraje, cit., pp. 633-648; Id. *La ejecución forzosa y las medidas cautelares*, Iurgium, Madrid 2001.

383 DÍEZ-PICAZO, L., *Discurso de Apertura del Curso Académico de la Real Academia de Jurisprudencia y Legislación 2013-2014: "Perfiles"*, Madrid, 2013, p.33.

Contestación del
Excmo. Sr. D. Luis Díez-Picazo y Ponce de Léon,
presidente de la real academia de jurisprudencia y legislación,
al discurso de ingreso
en la real academia de jurisprudencia y legislación
del Excmo. Sr. D. Antonio Fernández de Buján y Fernández

— I —

Tengo que decir desde ahora que el profesor Antonio Fernández de Bujan Fernández reúne todas las condiciones necesarias para ocupar la plaza de Académico de Número de la que hoy toma posesión. Entre otras cosas quiero citar los siguientes datos de su curriculum vitae, que lo avalan por si solos.

Es Licenciado y Doctor por la UAM. Premio extraordinario de Doctorado por la Universidad Autónoma de Madrid en 1978.

Catedrático de Derecho Romano desde 1983 en la Universidad de Cádiz, a los 29 años de edad, y de la Facultad de Derecho de la U.A.M desde 1991.

Vocal, en la Comisión General de Codificación, en las Ponencias encargadas de los dos Anteproyectos de Ley de Jurisdicción Voluntaria, años 2002-2005 y año 2012. En marzo de 2007 compareció en el Congreso de los Diputados en el trámite de asesoramiento del Proyecto de Ley de Jurisdicción Voluntaria de 2006.

Vocal de la Comisión Nacional de Evaluación de la Actividad Investigadora. Evaluador de la Agencia Nacional de Evaluación y Prospectiva.

Seis sexenios de investigación reconocidos por la Comisión Nacional de Evaluación de la Actividad Investigadora.

Investigador Principal en seis Proyectos de Investigación del Ministerio de Educación y de la Comunidad de Madrid.

Director del Departamento de Derecho Privado, Económico y Social de la UAM, años 1995-1998.

Director de la Revista General de Derecho Romano, publicada por la Editorial Iustel. com.

Director de la Colección Dykinson- Monografías de Derecho Romano.

Ha dirigido 14 Tesis Doctorales y es Director de 10 Tesis, en proceso de elaboración. Diez de las Tesis Doctorales dirigidas son en materia de Derecho Administrativo y Fiscal Romano

Autor de 15 monografías y 200 artículos doctrinales en materia de Derecho Romano, Derecho Procesal y Derecho Civil. Ha publicado 5 monografías y 70 artículos sobre Jurisdicción Voluntaria.

Es autor, entre otras, de las siguientes publicaciones:

Manual de Derecho Público Romano, 16º ed. Thomson-Civitas. Madrid 2013.

Manual de Derecho Privado Romano, 6ªed. Iustel 2013.

Historia del Derecho Romano, 2ª Thomson-Civitas 2013.

Fundamentos de Derecho Romano. Udima 2011.

Jurisdicción Voluntaria en Derecho Romano. Reus 1986.

El precio como elemento comercial de la emptio-venditio romana, 3ª ed. Reus 1991.

La Jurisdicción Voluntaria. Civitas 2001.

Jurisdicción y Arbitraje. Iustel 2007.

Hacia una Teoría General de la Jurisdicción Voluntaria. 2 vols. Iustel 2007 y 2008.

Hacia un Derecho Administrativo y Fiscal Romano. Director. 2 vols. Ed. Dykinson 2011 y 2013.

Medalla Castelao del Gobierno de Galicia 2011.

Académico de Número de la Real Academia de Jurisprudencia y Legislación de Galicia en 2013.

Cruz de Honor de San Raimundo de Peñafort 2013.

Doctor Honoris Causa por la Universidad de Plovdiv, Bulgaria, en 2013.

— II —

Nadie podrá sinceramente pretender reducir el ámbito de la demostrada curiosidad intelectual del profesor Fernández de Bujan, que a veces se dedica a algunos de los temas jurídicos que despiertan su interés con voracidad o con pasión. Ha ocurrido así a lo largo de los últimos años con sus estudios sobre la jurisdicción voluntaria, arrancando de la participación que debió tener en la Comisión creada por el Ministerio de Justicia para resolver este problema, en que puede suponerse-según mi opinión, discutida algunas veces con el autor del discurso-, que no hay en los casos así llamados de jurisdicción voluntaria verdadera, jurisdicción porque lo que corresponde al tribunal no es una *iurisdictio*, sino es más bien la intervención de la Administración del Estado, encomendada a órganos jurisdiccionales, en materia de derecho privado.

Esta desmedida en ocasiones curiosidad intelectual, ha conducido a nuestro autor a ocuparse ahora del arbitraje en el Derecho romano, lo cual demuestra una afición reciente hacia zonas limítrofes del ordenamiento jurídico central: la mediación, la conciliación, los actos de jurisdicción voluntaria, y otros supuestos parecidos.

— III —

La tesis central de Fernández de Buján es que en materia de arbitraje el Derecho romano es heredero de la figura del arbitraje del Derecho griego, si bien la regulación específica del arbitraje se encuentra en los textos de la Jurisprudencia romana recogidos en el Digesto. Probablemente no hay una forma más civilizada y eficaz de resolver litigios que designar de común acuerdo las partes, a personas en quienes se tiene una indiscutible confianza para que decidan. Hay, sin embargo, en mi opinión, algunos puntos problemáticos sobre los cuales puede versar mi glosa. Dejo en claro, desde ahora, que el hecho de intervenir en la glosa del discurso de Fernández de Buján me retrotrae bastantes años a mis estudios de doctorado, cuando estudié la figura del arbitrio del tercero, y trate de perfilar las diferencias entre árbitros y arbitradores.

En el Ilustre conferenciante, como por lo demás ocurre con casi todos sus congéneres en el profesorado universitario, la idea del arbitraje, para referirla a una época histórica anterior, se dibuja sobre dos coordenadas: el paralelo entre árbitro y juez, entendido este ultimo como miembro del conjunto de órganos jurisdiccionales establecido por el Estado; y la caracterización de la situación que provoca su llamamiento y finalmente su entrada en juego como conflicto.

— IV —

Como ha puesto de relieve F. Bonifacio (*Novissimo Digesto Italiano,* I, pag. 925) hay algunas diferencias o disparidades que suponen contraposiciones entre proceso y arbitraje. La más significativa de ellas se deriva de la diversa fuerza de la decisión, porque mientras la sentencia del juez constituye una *res iudicata* y está armada con la acción ejecutiva, la observancia de la sentencia del árbitro no forma una cosa juzgada y constituye para la parte vencida una carga, ya que la falta de respeto de aquello que el árbitro haya decidido, es condición suficiente de la obligación de pagar la pena prevista.

El autor citado señala que la diferencia entre decisión del juez y decisión del árbitro descansa esencialmente sobre la diversidad de los actos, de los cuales derivan su nombramiento en el proceso, pues aunque pueda existir una elección de los litigantes, hay un acto de un magistrado, el *iussus iudicandi* está en la base de la *potestas iudicandi* del *iudex.* En el arbitraje en cambio el magistrado no nombra al árbitro, ni concurre tampoco a nombrarlo.

Algunas observaciones. La primera es que no puede hablarse de paralelo entre jueces y árbitros cuando se demandan a los árbitros tareas que en ningún caso podrían encomendase a los jueces, lo que impone la búsqueda de algún otro camino para salir del aprieto. Aunque nunca nos demos cuenta de ello suficientemente, habrá que reconocer que los órganos jurisdiccionales del Estado y, en concreto, los jueces, tienen encomendada una tarea muy concreta. La actividad de jueces y magistrados, que se llama también ejercicio de la potestad jurisdiccional, consistente en juzgar y hacer ejecutar lo juzgado que, groso modo, puede englobarse en la idea de administrar justicia, entendiendo por tal, dar a cada uno aquello que le corresponde. Juzgar significa algo así como emitir una opinión o un criterio sobre las peticiones y alegaciones realizadas por cada una de las partes, pero no de forma en que se resuelve una cuestión doctrinal del tipo: "tiene razón fulano", "tiene razón mengano", que aludirá simplemente a tener razón, sino en virtud de una decisión imperativa, que debe ser objeto de respeto y de cumplimiento por todos los que ante ella se coloquen.

Esto significa, según mi punto de vista, que ante los jueces no se lleva un conflicto o una controversia, sino lo que en sentido estricto hay que llamar *litigio,* según una dirección metodológica que procede según creo de Carnelutti. Para aclarar el concepto de litigio hay ciertamente que partir de la idea de "conflicto de intereses" y recordar que todo el derecho no es en el fondo otra cosa que una organizada ordenación de los conflictos de intereses y de sus posibles vías de solución. Pero al hablar de litigio hay algo más.

Una orientación doctrinal, venida del campo del Derecho público e influida por las ideas de G. Jellineck y de León Duguit, trata de ver un conflicto o una contraposición de intereses en la situación previa a la celebración de un contrato. Betti, por ejemplo, conceptúa el "contrato" como el negocio jurídico bilateral o plurilateral con intereses contrapuestos, sobre todo para distinguirle del "acuerdo", que es el negocio por el que se actúan intereses coincidentes o paralelos. Llevando esta línea de pensamiento todavía más lejos, Carnelutti ve en todo negocio jurídico el arreglo de un conflicto y en el conflicto la situación necesariamente previa a la celebración de todo negocio.

Esta dirección me parece equivocada y no marca el verdadero camino para situar, dentro del Derecho civil, la idea del conflicto de intereses. El criterio de la contraposición o del paralelismo de los intereses en juego para diferenciar contrato y acuerdo no es enteramente satisfactorio. Lo que permite caracterizar y distinguir netamente el acuerdo frente al contrato es, no tanto la contraposición o el paralelismo de los intereses como la identidad de la situación jurídica formal que ocupan las partes. Precisamente lo característico del acuerdo es que las partes que lo adoptan, ocupan una idéntica posición formal dentro de una misma situación jurídica, es decir, que el acuerdo es, cabalmente, la expresión de esta identidad, no del interés. El acuerdo es la declaración formal de una cotitularidad (socios, comuneros, acreedores, árbitros, vocales del consejo de familia, albaceas, etc.). Y esto es así independientemente de que los cotitulares tengan intereses paralelos o intereses encontrados.

La posición extrema de Carnelutti no es convincente. Es excesivo decir que todo negocio jurídico entraña siempre el arreglo de un conflicto de intereses. Es seguramente cierto que, en el fondo de todo negocio jurídico, subyacen unos intereses que buscan a través del negocio una actuación, pero no es necesario que estos intereses se encuentren en situación de conflicto.

—V—

El entronque de la figura del "conflicto de intereses" con la sistemática del Derecho civil, hay que buscarlo por otro camino. Existe indudablemente toda una serie de instituciones jurídicas cuyo trasfondo sociológico y cuyo presupuesto conceptual es precisamente la idea del conflicto de intereses. Son precisamente aquellas instituciones que el ordenamiento jurídico estructura con la finalidad de resolver conflictos, aquellas cuya función economico-social es la solución de un conflicto.

Existen, por lo pronto, dos contratos civiles, siempre mal encasillados, cuya finalidad es cabalmente ésta: poner fin a un conflicto entre las partes. La finalidad de la transacción es, según el artículo 1.809 del Código Civil, poner fin a un litigio o evitar que se promueva y el artículo 1.820 señalaba, como finalidad del compromiso, la sumisión a un tercero de la decisión de una *contienda,* idea que en lo sustancial recogió la Ley de 22 de diciembre de 1953. Más aún: la transacción y el compromiso son en la actualidad calificados por la doctrina como "contratos que tienen por objeto dirimir una controversia". La idea de conflicto, de contienda o de controversia asoma así vagamente dentro del Derecho civil.

No sólo en el artículo 1.820 se mencionaba de una manera expresa y terminante. También en el párrafo 3º del art. 271, se habla de transigir y comprometer en árbitros "cuestiones"; en el artículo 445 se menciona la "contienda sobre el hecho de la posesión"; en el 386, el "terreno objeto de la contienda", y en el 1.050, la "contienda sobre la obligación de colacionar o sobre los objetos que han de traerse a colación".

Y no sólo la idea de conflicto o contienda tiene profundas raíces en el Código Civil, sino también la idea del puro choque intereses se encuentra en él muchas veces. En el artículo 163, se dice que siempre que en algún asunto, el padre y la madre tengan "un interés opuesto" al de sus hijos no emancipados, se nombrará a estos un defensor que los represente. Y en el art. 299 se prevé el nombramiento de un defensor judicial "cuando en algún asunto exista conflicto de intereses" entre los menores o incapacitados y sus representantes legales o el curador. Todo ello me parece suficiente demostración de que el conflicto de intereses es una realidad jurídica civil, que necesita un lugar en el sistema y un estudio detallado.

Justificado el tema, será necesario aclarar qué se entiende por un conflicto de intereses. Un conflicto existe cuando sobre un objeto idéntico, varias personas ocupan posiciones y mantienen posturas incompatibles. El conflicto es precisamente la situación de estas personas cuyas posiciones se encuentran y de alguna manera chocan. No basta la ocupación de posiciones discrepantes, es menester, además, que estas posiciones se encuentren, que entren en colisión. El conflicto viene caracterizado por la naturaleza de la discrepancia entre los sujetos y por el objeto sobre que recaen. Hay, por ejemplo, conflictos ideológicos, sentimentales, etc. El conflicto de intereses viene matizado por su objeto. Interés es la aspiración de la persona hacia alguno de los bienes vitales y, por tanto, la situación en que la persona se encuentra respecto del bien. El conflicto surge cuando las aspiraciones de dos personas se excluyen: *verbi gracia,* dos galanes disputan el amor de una dama, dos funcionarios un cargo público, dos acreedores el cobro preferente de sus créditos o dos empresarios la supremacía de un mercado.

Frente a un conflicto de intereses, el ordenamiento jurídico puede adoptar una de estas dos posturas: permanecer neutral, cuidando únicamente por la limpieza del juego, o tomar partido y tutelar uno de los intereses en lucha haciéndolo prevalecer. En el primer caso hay un puro conflicto de intereses (controversia económica); en el segundo caso hay un litigio: Los sujetos no sólo tienen intereses contrarios, sino también posiciones contrarias sobre la tutela jurídica Cada parte sostiene que le favorece la protección del orden jurídico; se presenta como titular de un interés "jurídicamente protegido". El litigio existe, por ejemplo, desde que Cayo reclama a Sempronio una cantidad de dinero y Cayo contesta que ya pagó o que la deuda le fue condonada; el litigio existe cuando Cayo y Sempronio traten de ser al mismo tiempo propietarios exclusivos de la misma casa.

— VI —

Cabe a mi juicio construir, con sentido jurídico-civil, una teoría del litigio y situarla dentro de la parte general a continuación de la teoría del negocio, de que es el reverso. No cabe duda de que toda una serie de fenómenos jurídicos cobran decisiva claridad desde el punto de vista de una teoría del litigio. Es el caso de la prueba como institución de carácter sustantivo. Aparte la atención que le dediquen las leyes procesales, la prueba era una institución recogida y regulada en el Código Civil. La doctrina ha buscado denodadamente el sentido sustantivo civil de la prueba, sin encontrar una solución satisfactoria al problema. Como "prueba de las obligaciones", según la posición del Código y de sus primeros comentaristas, era blanco de una crítica fácil, porque, efectivamente, las normas civiles sobre la prueba se aplican aunque la materia de prueba no sea una relación obligatoria, sino una relación jurídica de signo diverso -verbi gracia, derecho real, de familia, etc.-. Como "prueba de los negocios jurídicos", según posiciones doctrinales más recientes, no se allana el obstáculo. La prueba será necesaria y se practicará, aunque entre las partes no haya mediado ningún negocio –verbi gracia, contiendas sobre la posesión, sobre deslinde de las fincas contiguas, etc.

En alguno de los textos del Digesto justinianeo, la figura del arbitraje se relaciona con la terminación de los litigios que puedan existir entre las partes y no es casual que esté empleada en ellos la palabra *litis*.

— VII —

Tal vez sea este el momento idóneo para analizar la cuestión antes planteada, pero desde el ángulo contrario. Se trata de saber si las formas o modalidades del arbitrio de un tercero pertenecieron históricamente o no a la regulación del arbitraje.

Tengo que confesar que carezco de formación suficiente para meterme en los entresijos de las opiniones de los romanistas al respecto, aunque no excluyo que algunas de las respuestas puedan ser afirmativas. A favor de la respuesta afirmativa se encuentra el dato de que hay un tercero a quien se ha encomendado una decisión que pone fin a una situación de conflicto de intereses. Naturalmente la decisión del arbitrador ha de considerarse obligatoria y vinculante para las partes que la hubieren aceptado. Fuera de ello, sin embargo, la cuestión permanece sin una respuesta que podamos considerar clara. Es muy difícil encontrar normas sobre arbitrajes que resulten aplicables a las modalidades de arbitrio de un tercero, y esta cuestión, vidriosa en el Derecho romano, lo es menos en el Derecho moderno donde parece existir concordia de los escritores en punto a la distinción.

Es verdad que en el trasfondo de los debates largos y académicos que se mantuvieron a principios de siglo pasado estaba la figura de los arbitrajes libres: aquellos que las partes habían estableció sin dar pleno cumplimiento a los requisitos legales, y en especial faltando el documento publico que estatuyera el arbitraje. Al lado de ello se puede, sin embargo, mencionar que en los diferentes textos que sobrevivieron a su tiempo y pasaron al Derecho moderno, los juristas que los examinan relanzan en ellos las adiciones que tienen por conveniente. Resulta perfectamente significativo el texto recogido en Digesto 17, 2, 79, que es el antecedente remoto del art. 1690 CC y que, como éste trata de examinar las decisiones de un tercero sobre participación en pérdidas y ganancias que dos socios en una sociedad deben tener. El texto finalmente se inclina a favor de la impugnabilidad y, por consiguiente, a favor de lo más parecido a una apelación.

— VIII —

El discurso de Antonio Fernández de Buján recoge este texto traduciéndolo así y llamando "*Nerva*" al tercero que interviene por encargo de las partes. El texto dice que si la determinación que hizo Nerva fuera tan perversa que resultare de ella una manifiesta iniquidad, puede ser rectificada mediante una acción de buena fe.

Respecto de la cuestión de fondo, nuestro autor se inclina por una respuesta afirmativa, e incluye como modalidades del arbitraje las siguientes:

1º El arbitraje de una persona justa: arbitratus o arbitrium boni viri

Según el autor su papel esencial consiste en clarificar hechos o circunstancias confusas que afecten a determinadas personas o bien en dar un parecer sobre aspectos concretos de un negocio jurídico sobre el cual aquellas no puedan o no quieran pactar, como puede ser la determinación del precio en la compraventa, de la rentas en el arrendamiento, la determinación de la cuota de participación en las ganancias y pérdidas de la sociedad o la determinación de aspectos atinentes a disposiciones hereditarias como legados y fideicomiso.

Ello no obstante, el autor citado en la nota 104 dice que en la estela de lo previsto en los textos romanos, se afirmaba en el artículo segundo de la Ley de 1953, "que no se considerará arbitraje la intervención de un tercero que no se haga para resolver un conflicto pendiente, sino para completar o integrar una relación jurídica aun no definida totalmente".

2º Arbitraje no formal o arbitraje de ius gentium

Respecto de él señala el autor que se trataba de un tipo de convención licita que merecía ser tenida en consideración y que, al menos con anterioridad a la creación del proceso formulario, se habría difundido entre la gente de negocios, y en cuya ejecución cada parte remitía, como no podía ser de otra manera, a la *fides* de la otra.

3º El llamado arbitraje compromisario

Según el Profesor Fernández de Buján se trata de una figura de carácter contractual que consiste en un acuerdo entre dos o más personas entre las que existe una controversia, que deciden presentar ante uno o varios árbitros elegidos por las partes o desinando por el pretor, así como colaborar en la instrucción del arbitraje y cumplir lo decidió por el árbitro.

Ha puesto de relieve F. Bonifacio, y lo ratifica G. Grifò (este último en Enciclopedia del Diritto, II, pag. 893), cómo la intervención de terceros en la integración de una relación jurídica entre las partes ocasionó dificultades en los intérpretes. No se discute que así como *arbiter* puede ser voz admitida ya en el Derecho clásico, no ocurre lo mismo con la palabra arbitrador, que los autores califican como palabra *medieval*. Se señala que ya Gayo en sus Instituciones daba fe de la existencia de lo que se llama a veces un "*contrato jurisprudencial*" sobre la posibilidad de remitir al arbitrio de un tercero (*quanti Titius aestimaverit*) el precio de la compraventa o la merced del arrendamiento y se señala que los proculeyanos lo admitieron, y los sabinianos lo negaron, aunque nos parece que la controversia se tiene solo en punto a los dos contratos específicamente recordados por Gayo y no de manera más general a la validez de cualquier otro negocio.

Se señala asimismo, que Justiniano dio resuelta la controversia con una constitución del año 531, estableciendo a propósito de la compraventa la validez de la determinación del precio *quanti ille aestimaverit*; la no impugnabilidad de la estimación realizada por el tercero; la nulidad de la venta si el arbitrador *vel noluerit vel non potuerit pretium definire*; y finalmente, construyendo el negocio como sujeto a condición suspensiva, consistente en la determinación del tercero indicada por los contratantes.

— IX —

Para ir cerrando esta exposición que corre el inevitable riesgo de convertirse poco a poco en farragosa, será conveniente decir algo sobre la evolución de los arbitrajes en el Derecho Moderno.

No puede discutirse que la mayoría de los comentaristas de los arts. 1.820 y siguientes del Código civil se mostraban confusos. Manresa ("Comentarios del Código Civil", tomo XII, pag, 141) se limita prácticamente a decir que de ordinario el compromiso se concibe como una variedad de la transacción, y señala después que al Código le hubiera bastado tratar el compromiso como un caso especifico de mandato o que podría haber omitido la regulación del compromiso como, según él, hacen la mayoría de los códigos extranjeros, dejando su reglamentación a las leyes procesales.

Una impresión parecida produce la lectura de las páginas que al citado contrato de compromiso le dedicó el comentarista oculto bajo el nombre de Mucius Scaevola, en otra ocasión tan partidario de extenderse en referencias históricas de las instituciones reguladas en el Código. Prácticamente en el tomo XXVIII, pag. 422, lo que introduce el comentarista es una serie de referencias a textos históricos anteriores, que quizás convenga recordar.

Dice así

Derecho Patrio.-La ley 25, Título IV, de la Partida 3ª:

"Metiendo las partes sus pleitos en manos de auenidores, pueden ir adelante por ellos si fueren de aquellas personas, que por si pueden estar en juyzio delante del jud-

gador ordinario: mas si fuessen de las otras, a quienes es defendido, non lo podrían fazer. E por ende dezimos, que si alguno fuesse menor de veynte e cinco años, e metiesse su pleyto en mano de auenidores, sin mandado, e sin otorgamiento de su guardador: maguer de fiadores, que estará por quanto los auenidores mandaren: si despues que la sentencia dieren contra él, non la quisiere auer por firme, puedelo fazer, e non caerá por ende en pena ninguna. Empero los fiadores que dió, son tenudos de pechar la pena a que se obligaron, si el huérfano non quisiesse estar por el juyzio, seyendo mayor de catorce años. Mas si el huérfano fuesse mayor de catorce años e metiesse su pleyto en mano de auenidores, e non ouiesse estonce guardador, dezimos que conuiene que éste, por lo que los auenidores mandaren. Fueras ende si pudiesse prouar, quel fizieran algun engaño en el pleyto, o que se le empeorara por mengua del, o de su abogado, o que a grand su daño judgaron contra el. Ca prouando alguna destas cosas, non caería en la pena: maguer non quisiesse guardar la auenencia, o el mandamiento de los auenidores".

Recordemos, además, con la sentencia del Tribunal Supremo del 8 de mayo de 1951, que la palabra "arbitraje", empleada en el contrato determinante del pleito, ya el Código de las Partidas, al referirse a los árbitros de la ley 23, título IV, de la Partida 3ª., dice que *"son de dos maneras: la una, cuando los omes ponen sus pleytos e sus contiendas en mano dellos, que los oyan e los libren segund derecho"*, añadiendo el texto legal que *"la otra manera de juezes de avencia es a que llaman en latin arbitratores ... que son escogidos por avenencia de ambas partes para avenir e librar las contiendas que ovieren entre si en cualquier manera que ellos tovieren por bien"*, o sea que la denominación de Arbitro ofrece en el citado Código un sentido amplio, sentido que recogieron los antiguos tratadistas al admitir al lado del que llamaron arbitraje jurídico, el que denominaron arbitraje de libre composición, y que vienen a aceptar también los modernos procesalistas españoles, que bajo la denominación de proceso de arbitraje incluyen tanto el llamado juicio de árbitros, regulado en los artículos 790 a 826 de la ley de Enjuiciamiento civil, como el de amigables componedores, al que se refieren los 827 y 839 de la misma.

La ley 4ª. título XVII, del libro XI de la Novisima Recopilación: *"Porque acaesce que las partes, por bien de paz y concordia, y por evitar costas y pleytos y contiendas, antes de entrar en contienda de juicio, y otras veces estando pleytos pendientes en el nuestro Consejo y en las nuestras Audiencias, o ante otros Jueces, y algunas veces teniendo la parte sentencia o sentencias en su favor basadas en cosa juzgada, sabiéndolo acuerdan deponer y comprometer los tales pleytos y contiendas en manos de Jueces árbitros iuris, para que determinen conforme a Derecho, o de Jueces amigos, árbitros arbitradores, y prometen de estar por la sentencia que dieren, y de no reclamar de ella so cierta pena; y los Jueces árbitros, y Jueces árbitros arbitradores, usando de la facultad que les fue dada, dentro del término que les fue dado, y sobre aquellas cosas sobre que fue comprometido, dan sentencia; de la cual, una de las partes acaece que reclama, y pide remedio, así que comienza el pleito de nuevo y se alarga y dilata más que si prosiguiera por tela de juicio, y las sentencias dadas en juicio ordinario a favor de las partes quedan frustradas y no se executan, de que a las partes se han recrescido y recrescen muchos daños y costas y fatigas: por ende queriendo en ello proveer y proveyendo, mandamos que luego que la tal sentencia arbitraria fuere dada, de que la parte pidiere execución, se execute libremente, paresciendo y presentándose el compromiso y sentencia signada del Escribano público, y paresciendo que fué dada dentro del término del compromiso, y sobre las cosas sobre que fue comprometido, y que la parte sea satisfecha de aquello sobre que fué sentenciado en su favor, haciendo obligacion, y dando fianzas llanas y abonadas ante el Juez o Jueces ante quien se pidiere, o hobiere de executar la sentencia, de tornar y restituir lo que hobiere recibido por virtud de tal sentencia con los frutos y rentas, según que fuere condenado, si la tal sentencia fuere revocada...".*

— X —

Las palabras de Mucius Scaevola que he transcrito en los párrafos anteriores, han permitido sostener a alguno de los comentaristas del Código civil que cuando éste se promulgó, el contrato de compromiso era una figura envejecida y casi caduca que a lo largo de los tiempos inmediatamente anteriores a la redacción de los textos codificados apenas había sido usada. Lo mismo se puede decir del momento en que se publicó seguramente de forma un tanto precipitada, la Ley de 1953, aunque la entrada en vigor de dicha ley marca en algún sentido la diferencia con el periodo anterior.

No resulta fácil establecer las causas o razones por las que a partir de los años sesenta y setenta del siglo pasado el arbitraje empezó a crecer en importancia. Puede ser que el no maravilloso funcionamiento de los órganos jurídicos nacionales del Estado tuviera una parte en ello, como también el hecho de que a los árbitros se les puede informar de cosas que no sean claramente presentables y respecto de las cuales las partes se encuentran en la necesidad de litigar.

Es muy posible que en el desarrollo en nuestros días de los arbitrajes haya tenido una participación muy importante la figura de los arbitrajes administrados. Instituciones de tanto arraigo como las cámaras de comercio han creado sus llamadas cortes de arbitraje, y esta vía de institucionalización ha sido, sin duda alguna, un factor de dinamización. Es verdad que ello ha aumentado la complejidad de los arbitrajes y un ejemplo de ello puede verse los estatutos de la Cámara Internacional de Comercio de París, que ha crecido también de forma exponencial, pero todo ello, sin necesidad de entrar ahora en la materia, es prueba cuando menos indiciaria de que en los rastros históricos del arbitraje no se encuentran algunas relevantes figuras propias del arbitraje actual.

No quiero que nadie tome las observaciones y glosas que he querido hacer en estas líneas como una critica del trabajo de Antonio Fernández de Buján, que me parece un trabajo excelente y cuidadosamente realizado, pero, al mismo tiempo que hago el elogio del trabajo y del autor, señaló también la conveniencia de que los debates se abran, pues solo de ello puede finalmente salir la luz.

ANEXO:
Semblanza de mi predecesor en la Real Academia de Jurisprudencia y Legislación, el Excmo. Sr. D. Diego Espín Cánovas.

Procedo a cumplir la tradición, fielmente observada, de recordar a mi predecesor en esta Real Academia, Excmo. Sr. D. Diego Espín Cánovas, cuya medalla tengo el honor de ocupar, deber que cumplo con especial satisfacción, honrándome al hacerlo y con viva admiración y reconocimiento hacia su memoria.

No tuve la fortuna de tratar de forma asidua a D. Diego Espín, pero sí tengo entre mis recuerdos una visita gratísima a su casa de Alberto Alcocer en la que durante más de dos horas pude conversar con D. Diego sobre su dedicación al estudio y la enseñanza del Derecho Romano, sus amigos romanistas, y nuestra común afición por la montaña.

Nació D. Diego Espín en Cartagena, Murcia, el 12 de febrero de 1914, lo que le imprimió desde su niñez un amor jamás extinguido al mar, en palabras del Académico de Número de esta Corporación, D. José María Castán, que contestó su Discurso en esta Real Academia y fue el encargado de pronunciar el In memoriam en la sesión necrológica con motivo de su fallecimiento, textos ambos que he utilizado como referencia para elaborar la laudatio de D. Diego, junto con la necrólogica de su padre, realizada por su hijo Diego Espín Templado, Catedrático y Magistrado del Tribunal Supremo, en la sesión celebrada en la Academia en su recuerdo.

En 1934 se licenció Espín en Derecho por la Universidad de Madrid. Se doctoró en Bolonia, bajo la dirección del Maestro Antonio Cicu, que le infundió una especial vocación por el derecho de familia, que mantuvo a lo largo de su trayectoria académica.

Profesor Auxiliar en la Universidad de Madrid, en 1946 obtuvo por oposición la cátedra de Derecho Civil de la Universidad de Oviedo. En 1947 se trasladó Espin a la Universidad de Murcia, en la impartió Derecho Romano y Derecho Canónico, además de Derecho Civil, y en la que desarrolló una fecunda labor como Decano de la Facultad de Derecho, durante once años y tres mandatos consecutivos, fue asimismo el primer Director de la Escuela de Práctica Jurídica y Director de los Anales de la Universidad de Murcia.

De Murcia se trasladó Espín a Salamanca, en la que asimismo desarrolló una brillante labor, como Catedrático y Director de la Escuela de Práctica Jurídica, por la que fue distinguido con la Medalla de Oro de la Diputación. En el curso 1969-1970 pronunció Espín el Discurso de Apertura del año Académico de la Universidad de Salamanca.

De Salamanca se trasladó Espin a la Universidad Complutense de Madrid, donde profesó hasta su jubilación. De 1978 a 1983 dirigió el Departamento de Derecho Privado de la Facultad de Ciencias Políticas y Sociología, recibiendo al jubilarse la Medalla de servicios a la Universidad. Fue asimismo Espin profesor en el Ceu, y en la Universidad Pontificia de Comillas, donde ha impartido cursos de doctorado y en la que fue investido Doctor Honoris Causa en 1993.

Desde 1960 participó Espín, de forma asidua, en los Cursos de la Facultad Internacional de Derecho Comparado de Estrasburgo, que le concedió la Medalla de la Universidad. Las relaciones académicas con las Universidades Iberoamericanas, Nacional Autónoma de México, Córdoba, Universidad de los Andes, de Mérida, Venezuela, Católica de Ponce en Puerto Rico, Externado de Bogotá, Interamericana de Puerto Rico, San Marcos, Universidad de Lima, El Salvador, Acapulco y Caracas, fueron especialmente gratas y fructíferas para Espín.

Las relaciones con las Instituciones jurídicas europeas fue asimismo otra de las vertientes cultivadas por D. Diego. Así representó a España en varios Comités de Expertos del Consejo de Europa y Congresos de Derecho Comparado. En 1978 asumió la organización y presidencia del Congreso Mundial de Derecho de Familia celebrado en Madrid. En 1975 fue nombrado Presidente de la Sección Española de la Comisión Internacional del Estado Civil, cuyas Asambleas celebradas en 1986 en París y en 1987 en Lisboa, presidió.

A la pasión de D. Diego por el Derecho Civil se refirió Eduardo Espín en su intervención en la sesión necrológica celebrada en la Academia, con las siguientes palabras: «Su actividad académica ha estado marcada por la pasión hacia la materia a la que dedicó toda su vida, el Derecho Civil. Es conocido que la labor académica se proyecta por igual en la actividad docente e investigadora. No podría yo afirmar en cual de ellas se realizaba más intensamente la vocación jurídica de mi padre. Sí me parece evidente, en cambio, que lo que guiaba su actividad en ambas facetas era su amor por el Derecho Civil: enseñar Derecho Civil, estudiar y escribir sobre la materia madre del Derecho era para él una auténtica vocación que le colmaba con plenitud. En el Derecho Civil veía él con toda convicción la irrefrenable riqueza y fuerza de la vida humana en sociedad».

En 1971 D. Diego Espín es nombrado Magistrado del Tribunal Supremo por el turno de juristas de reconocido prestigio, y se incorpora a la Sala Tercera del Alto Tribunal, de la que forma parte hasta su jubilación en 1985. Su labor fue distinguida con la Cruz de Honor de San Raimundo de Peñafort.

En 1975 D. Diego es nombrado Vocal Permanente de la Comisión General de Codificación, en la que fue adscrito a la Sección Primera, en la que participó en numeras reformas legislativas, en especial en el ámbito del derecho de familia, donde colaboró con Presidentes como D. Antonio Hernández Gil, D. Francisco Bonet Ramón y D. Luis Díez-Picazo, Académicos de Número de esta Real Academia.

Fue Espín Vocal de la Comisión que, constituida en el seno de la Comisión General de Codificación, elaboró el Anteproyecto de Ley de Propiedad Intelectual, materia en la que llegó a ser un destacado especialista y sobre la que versó su valioso Discurso de Ingreso como Académico Numerario de esta Real Academia, que tuvo lugar el 19 de julio de 1995, bajo el título: «Fundamento y protección del derecho de autor en las obras de arte».

Estudia Espín en su Discurso la obra de arte como objeto de propiedad intelectual a la luz de la Ley de Propiedad Intelectual de 1987, y las cuestiones que se plantean en relación con la originalidad de la obra, con la copia y con la imitación del estilo. Analiza asimismo la figura del autor de la obra de arte y los derechos que le corresponden sobre sus obras de taller, bocetos y ensayos. Estudia también temas como el derecho a la divulgación, la retirada del comercio de una obra de arte, la restauración, el deterioro y la destrucción de obra de arte. En la última parte de su Discurso analiza D. Diego la problemática de la explotación patrimonial de las obras de arte y sus límites. Fruto del reconocimiento a este sector del Ordenamiento, fue elegido el Profesor Espín Presidente de la Comisión Mediadora y Arbitral de la Propiedad Intelectual.

Quienes han glosado la obra de D. Diego han resaltado la vocación por el saber, el conocimiento de la realidad jurídica, así como la ponderación, la diplomacia, la prudencia y la cortesía, como rasgos distintivos de su personalidad y de su carácter. Quizás por encima de todos ellos la prudencia. ¿Como no elogiar la prudencia de Espín? se pregunta José María Castán, para a continuación añadir que fue la prudencia la nota esencial en la vida y en la obra de D. Diego y que fue esta virtud, unida a la bondad, también distintiva de su personalidad, la que permitió al jurista Espin ir en pos, a lo largo de su dilatada y fecunda vida, de la idea de Justicia.

Un análisis somero de la muy relevante obra de D. Diego, que abarca un periodo de 65 años, desde 1942 hasta su fallecimiento en 2007, requeriría un tiempo y un espacio del que no dispongo y una autoridad de la que carezco. Entre sus obras monográficas, cabría destacar las que tienen por rúbrica: «La autonomía de la voluntad», «La capacidad Jurídica de la mujer casada», «La adquisición de la posesión inmaterial en el Derecho español», «El justo título y la buena fe en la usucapión», «Las facultades del derecho moral de los autores y artistas», «El Código Civil argentino de D. Dalmacio Vélez», y «Los derechos fundamentales de igualdad e identidad en la familia y la identidad del transexual».

El Centro de Estudios Registrales del Ilustre Colegio Nacional de Registradores de la Propiedad y Mercantiles publicó en la obra en 4 Tomos titulada "Cien estudios jurídicos del Profesor Dr. D. Diego Espín Cánovas", que integra los publicados por Espín desde 1942 a 2006. La obra lleva un Prólogo del Académico de Número de esta Real Academia D. Antonio Pau Pedrón, y una Presentación del Letrado de la Dirección General de los Registros y del Notariado, Juan José Pretel.

Mención especial requiere su conocida y ya clásica obra titulada Manual de Derecho Civil Español, integrada por cinco volúmenes, que destaca por su claridad, su rigor y su ponderación en la desarrollo de todos los temas abordados. Desde su aparición gozó de gran estima entre los estudiosos del Derecho Civil al lograr trascender, al decir de Ferrandis, «la intención didáctica con que fue escrito para llegar a adquirir el rango de una obra de consulta valiosa para todos los que tienen que enseñar y aplicar el Derecho Civil».

D. Diego falleció en Madrid el 2 de septiembre de 2007, rodeado de su familia. Descanse en paz D. Diego, finalizaba su In Memoriam, que es ya en el cielo un bienaventurado y en nuestra Academia, una figura histórica.

Made in United States
Orlando, FL
04 November 2026

90200938R00094